더 이상 일하지 않을 때, 나는 누구인가

더 이상 일하지 않을 때, 나는 누구인가

초판 1쇄 인쇄 2024년 09월 25일
초판 1쇄 발행 2024년 10월 15일

지은이 | 권민

펴낸이 | 성미옥
펴낸곳 | 생각속의집

출판등록 2010년 5월 18일 제300-2010-66호
주소 | 서울시 종로구 혜화동 53-9, 1층
전화 | (02)318-6818 팩스 | (02)318-6613

전자우편 | houseinmind@gmail.com
블로그 | naver.com/houseinmind
페이스북 | facebook.com/healingcafe
인스타그램 | instagram.com/houseinmind

ISBN 979-11-86118-77-1 (03300)

더 이상 일하지 않을 때,

am

퇴직을 앞둔
당신에게 다가오는
가장 절박한 질문

나 는 누 구 인 가

———————————— 권민 휴먼브랜드 에세이

생각속의집

세상의 모든 강쇠돌을 위하여

"나는 어떤 코끼리를 그리며 살아왔을까?"

남이 정해준 순서대로 그린 코끼리

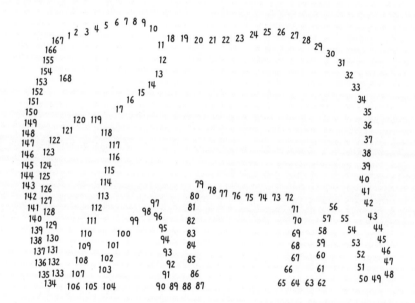

우리는 태어나서 지금까지 유치원, 학교, 직장 등
사회가 원하는 순서대로 인생의 밑그림을 열심히 따라 그리며 살고 있다.
유치원부터 선 긋기를 해온 20대는
대기업 입사, 고위 공직자, 전문직 종사자라는 이름으로
모두가 비슷한 코끼리를 빨리 그리려고 노력한다.

내가 정하는 순서대로 그린 코끼리

30대에서 40대가 지나면서 우리는 문득 오름차순 숫자가 아닌
다른 숫자와 만나게 된다. 심지어 숫자가 아닌 점도 보게 된다.
내가 가는 이 길이 맞는 건가? 의문을 갖기 시작한다.
퇴직과 은퇴로 더 이상 일하지 않는 순간, 이제부터 어디서부터 시작해서
점을 찍고 선을 연결해야 할지 모르는 순간이 찾아온다.

훌륭하게 살았나?
자기답게 살았나?

코끼리 그림 그리기

코끼리 선 긋기 그림은 오름차순 숫자를 따라 선을 그으면 누구나 코끼리를 그릴 수 있다. 여기에 창의성과 개성은 필요 없으며, 숫자를 알고 선만 그을 수 있다면 누구나 숨겨진 코끼리를 볼 수 있다. 우리 인생의 시작도 코끼리 선 긋기와 같다. 1부터 100까지 숫자를 나이라고 생각해보자. 우리는 태어나면서부터 부모가 이끌어주는 순서대로 살았다. 부모는 자녀에게 열심히 공부해서 훌륭한 사람이 되라고 말하며, 고사리 같은 자녀 손을 잡고 코끼리를 그리는 법을 알려주었다. 하지만 번호에 따라 이어가는 선 긋기는 복사본 생산을 위한 전형적인 교육 방식이다. 나이에 따라서 좋은 학교와 좋은 성적에 점을 찍고 선을 이으면, 학벌이라는 면을 만들 수 있다. 그렇게 계속 이어가면 누구나 부러워하는 번듯한 코끼리를 가질 수 있다.

이처럼 우리는 그동안 똑같은 코끼리 그림을 시키는 대로 그리며 살았다. 유치원부터 직장까지 남들이 부러워하고 모두가 원하는 점에서 시작하여 '먼저' 선을 긋기 위해서 사회가 그려준 밑그림을 열심히 따라 그렸다. 하지만 그것은 내가 그린 그림이 아니다. 이미 정해진 숫자를 따라 그리는 그림은 익숙해질수록 더 쉽게 그릴 수 있다. 사회가 원하는 대로 따라서 그리면 모두가 인정하는 코끼리 그림을 가질 수 있다. 물론 적응하지 못하면 선을 긋다가 코끼리를 그리지 못하고 실패자가 되기도 한다.

그런데 그 숫자가 60이 되면서부터 더 이상 연결할 점과 숫자가 없어지기 시작한다. 현실에서 나이 60을 넘으면 더 이상 조직에서 일하기가 어렵다. 그래서 대부분은 40에서 50 사이에서 선을 잇지 못하고, 코가 없는 코끼리 그림을 그릴 수밖에 없다.

복사본 코끼리 그리기

유치원부터 선 긋기를 해온 20대는 코끼리 그림을 의심하지 않는다. 대기업 입사, 고위 공직자, 전문직 종사자라는 이름으로 모두가 비슷한 코끼리를 빨리 그리려고 노력한다. 하지만 30대에서 40대가 지나면서 우리는 문득 오름차순 숫자가 아닌 다른 숫자와 만나게 된다. 심지어 숫자가 아닌 점도 보게 된다. 내가 가는 이 길이 맞는 건가? 내가 지금 제대로 그림을 보고 있는 건가? 이렇게 사는 것이 나에게 어떤 의미가 있는 건가? 이런 생각을 할 때마다 새로운 점들이 보이지만, 대부분은 선을 넘지 못한다. 누가 보아도 그쪽으로 선을 그으면 지금까지 밑그림으로 보았던 코끼리 그림이 아니기 때문이다.

'나는 누구인가?' '나는 무엇이 되어야 하는가?' '나는 어떻게 살아야 하는가?' 이런 질문을 할 때마다 나에게만 보이는 점과 숫자가 있지만 환상이라고 생각한다. 그렇게 나에게만 보이는 것들을 무시하고 어느 순간 중장년을 맞이한다. 중장년 대부분이 30년 동안 학교와 직장에서 정해준 번호대로 코끼리 그림을 그렸다. 그렇게 모두가 같은 숫자를 연결하고, 같은 그림을 그리면서 코끼리 복사본을 완성해왔다.

그런데 나는 정말 코끼리를 그려야 하는가? 왜 타인이 선망하는 기준과 그림을 좋아해야 하는가? 만약 이 질문에 대답하기 위해 외부로 점을 향해 선을 이으면 큰 코끼리, 작은 코끼리, 뿔이 있는 코끼리, 코가 긴 코끼리 등 다양한 코끼리를 그릴 수 있다. 처음부터 완성된 그림은 아니지만 그래도 코끼리 모습을 한 새로운 형체가 그려진다. 그제야 모두가 같은 점을 연결했기 때문에 같은 그림만 그려왔다는 사실을 깨닫는다. 하지만 내가 그려야 할 그림이 무엇인지 아직은 모른다.

오직 나만의 기준으로 코끼리 그리기

지금까지 학연, 지연, 혈연 같은 선만 긋는 인생은 줄만 잘 서면 인생이 그럭저럭 풀리던 시대였다. 그런데 이제 심각한 문제가 터지기 시작했다. 그림이 달라지고 있다. 최근 기술혁신과 산업구조의 변화로 코끼리 그림에 번호가 없어지고 있다. 이제는 점만 존재하는 시대가 찾아왔다. 숫자로 연결하는 코끼리 대신에 이렇게 점으로 연결하는 코끼리 그림으로 바뀌었다. 즉, 자기만의 기술과 지식이 없으면 도태되는 사회가 도래했다. 중장년에게 심각한 상황은 이제부터다. 은퇴나 퇴직을 하고 다시 직업을 가져야 한다면 차원이 다른 그림과 마주하게 된다. 이것이 코끼리인지 사자인지 아니면 도마뱀인지 알 수 없다. 모든 선을 연결한다고 그림이 나오는 것은 아니다. 선을 다르게 연결할 수도 있다. 지금까지 그렸던 코끼리는 더 이상 올림차순 선 긋기 그림이 아니다. 어디서부터 시작해서 어떻게 끝내야 할지 모르는 점들이 보이기 시작한다.

"더 이상 연결할 점이 없을 때, 나는 어떻게 해야 하는가?"

이 질문을 바꿔 말하면 이런 질문이 된다. "더 이상 일하지 않을 때, 나는 누구인가?" 이 질문에 바로 대답할 수는 없다. 다시 선을 그어야 하기 때문이다. 퇴직하면 이제 남이 정해준 숫자와 남의 밑그림으로 만들어진 그림을 따라 선을 그을 수가 없다. 오직 나의 경험, 가치, 사건, 소명, 좋아하는 것, 하고 싶은 것, 되고 싶은 사람, 30대에 보았던 점과 숫자로 선을 그어야 한다. 이제는 그동안 부와 장수의 상징이었던 코끼리를 향해 그었던 선을 멈추어야 한다.

근본적인 질문을 자신에게 던져보자. 나는 코끼리 그림을 꼭 그려야 할까? 혹시 내 그림은 사자나 독수리가 아닐까? 어렸을 때부터 코끼리를 그렸기 때문에 대부분은 코끼리 그림이 자기 것이라고 믿고 있다. 훌륭한 사람이 되기 위해서 그렸던 코끼리 그림 때문에 자신의 그림을 그릴 수가 없다.

자기다운 코끼리 그리기

이제는 자기다움으로 선을 그어야 할 때가 되었다. 이때 가장 본질적인 질문을 스스로 던져야 한다. 나는 어디로 선을 그어야 할까? 소명으로 선을 그을 수 있을까? 자기다워지기 위해서는 어떤 점으로 선을 이어야 할까? 누구나 그리는 코끼리가 아니라 나만이 그릴 수 있는 내 그림을 그리기 위해서 나는 어디로 선을 그어야 할까?

자기다움이 없는 중장년은 퇴직이나 은퇴 이후에 자신에게 익숙했던, 숫자가 옆에 있는 점을 반사적으로 찾으려고 한다. 뭔가 선을 그어야만 안심이 되기 때문이다. 하지만 연결하면 할수록 자신의 미래 그림이 기괴하게 보인다. 이럴 때, 자기다움은 내 인생의 점, 선, 면을 통해 내가 어디로 가고, 어떻게 살아갈지를 보여주는 인생 지도가 된다.

나는 2001년에 출간한 《새벽 나라에 사는 거인》을 시작으로 자기다움 선 긋기를 시작했다. 자기다움을 따라 선을 그리며 나를 배웠고, 나를 이해했다. 그렇게 발견한 자기다움은 나의 가장 친한 친구가 되었다. 이 책은 타인이 그려준 밑그림을 선 긋기로 완성하는 것이 아니라, 나만의 그림을 그릴 수 있도록 자기다움의 점을 발견하는 방법을 알려준다. 선을 잇는 방법은 사람마다 다르지만, 자기다움의 점들을 발견하는 방법은 간단하다. 바로 '질문'이다.

어떤 질문에는 인생의 대답이 있음을 깨달았다. 내가 가장 아끼는 두 질문은 '브랜드란 무엇인가?'와 '더 이상 일하지 않을 때, 나는 누구인가?'이다. 이 두 질문은 1995년부터 지금까지 대답을 찾기 위해 계속해서 나를 움직이게 하는 북소리와 같다. 그리고 나의 자기다움은 다음 질문에 있다.

"나는 훌륭한 사람으로 살았나?"

"나는 나답게 살았나?"

나는 죽을 때 둘 중에 어떤 질문에 대답하고 싶어 할까? 2001년 도에 "나는 어떻게 죽을까?"를 결정하고 지금까지 나답게 살아가고 있다. 자기다운 죽음을 결정하면, 삶은 단순해지고 명확해진다. 어디로 선을 이을지도 분명하게 보인다. 덕분에 이 책을 "더 이상 일하지 않을 때, 나는 누구인가?"라는 질문으로 시작하여 "더 이상 숨 쉬지 않을 때, 나는 무엇인가?라는 대답으로 마쳤다.

영화를 감독 혼자서 만드는 것이 아니듯, 책도 혼자 쓰는 글이 아니다. 이 글에 나오는 에피소드를 쓸 수 있도록 허락해준 지인들(강쇠돌 등)에게 가장 먼저 감사의 마음을 전한다. 그들의 선 긋기 이야기로 이 책은 완성될 수 있었다. 더불어 끊임없이 질문을 던져주며 이 책을 쓸 수 있도록 독려하고 응원해준 성미옥 편집장님에게도 감사의 말씀을 전한다. 성미옥 편집장님의 질문이 없었다면 이 책은 결코 세상에 나올 수 없었을 것이다.

권민

Contents

Part 3 무엇을 할 때, 나는 가장 행복한가?

우리는 지구와 태양의 중력 가운데 살고 있지만,

그것을 잘 느끼지 못한다. 그래서 중력의 영향권 안에서도

중력이 없는 것처럼 '안전하게' 살고 있다.

만약 중력이 없다면 자전으로 인해서 지구 안에 있는 모든 존재는

우주로 날아갈 것이다. 회사에도 나를 '안전하게' 붙드는 중력이 있다.

직장인은 퇴사하면 월급이 자기 삶에서 어떤 중력이었는지를

한 달 뒤에 체감한다. 통장에 들어오지 않은 월급을 확인하면서

비로소 자신이 퇴사했다는 사실을 어쩔 수 없이 실감하는 것이다.

더 이상
일하지 않을 때,
나는 누구인가?

Part 1

두 번째 나를 만나야 할 때

내가 되기 위해서는 나와 관계없는 것은 모두 버려야 한다.
내가 아닌 것을 버릴 때, 내가 누구인지 알게 된다.

퇴사한 다음 날 새벽

새벽 3시 30분, 알람 소리에 잠에서 깼다. 30년 동안 한 번도 들어보지 못했던 알람 소리를 들었다. 나는 첫 번째 직장에 출근했던 1993년부터 지금까지 11시에 취침해서 정확히 5시 30분에 일어났다. 알람은 5시 50분에 맞춰져 있지만, 눈은 항상 5시 30분에 저절로 열렸다. 휴가와 주말에도 언제나 5시 30분에 일어났다.

나는 어제 퇴사했다. 그래서 아침 9시까지 늦잠을 자려고 일부러 핸드폰을 침실로 가져오지 않았다. 그런데 왜 알람 소리를 들었을까? 침대 오른쪽 선반 위를 손으로 뒤졌지만 핸드폰은 없었다. 나는 어제 내가 퇴사했다는 사실을 다시 떠올렸다. 그리고 다시 잠을 자려고 했지만, 놀라서 깬 정신은 점점 더 선명해졌다. 그렇게 뒤척이다가 일어나서 서재로 갔다. 책상 위에 놓여 있던 핸드폰을 열어서 알람 설정을 살펴보았는데, 모든 알람이 지워져 있었다.

나는 창문을 열고 항상 그랬던 것처럼 컴퓨터 전원 스위치를 눌러 켰다. 컴퓨터 부팅을 기다리며 어제 퇴사 인터뷰를 하며 인사과에서 알려준 국민연금 앱으로 나의 국민연금 예상액을 확인해 보았다. 1993년에 가입해서 2023년까지 거의 30년 동안 납입했다. 연금 받는 시기는 2032년부터 세전 190만 원을 받는다. 하지만 앞으로 5년을 더 내야 받을 수 있다. 기대보다 적은 연금 때문에 기분은 가라앉고, 불안감으로 가슴이 답답했다. 아이스 블랙커피를 한번에 마신 것처럼 눈썹 끝에 달려 있던 잠도 완전히 사라졌다. 퇴사한 다음 날, 새벽일기는 이런 질문으로 시작했다.

'30년 동안 몸이 기억하는 시간은 5시 30분이었는데, 왜 2시간 일찍 3시 30분에 깨어났을까?'

퇴사하면 숙면할 줄 알았다. 그런데 내 몸은 퇴사한 전날보다 더 긴장해 있었다. 30년 동안 유지한 항상성은 여지없이 깨졌다. 평소보다 2시간 빨리 일어났기 때문에 시차로 따진다면 나는 서울에서 3,720킬로미터 떨어진 방콕 시간대에 있었다. 2시간 시차는 퇴직 하루 만에 마하 1.5 속도로 직장으로부터 3,720킬로미터 벗어났다. 태양의 중력이 존재하지 않는 성간우주Interstellar(태양의 중력을 넘어 태양풍과 자기력선이 미치는 태양권 밖의 별과 별 사이의 우주)는 그 어떤 항성의 영향권이 없는 공간이다. 일기를 쓰면서 직장을 떠난 내 마음을 살펴보니, 내가 회사의 영향권이 없는 성간우주로 향하는 것 같았다. 어제저녁까지 몰랐는데, 새벽이 되어서야 회사를 나올 때 그 기분이 무엇인지 정의할 수 있었다. 그것은 마치 30년 동안 공전했던 궤도를 나 혼자 튕겨 나간 기분이었다.

우리는 지구와 태양의 중력 가운데 살고 있지만, 그것을 잘 느끼지 못한다. 그래서 중력의 영향권 안에서도 중력이 없는 것처럼 '안전하게' 살고 있다. 만약 중력이 없다면 자전으로 인해서 지구 안에 있는 모든 존재는 우주로 날아갈 것이다. 회사에도 나를 '안전하게' 붙드는 중력이 있다. 직장인은 퇴사하면 월급이 자기 삶에서 어떤 중력이었는지를 한 달 뒤에 체감한다. 통장에 들어오지 않은 월급을 확인하면서 비로소 자신이 퇴사했다는 사실을 어쩔 수 없이 실감하는 것이다. 날마다 스트레스를 받던 회사를 떠나면 하늘을 날아갈 듯 자유로울 것 같지만, 현실의 무중력은 곧바로 불안과 두려움으로 나를 엄습한다(굳이 직장 중력설에 대해 자세한 설명이 필요할까?).

지금까지 나는 아침에 일어나면 회사의 중력에 의해 공전하는 것처럼 출근했고, 업무 시간이 끝나면 다시 공전 궤도를 따라 집으로 돌아왔다. 직장생활 30년 중에서 15년은 직원으로, 15년은 창업자로 직장 중력권 안에서 살았다. 1993년부터 2000년도까지 이직을 4번 경험했고, 2001년도에는 창업해서 2015년도까지 회사를 경영했다. 이런 30년 직장생활 경험으로 나는 퇴직 이후에 어떤 삶이 다가올 것인지를 미리 시뮬레이션하고 있었다. 계획도 '플랜 A,

B, C, D'까지 갖고 있었다. 그런데도 막상 퇴사하고 보니, 계획과 감정은 혼란스럽게 뒤섞였다.

'왜 불안해하지?'

이 질문을 계속하면서 일기를 썼다. 아침 7시가 돼서야 새벽 3시 30분에 일어난 이유를 알았다. 2001년도에 창업했을 당시, 힘들었던 경험이 다시 감정으로 올라왔기 때문이다. 대개는 퇴사하면 한 달 정도 아무것도 하지 않고 쉰다고 한다. 하지만 2001년도에 퇴직과 창업을 하면서 공백 기간을 경험해봤기에 아무것도 하지 않는 쉼이 무엇인지 알고 있었다. 그래서 나는 퇴직과 동시에 만나야 할 사람들을 퇴직 전에 모두 약속해 두었다.

퇴사한 다음 날, 친구를 만난 이유는 내가 준비하고 있던 유니타스 라이프 리서치 때문이었다. 친구는 나보다 2년 일찍 은퇴했다. 그의 페이스북과 인스타그램에서 보여주는 은퇴 이후의 모습은 꼭 내가 살아보고 싶은 삶이었다. 하지만 친구는 내가 알고 있는 것과 너무나 다른 생활을 보내고 있었다. 혹시 내가 알지 못한 어떤 부분이 있을까? 나는 그것을 확인하기 위해서 친구에게 전화해서 약속을 잡았다.

며칠 후, 우리는 강남 길거리에서 만났다. 어색할 줄 알았는데, 고등학교 동창처럼 반가웠다. 친구는 반주와 함께 식사하자며 자신의 단골집으로 나를 안내했다. 늦은 오후, 식당 안에는 아무도 없었다. 친구는 처음부터 소주 두 잔을 한꺼번에 들이켰다. 그렇게 밥 대신에 술잔을 더 많이 입으로 가져갔다.

"일을 하지 않을 때, 너 자신이 누구라고 생각해?"

어떤 사람에게는 무례하게 느껴질 수 있는 질문을 불쑥 친구에게 던졌다. 나는 친구가 술에 취하기 전에 대답을 듣고 싶었지만, 그것은 나의 패착이었다. 친구는 대답 대신 계속 술을 마셨다. 내 질문에 선뜻 대답할 수 없었기 때문이다.

강쇠돌 이야기

기운 센 천하장사 무쇠로 만든 사람. 인조인간 로봇 마징가 Z.
우리들을 위해서만 힘을 쓰는 착한이.
나타나면 모두모두 덜덜덜 떠내.
무쇠팔 무쇠다리 로켓 주먹. 목숨이 아깝다면 모두모두 비켜라.
마징가 마징가 마징가 Z.

마징가는 일본 애니메이션이다. 마징가의 '마징'은 영어 'Machine'의 일본어 발음이다. '가'는 전문가專門家의 '家'처럼 '전문적으로 다루는 사람'이라는 뜻이다. 이런 의미에서 마징가Mazinger라는 이름이 나왔다. 마징가를 조정하는 주인공 이름은 '카부토 코우지兜甲児, 도갑자'로 우리나라에서는 '강쇠돌'이라고 불렀다.

친구의 술주정을 들어보니 친구는 대략 25년 동안 마징가 같은 대기업 영업 본부에서 갑甲으로 살았다. 업계 전문가로서 머신 '가'

家가 아니라 대기업 머신 '갑'甲이 되었다. 그는 자신과 대기업을 동일시하며 자신만을 위해서 힘을 쓰는 '나쁜 이'로 변해갔다. 안하무인 강쇠돌처럼 현장에 나타나서 을과 병을 벌벌 떨게 만들었다. 강쇠돌의 화려했던 대기업 머신 '갑'의 이야기는 마치 직장을 한 번도 다녀보지 않은 작가의 기업 드라마 대본처럼 비현실적으로 들렸다. 친구는 자신의 회사생활을 드라마 24부작으로 만들 수 있다며, 알고 싶지 않은 사장의 스캔들까지 한없이 쏟아내기 시작했다.

"내가 그곳에서 어떻게 최연소 임원까지 된 줄 알아? 완전 드라마였어."

강쇠돌은 최연소 임원, 최연소 본부장으로 승승장구했던 자신의 과거를 영화의 프리퀄Prequel과 시퀄Sequel처럼 늘어놓았다. 그에게 최연소 임원은 가장 중요한 인생 목표였지만, 결국 그는 가장 빨리 해고된 임원이기도 했다. 찬란했던 강쇠돌의 이야기가 이어지면서 빈 소주병도 함께 늘어갔다. 나는 그의 이야기를 막을 수가 없었다. 이렇게까지 자신의 이야기를 들어주는 사람을 오랜만에 만난 것 같았다. 예전 직장에선 마치 '갑'의 이야기를 인내하며 들어주었지만, 막상 퇴사하면 누구도 이런 이야기에 귀 기울이지 않는다.

시간이 흐르면서 친구는 나를 자신이 상대했던 '을'처럼 대하기 시작했다. 그의 단어와 조사가 바뀌면서 말투는 상당히 불쾌하게 느껴졌다. 어쩌면 이것이 마지막 만남이 될 것 같아서 나는 끝까지 자리를 지키기로 했다. 시간이 얼마쯤 지나자, 그는 조금씩 속내를 꺼내기 시작했다.

막상 퇴사하고 보니, 강쇠돌은 자신이 외계인처럼 느껴진다고 솔직하게 말했다. 대기업 임원에 맞춰진 삶을 살다가 이제는 다른 행성에 혼자 남은 사람처럼 모든 것이 낯설다면서도 말끝마다 예전 마징 '갑'의 말투가 불쑥 튀어나왔다.

"내가 그곳에서 누군 줄 알아?"

자신이 누구인지 타인에게 물어본다는 것은 자신도 자신을 모른다는 것이다. 강쇠돌은 계속 "내가 누구인 것 같아?"라고 말했지만, 나에게는 "내가 정말 누구인지 모르겠어"라고 말하는 것처럼 들렸다.

흔히들 대기업 임원을 업무의 달인이라고 했다. 달인達人: an expert, a master의 사전적 정의는 널리 사물의 이치와 도리에 정통한 사람이나 특정 분야에 통달하여 남달리 뛰어난 역량을 가진 사람을 말한다. 대기업 임원까지 올랐다면, 분명 조직력과 개인 능력이 뛰어난 사람이다. 만약 이런 달인이 주변에 있다면 달인의 특이점(좋아하는 것과 잘하는 것)에 관해서 질문을 해보면 그의 실체를 바로 알 수 있다. 그의 대답으로 그가 인생의 달인(전문가)인지, 아니면 자신의 특이점이 모두 닳아 없어진 '닳인'인지를 확인할 수 있다.

사실 강쇠돌에게서 듣고 싶은 이야기는 따로 있었다. 그것은 퇴직 이후에 대기업에서 일했던 경험이 실제 삶에서 어떻게 활용되었는지에 관한 내용이다. 일에서 얻은 경험이 삶에서 어떻게 쓰이는지에 관심을 두기 시작한 것은 고객으로 만난 어느 임원 때문이다. 오래전, 내가 A 패션 기업에서 브랜드 컨설팅을 하고 있었을 때, 마케팅 교육 담당 임원과 파트너로 함께 일한 적이 있었다. 그 임원은 명예퇴직을 하고, 새롭게 폐지 재활용 사업을 시작했다. 처음에는 의류 기업과 폐지 재활용 사업의 결합이 잘 이해가 되지 않았지만, 실제로 그 시장 크기는 임원이 예상했던 규모를 훨씬 뛰어넘었다. 나는 그에게 의류 기업에서 배운 경험이 어떻게 재활용 사업에 활용되었는지 물었다. 그는 "의류 사업의 물류 시스템을 당시 주먹구구로 운영되던 재활용 사업에 적용했어요"라고 답했다.

그때부터 나는 중장년층을 위한 인생 프로젝트를 본격적으로 준비하게 되었다. 그것은 그 임원이 적용했던 것처럼 대기업에서 배운 지식을 같은 분야 사람들이 모여 창업하는 프로젝트였다. 퇴직과 동시에 사회로부터 소외되지 않고, 중장년의 경력과 지혜를 브랜드로 창조하여 일자리가 아닌 일터를 만드는 일이었다.

강쇠돌은 3년 동안 미국 지사장으로 근무했고, 두 개의 브랜드를 런칭한 총괄 팀장이었다. 그뿐만 아니라 국내 유통 본부장까지 경험했다. 나는 강쇠돌이 대기업에서 30년 동안 일했기 때문에 특별한 지식과 경험이 있을 거라고 기대했다.

"그냥 직원이 가져온 보고서만 보고 의사결정을 했지."

강쇠돌에게 내가 기대한 것은 없었다. 강쇠돌은 로켓 주먹을 날리기 위해서 스위치만 눌렀을 뿐이었다. 퇴직 후 중소기업에 재취업도 했지만, 매번 오래 다니지 못하고 퇴사를 반복했다. 나는 왜 퇴사했는지, 무엇이 힘들었는지, 퇴직 후 재입사의 장단점은 무엇인지를 물었지만, 그는 답변 대신에 핑계를 댔다. 중소기업이 더 어렵다, 대기업보다 더 정치적이다, 더 보수적이다, 개념과 전략이 없다 등 닳고 닳은 이야기만 반복했다. 그러다 뜬금없이 은퇴 이후에 하고 싶은 10가지를 들려주었다. 세계 일주하기, 자신의 책 쓰기, 일본어 배우고 일본에서 요리사로 1년 동안 일해보기, 유튜버 되기 등 그의 버킷 리스트는 누구나 하고 싶은 익숙한 것들이었다. 이미 남들이 자랑했던 것들, 그래서 굳이 안 해도 상관없는 것들, 무엇보다 자신만의 이야기를 만들어낼 수 없는 것들이었다.

강쇠돌은 같은 말을 반복하면서 이야기를 이어갔다. 하지만 대부분 자신의 이야기가 아니라 퇴사한 나에 대한 조언이었다. '세상은 회사와 완전히 다른 곳이다.' '퇴사하면 조급해하지 말라' '퇴사하면 도와주겠다는 사람도 등을 돌린다.' '책을 읽으면서 자신의 비전이 무엇인지를 고민하라' 등 나에게 하는 말인지 아니면 자신에게 하는 말인지 모를 이야기를 쏟아냈다. 그저 조회수를 올리려고 어그로용으로 만든 카피 같은 말만 반복했다. 그렇게 우리는 식당 문을 닫을 때까지 그곳에 있다가 집으로 돌아갔다.

경쟁하는 나 vs 자기다운 나

'위대한 브랜드를 만들기 위해서는 먼저 위대한 브랜드가 되어라.' 이 말이 진짜라는 것을 확인하기 위해서는 직접 해보아야 한다. "일을 하지 않을 때, 너는 누구인 것 같아?" 친구에게 했던 이 질문은 사실 오래전 나 자신에게 향해 있었다. 나는 이 질문에 대답하기 위해 2001년도에 《새벽 나라에 사는 거인》라는 책을 쓰고 창업했다. 내가 추구하는 것과 내가 살고 싶은 이유가 일치하는지 확인하고 싶었기 때문이다. 그렇게 12년 만에 찾게 된 질문의 대답이 또 진짜 나만의 대답인지를 확인해야 했다. 그때부터 나는 자기답게 사는 것이 무엇인지 알기 위해서 2012년에 《자기다움》이라는 책을 쓰고 다시 12년이 흘렀다. 그리고 이제 나는 새로운 질문과 마주하고 있다.

'나는 나답게 죽을 수 있을까?'

이 질문이 관념이 아닌 현실로 다가오는 시기가 바로 40대 중반부터 50대 초반이다. 퇴직을 앞두거나 이미 퇴직한 사람에게 이 질문은 '죽느냐 사느냐'와 같은 절박감으로 다가온다. 수십 년 동안 직장과 직업을 자신의 정체성으로 알았던 사람들에게 '내가 일하지 않을 때, 나는 누구인가?'라는 질문은 큰 충격으로 다가온다. 만약 이 질문에 대답하지 못한다면, 실업자가 아니라 인생의 실패자로 남을지 모르기 때문이다.

한국의 평균 은퇴 연령은 49세라고 한다. 여기에도 성별, 업종별, 지역별로 차이가 크다. 앞으로 평균 은퇴 연령은 더 내려갈 것으로 예상된다. 퇴직과 은퇴 이후에 다른 직장을 찾으려고 노력하지만, 예전과 같은 수준과 기준을 기대하기는 어렵다. 30, 40대에 일했던 직장과 달리 대부분 일용직과 임시직이 현실적으로 더 많다. 길게 보면 40년, 평균 30년을 더 일하며 살아야 하는 중장년에게 현실은 암담할 뿐이다. 노후 자금이 충분해서 일하지 않고 살 수 있는 사람도 있겠지만, 평균적으로 그런 사람은 매우 드물다. 내가 계속 일할 수 있을까? 앞으로 어떻게 살아가야 할까? 이런 절박한 질문은 불안한 마음을 더 무겁게 한다. 나는 현직에 있는 중장년 지인에게 이에 관해 물었지만, 대부분은 이렇게 말했다.

"어떻게든 되겠지."

당장 자신에게 닥칠 현실이지만 구체적인 계획은 없어 보였다. 그것은 퇴직과 은퇴 이후의 삶에 대한 계획과 대안이 없다는 뜻이기도 하다. 이럴 때 항상 돈만 있다면 모든 문제가 해결될 것처럼 생각한다. 하지만 돈보다 더 중요한 것이 있다. '내가 일하지 않을 때, 나는 누구로 살 것인가?' 만약 이 질문에 답하지 못한다면, 퇴직과 은퇴 이후의 삶은 더 큰 난관과 마주할 것이다.

나는 은퇴 후를 살아가는 강쇠돌의 SNS를 보면서 그가 자기답게 살고 있다고 생각했다. 그는 일하지 않고 자기 존엄을 지키며 살아가는 노하우도 공개한 적이 있다. 그런 그에게 은퇴 후 삶의 비법을 배우고 싶었지만, 강쇠돌은 내 질문에 대답하지 않고 '세상은 회사와 완전히 다른 곳이다'라는 말만 반복했다. 처음에는 무슨 말인지 이해하지 못했다. 세상과 회사는 왜 분리되어 있을까? 세상 안에 있는 회사에서 왜 다른 세계를 경험했을까? 그런데 강쇠돌이 나에게 '내가 누구인 줄 알아?'라고 소리치는 순간, 그가 왜 직장과 세상이 다르다고 말하는지를 알 것 같았다.

강쇠돌의 직장생활은 세상에 있는 직장이 아니라 세상 사람들이 부러워하는 '신의 직장'이었다. 그는 직장인이 아니라 비즈니스의 갑신(甲神)처럼 살았다. 이제 그는 태양 같은 대기업의 중력에서 튕겨 나왔지만, 여전히 혜성처럼 대기업 주위를 공전하고 있었다. 예전에 강쇠돌이 내려다본 세상은 우스웠다. 그가 누리는 직장이 세상이자, 세상이 직장이라고 생각했다. 그런데 누구도 친구에게 말해주지 않았다. 마징 '갑'에서 내려오면 이제부터 맨주먹으로 세상과 싸워야 한다는 사실을 말이다. 이제 강쇠돌은 혼자 세상에 서 있었다. 그는 자신이 누구인지 확실히 마주하게 되었다. 강쇠돌은 직장에선 자신이 누구인지 알았지만, 직장에서 나왔을 때는 자신이 누구인지 몰랐다. 어쩌면 직장에 다닐 때도 자신이 누구인지, 또 어떤 사람이 되어야 하는지 알고 싶어 하지 않았을 것이다.

자본주의 세상의 법칙은 생존을 위한 '경쟁'이다. 시장에 있는 모든 제품은 사라지지 않기 위해서 모두 넘버원Number 1을 추구한다. 넘버원 제품을 만들기 위해 직장도 경쟁 시스템으로 만들어진 조직이다. 시장의 넘버원으로 군림했던 대기업에서 친구 강쇠돌은 자신도 넘버원으로 살았지만, 그것은 자기 자신을 잃어버리는 달콤한 유혹이었다. 자신과 직장을 마징가 머리 위에 앉은 조종사처럼 합체하여 스스로 '넘버원'이라고 착각했다.

시장에서 넘버원은 마케팅의 성배이다. 기업이 하는 모든 마케팅의 목적, 목표와 방향은 넘버원이다. 하지만 넘버원을 추구하는 마케팅의 치명적 결함은 '경쟁하면서 닮아가는 것'이다. 1등과 경쟁하거나 따라하면서 제품의 차별성은 사라지고, 소비자는 더 이상 그 제품을 선택하지 않는다. 반대로 마케팅Marketing과 다른 개념으로 브랜딩Branding이 있다. 브랜딩은 넘버원Number 1이 아니라 온니원Only 1이 되는 것을 말한다. 즉, 자기다움으로 유일해지는 전략이다.

롤렉스Rolex 시계가 카시오Casio 시계의 매출과 시장 점유율에 관심이 있을까? 오메가Omega는 애플 아이워치 신상품 출시에 신경을 쓸까? 온니원을 추구하는 브랜드는 경쟁하지 않는다. 애플의 20년 전 디자인과 지금의 디자인을 비교해보면 알 수 있다. 애플은 트렌드, 경쟁, 신세대 스타일에는 관심이 없다. 애플의 목표는 애플이 되는 것이다. 우리가 명품이라고 부르는 대부분의 온니원 브랜드는 자기 자신이 되는 것을 목표로 한다.

이처럼 마케팅과 브랜드는 확연히 다르다. 마케팅은 '남과 다르기 위한 자기다움'이다. 즉 남과 달라지기(차별화) 위해서 가격, 색깔, 부피, 소재 등을 바꾼다. 남과 달라야만 시장에서 선택받고 생존할 수 있어서 남보다 더 좋아야 한다. 반면에 브랜드는 '자기다움으로 남과 다름'이다. 자기다워질수록 남과 달라진다. 그래서 온니원을 추구하는 브랜드는 '어떻게 하면 브랜드다워질까?'를 스스

Marketing

Number 1

남과 경쟁하면서 닮아간다.

차별화

Branding

Only 1

나와 경쟁하면서 유일해진다.

자기다움

로 고민하고 묻는다.

브랜드는 경영자가 내리는 의사결정의 총합이다. 넘버원 브랜드를 만들고 싶은 브랜드 경영자는 넘버원을 위한 전략을 고민한다. 그래서 의사결정의 기준은 자신이 아니라 경쟁사의 브랜드다. 경쟁에서 이기고, 시장에서 넘버원이 되는 것을 브랜드의 최고 가치라고 생각한다. 반면에 온니원을 추구하는 브랜드 경영자는 브랜드가 경쟁하지 않고, 온니원이 되는 것을 생각한다. 그래서 자신의 가치에 집중하며 시장에서 유일한 브랜드가 되는 것이 목적이다.

그렇다면 직장에서 나는 넘버원인가? 온니원인가? 일반적으로 직장에서 우리는 넘버원이 되기 위해 동료와 경쟁한다. 경쟁을 통해서 얻는 보상은 높은 연봉과 남들이 부러워하는 직급이다. 하지만 더 이상 경쟁할 수 없는 순간에 나는 어떤 존재인가? 퇴직과 은퇴를 경험하면서 자신의 경쟁이 의미를 잃어버리는 순간은 반드시 찾아온다. 그때, 우리는 스스로 이런 질문을 던진다.

'나는 그동안 뭐 했지?'

지금까지 마음껏 놀지 않았다. 그저 열심히 일하고 경쟁했다. 하지만 경쟁의 무대가 사라지는 순간에 나는 아무것도 아닌 존재가 된다. 물론 직장에서 경쟁은 피할 수 없다. 하지만 어떻게 경쟁하느냐는 전적으로 나의 선택이다. 애플 브랜드는 어떻게 경쟁할까? 애플은 애플이 되는 것이 경쟁이다. 소비자가 기대하는 이상의 애플이 되는 것이 애플의 넘버원이자 온니원 전략이다. 나이키도 아디다스와 경쟁하지 않고 나이키가 되는 것이 넘버원이자 온니원 전략이다.

　나 자신에게도 적용해보자. 직장에서 남과 경쟁하지 않고 내가 되는 것은 어떤 것일까? 그것은 온니원, 즉 휴먼브랜드가 되는 것이다(2파트에서 휴먼브랜드가 되는 법을 상세히 소개한다). 휴먼브랜드는 '자기다움으로 남과 다른 사람'을 말한다. 그래서 남과 경쟁하지 않고, 자기에게 집중하고 자기 자신과 경쟁한다. '내가 누구인가?' '자기답게 일한다는 것은 무엇인가?' 등 오직 자기 자신에게만 질문하고 대답한다.

　넘버원이 되기 위해 열심히 경쟁한 직장인은 내 친구 강쇠돌처럼 어느 날, 온니원Only 1이 아닌 혼자alone의 처지가 된 자신을 발견한다. 이들은 자기답게 일하는 것이 무엇인지를 생각해본 적이 없다. 자신이 직장에서 무엇을 배웠는지, 자신이 하는 일이 어떤 의미인지 모른다. 더 심각한 것은 기업에서 고위직에 있는 사람들도 모른다는 것이다. 나는 서른세 살에 브랜드 컨설팅 회사를 창업하고, 수많은 기업과 프로젝트를 경험하며 이들이 사라지는 것을 목격했다. 컨설팅이라는 업종 특성으로 나보다 열 살, 혹은 스무 살이나 많은 사람과 일하며 그들이 갑자기 퇴직하거나 회사를 떠나는 경우도 수없이 지켜봐왔다. 그럴 때마다 나 자신에게 이렇게 질문했다.

　'내가 돈을 벌지 못한다면, 나는 어떤 존재가 될까?'
　'내가 이 일을 하지 않는다면, 나는 어떤 존재가 될까?'

이 질문에는 나이별로 시차가 있다. 내가 알고 있는 20대는 무슨 질문인지를 이해하지 못했다. 30대는 고개를 끄덕이며 공감하지만 대답하지 못했다. 40대 이상은 대답이 필요하지 않다는 것을 알고 있었다. 이 질문이 10년 안에 자신에게 다가올 현실이라는 것을 본능적으로 직감했기 때문이다.

남이 만든 의미, 내가 만든 의미

> 자신의 인생을 사랑하는 사람은
> 자신이 하는 모든 일에 '의미'를 부여한다.

가짜 능력과 진짜 능력

이번에 만난 강쇠돌2는 친구가 아니라 예전 직장의 클라이언트였다. 과거에 나는 그와 브랜드 프로젝트 몇 개를 진행한 적이 있었다. 그는 세계 최고의 기업에서 임원으로 일하다가 몇 년 전에 퇴사했다. 그는 퇴사하자마자 1인 컨설팅 회사를 세우고, 어느 대학의 겸임교수로 자리를 잡았다. 직함은 교수였지만 실제는 일주일에 3시간 전공선택 과목의 실습을 맡은 시간 강사였다.

강쇠돌2는 내가 과제를 받아서 발표했던 프로젝트 자료 중 일부를 강의용으로 사용하고 싶다며 연락을 해왔다. 나는 강의 자료를 보여주면 필요한 자료와 함께 추가 자료도 주겠다고 했다. 우리는 바로 시간을 정하고 오랜만에 다시 만났다.

그는 지금까지 내가 인터뷰한 여러 강쇠돌과는 사뭇 달랐다. 가장 큰 차이점은 퇴사와 동시에 회사를 세우고 교수가 되었다는 것이다. 덕분에 그는 다른 강쇠돌과는 다르게 경력 공백이 없었다. 은퇴 자금도 어느 정도 준비해둔 덕택에 그리 초조해 보이지 않았다. 그래서 나는 친구 강쇠돌에게 했던 질문이 아닌 다른 질문을 준비했다.

강쇠돌2는 학생들에게 자기 경험과 노하우를 가르치고, 청년들이 세운 스타트업에 컨설팅하는 일을 매우 자랑스러워했다. 거의 2시간 동안 나는 그가 학생들과 청년들에게 가르친 내용을 듣고 있었다. 그러다 문득 지금 강쇠돌2가 나에게 말하고 있지 않다는 것을 느꼈다. 내 반응을 살피지 않고 그저 대본에 충실한 연설을 하는 것 같았다. 대화 중간에 질문도 했지만, 그는 얼버무리며 자기 이야기만 계속했다. 강쇠돌2의 이야기가 암기한 대본처럼 들렸던 이유가 있었다. 그것은 '창업 소명'이라는 단어 때문이었다. 강쇠돌2는 기업에서 일했던 자기 경험으로 학생들에게 '소명 있는 창업의 길'을 안내하고 있다고 말했다. 내가 '창업 소명'이 무엇인지를 물어보자, 그는 '자신의 가치로 사회 혁신을 추구하는 창업'이라고 대답했다. 전형적인 보고서용 대답이었다.

그는 내가 알고 있던 사람이 아니었다. 지금 내 앞에서 글로벌 비즈니스의 중요성과 지구 생태계 개편에 따른 디지털의 미래를 말하고 있지만, 예전에 그는 이런 일에 의미를 부여하는 사람이 아니었다. 지극히 자본주의적 인생관을 가졌던 그가 학생들에게 '브랜드의 미래'를 말한다는 게 믿기지 않았다. 뭔가 의미 있는 일을 하는 듯 말했지만, 그의 모습이 너무 어색하게 느껴졌다. 그럼에도 나는 묵묵히 그의 이야기를 들어주었다.

사실 강쇠돌2에게 궁금한 점이 많았다. 하지만 그가 나에게 이런 소소한 부탁을 한 것을 불편해하는 것 같아 서둘러 자리를 마무리하려고 했다. 그렇게 노트북 전원을 끄고 자리에서 일어서려는데, 그가 나에게 이런 질문을 했다.

"한 가지 여쭤보고 싶습니다. 예전에 저와 프로젝트를 진행하면서 제가 어떤 것을 잘하는지 알았나요? 혹시 제가 남과 다른 어떤 재능이 있었나요?"

나는 바로 대답하지 못했다. 내가 질문을 이해하지 못했다고 생각했는지, 그는 다시 질문의 의미를 설명했다.

"제가 1인 기업이지만 컨설팅을 해보니, 클라이언트를 만나보면 금방 알겠더라고요. 30분만 이야기해보면 프로젝트의 성공과 실패가 보이는 것 같았어요. 내가 아는 사람도 클라이언트로 만나보면, 전혀 다른 사람이 되더군요. 그래서 궁금했어요. 편집장님은 저와 여러 프로젝트를 해보셨으니, 저에 대해 좀 아실 것 같았어요. 제3자 입장에서 제 모습이 어땠는지 궁금합니다."

갑자기 난감했다. 뭐든지 지나침을 알아야 부족함과 충분함을 파악할 수 있는데, 그와 프로젝트를 진행하면서 '지나칠' 정도로 일한다는 느낌을 받지 못했다. 그가 매우 출세 지향적이며, 성과 우선주의라는 점을 제외하고 딱히 인상적인 것이 없었다. 좀 무례할 것 같아서 나는 이렇게 말했다.

"집중력과 일의 전개 속도가 좋았습니다."

그는 내 말을 믿는 것 같지 않았다. 4~6초 정도 침묵이 이어진 후, 나는 그에게 질문했다.

"혹시 교수님은 자신이 어떤 부분을 잘한다고 생각하시나요? 제가 그 부분을 경험하지 못했을 수도 있어서요."

내 말이 끝나자마자 그는 노트북을 덮으며 이렇게 말했다.

"인사고과와 세상의 평가는 다른 것 같아요. 저는 회사에서 항상 최상위 S급 고과를 받았습니다. 그런데 막상 회사를 나와 보니 내가 회사에서 사용했던 능력이 가짜처럼 느껴집니다. 내가 무엇을 잘하는지, 또, 무엇을 좋아하는지 정말 모르겠어요. 어제 파일을 정리하다가 지난 수십 년 동안 내가 직장에서 썼던 인사고과 자기평가서를 봤는데, 솔직히 내가 나에 관해서 쓴 것이 아니라 존재하지 않은 유령에 대해 쓴 것 같았어요. 이제라도 진짜 내 자신을 알고 싶습니다. 앞으로 30년을 더 일해야 하는데, 어디서부터 출발해야 할지 정말 모르겠습니다. 지금껏 일한 경험에서 시작해야 할지, 아니면 내 장점에서 시작해야 할지…."

경험과 장점 중에서 선택을 고민하는 그가 이상하게 보였다. 강쇠돌2가 기업에서 누렸던 경험은 우리나라 직장인들 중에서 극소수만이 누리는 특권이었다. 그런 최상위 위치에서 일했다는 것은 분명 그만의 장점이 있다고 생각하며 이렇게 말했다.

"경험과 장점, 모두 갖고 계시니, 좋은 출발이 아닌가요?"

강쇠돌2는 나도 잘 알면서 모른 척하고 있다는 듯한 표정을 지으며 말을 이어갔다.

"사실 직장에선 가짜 일을 많이 했어요. 대기업에서 하는 일들이 그렇잖아요. 보고를 위한 일, 상관을 위한 일, 미래가 중요하다는 것을 알려주는 일. 뭐 그런 일들이죠. 그런데 막상 조직에서 나와 보니 내가 경험한 일들이 모두 가짜 같았어요. 다른 기업에서는 더 이상 필요하지 않은 일들이었죠. 지금껏 나는 그 조직에서 만든 일만 해왔던 거예요. 당연히 내 장점도 그 기업의 틀에 짜맞춰진 것들이죠. 그래서 나의 경험도, 나의 장점도 나의 모든 능력이 다 가짜 같았어요. 내 것이 아니었어요. 오늘 저에게 주신 보고서 장표도 모두 편집장님이 만든 거잖아요. 제가 컨펌했지만, 그것이 저의 장점과 경험은 아니죠. 그동안 저는 수많은 보고서를 검토하고 컨펌했어요. 하지만 제가 직접 프로젝트 보고서를 만들려고 하니, 무엇을 어떻게 해야 할지 모르겠어요. 왜 나는 내가 컨펌했던 프로젝트 보고서도 만들 수 없을까요?"

나는 그가 무슨 말을 하는지 충분히 공감했다. 그도 전형적인 마징 '갑' 안에서 일했던 강쇠돌이었다. 그는 계속 말을 이어갔다.

"그래서 내가 할 수 있는 일이 무엇인지, 그리고 내 장점이 무엇인지 찾는 중입니다. 지금은 내가 경험했던 일에서 뭔가를 찾고 싶은데, 내가 했던 일이 무엇이었는지 알 수가 없어요. 저도 분명 장점이 있을 것 같은데, 잘 모르겠습니다."

기업의 인사평가서 내용만으로 판단한다면, 그는 여전히 가치 있는 존재이다. 하지만 진짜 역량은 인사평가서에서 찾을 수 없다. 그것은 서로가 서로에게 찬사와 영광을 돌리는 미녀 미남 선발대회와 다름없다. 이런 인사평가 방식은 부서에 할당된 등급을 조율하거나, 이미 진급이 정해진 대상자의 명분용으로 활용될 뿐이다. 심지어 자신이 작성한 인사평가서를 읽고 있는 것을 듣고 있으면 옆에 있는 내가 민망할 정도다. 요령만 피우던 한 팀원은 자기평가서에 혼자 프로젝트를 다 수행한 것처럼 자신에게 A를 주기도 했다. 이런 인사평가라면 자기 능력을 가감 없이 제대로 평가할 수 있을까?

나 자신을 제대로 평가하는 방법이 하나 있다. 이것은 내가 브랜드 컨설팅 대표로서 신입사원에게 사용했던 방법이다. 일단 신입사원이 부서에 배치받으면 나는 A4 용지 한 장을 건네주고 1시간 동안 자필로 '브랜드란 무엇인가?'를 자유롭게 쓰라고 한다. 그리고 신입사원이 보고서를 제출하면 나는 그들이 보는 앞에서 서류 봉투에 넣고 밀봉하여 내 책상 서랍 안에 보관한다. 이후 그 신입사원이 퇴사하거나, 진급할 때 다시 개봉하여 그 자필 서류를 함께 읽는다. 이때 예상되는 세 가지 반응 중에서 두 가지를 먼저 알려준다. 첫 번째 반응은 '내가 어떻게 이런 글을 썼을까?' 하는 자부심, 두 번째 반응은 너무 부끄러워서 읽고 싶지 않은 마음이다. 만약 스스로 자부심이 든다면 그동안 발전이 없다는 증거이고, 반면에 부끄러운 마음이 든다면 그동안 스스로 성장했다는 증거이다.

그리고 마지막 세 번째 반응을 위해서 나는 종이 위에 쓴 다음의 문장을 보여준다.

"자신이 쓴 글이 아니라고 느껴진다면 그 글은 당신의 생각을 쓴 글이 아닙니다. 외워서 쓴 내용이거나 다른 사람의 생각입니다."

중장년을 위한 자기다움 교육에도 자기평가서를 작성하는 시간이 있다. 나는 교육이 끝날 때마다 교육생들에게 자기평가서와 서로를 평가한 상호평가서를 받는다. 이것은 1년에 한 번씩 실시하는 인사고과가 아니라 프로젝트가 끝날 때마다 자신과 동료를 평가하는 과정이다. 사실 사람들 앞에서 자기가 자신을 평가한 보고서를 읽는다는 것은 어려운 일이다. 하지만 이런 평가의 과정을 통해서 내가 알지 못하는 나, 남이 아는 나, 그리고 남이 알지 못하는 나를 만날 기회를 얻는다. 처음에 교육생들은 민망하고 난감해하지만, 시간이 지나면서 조금씩 자신을 객관화하기 시작한다. 또, 다른 사람의 자기평가서를 들으면서 타인에 대한 관심도 일어난다. 앞으로 함께 프로젝트를 수행할 사람에 대한 이해도 명확히 할 수 있다. 기업의 인사고과 방식도 이런 방법을 활용한다면 어떨까? 프로젝트 참여자들이 모두 함께 자신에 대한 평가를 듣는다면 그런 자화자찬식 자기평가는 거의 사라질 것이다.

"혹시 교수님이 쓰신 인사고과를 잠깐 볼 수 있을까요? 읽어보면 제가 경험한 교수님의 장점을 바로 찾을 것 같습니다."

강쇠돌2는 자신의 인사고과 자기평가서를 흔쾌히 나에게 보여주었다. 나는 30년 동안 그가 작성한 인사고과를 그 자리에서 45분만에 읽었다. 그런데 내가 읽은 강쇠돌2의 자기평가서는 마치 '복제인간 매뉴얼'처럼 느껴졌다. 전문용어와 성과 중심으로 쓰인 자기평가서에는 어떻게 자신이 성공했는지에 관한 내용만이 화려하게 정리되어 있었다. 마치 감정 없는 프로그래밍 언어처럼 보였다. 그러다가 나와 수행했던 프로젝트에 관한 내용을 읽으면서 그에 대한 기억이 조금씩 떠올랐다. 나는 그 기억을 강쇠돌2와 나누려고 했지만, 자칫 거짓말을 할 것 같아 이렇게 제안했다.

"교수님, 자기평가서 내용 중에 일부를 친구들과 가족에게 한번 읽어주세요. 다른 사람의 자기평가서라고 하시면서요. 만약 '이것은 바로 너잖아' '당신이랑 비슷한데' 이런 피드백을 받는다면 바로 교수님의 자기다움을 알 수 있을 것 같습니다."

기억은 자기다움(아이덴티티)을 이루는 핵심 요소다. 한 사람의 존재를 의미할 만큼 기억은 매우 중요하다. 그런데 우리가 기억하는 것은 선택적일 때가 많다. 같은 경험도 서로가 기억하는 내용이 다르다. 내 기억에 클라이언트로서 강쇠돌2의 특별함이나 자기다움을 기억할 만한 사건은 거의 없다. 다른 임원들도 마찬가지다. 나는 수많은 기업의 임원들과 프로젝트를 진행했지만, 그들에게서 그만의 장점과 자기다움에 대한 기억은 떠오르지 않는다. 거의 모든 임원들이 마치 한 사람처럼 느껴질 정도다. 마치 하나의 원본에서 나온 복제품처럼 모두가 비슷했다.

봉준호 감독은 복제인간을 소재로 한 에드워드 애슈턴의 SF 소설《미키7》을 영화로 만들었다. 얼음 행성 니플하임에서 익스펜더블expendable, 소모품인 미키는 위험한 임무가 필요할 때마다 사용되는 복제인간이다. '미키7'은 7번째 다시 태어난 복제인간을 말한다. 소설의 내용은 아직 죽지 않은 '미키7'과 복제된 미키에 관한 이야기를 다룬다. 소설《미키7》의 이야기는 이렇게 시작한다.

지금껏 죽어본 중에서
가장 멍청한 죽음을 맞이하게 될 것 같다.

가장 멍청한 죽음. 나도 지금 생각해보니 직장에서 생각 없이 일하다가 복제품으로 가장 멍청한 죽음을 당할 뻔한 적이 있다. 1993년 스물네 살에 입사한 첫 번째 직장은 한일합섬 해외 무역부 봉제 2과였다. 내가 하는 일은 미국 바이어의 오더를 받아서 OEM으로 옷을 만들어 수출하는 업무였다. 나의 바이어는 갭Gap과 메이시macy's 백화점이었다.

나는 신입사원으로서 열심히 일한 덕분에 팀장에게 인정받으며 제법 많은 수출 물량을 관리했다. 그러던 어느 날, 회사 주임 교육을 받기 위해서 일주일 동안 연수원에 입소하라는 통지를 받게 되었다. 그런데 내 업무의 공백을 걱정했던 팀장은 인사과에 연락하여 주임 교육을 연기해달라고 요청했다. 하지만 인사과는 교육을 받지 않으면 진급과 월급에 불이익을 당할 수 있다며 연기를 허락하지 않았다. 결국 나는 나보다 4개월 늦게 입사한 신입 후배에게 인수인계를 하고 주임 교육을 받게 되었다.

교육 연수를 받고 난 후, 나는 일주일 만에 출근했다. 하지만 마음속으로는 그동안 내가 해야 할 일들이 어떻게 되었을지 걱정이 가득했다. 그런데 팀장과 내가 걱정했던 오더 진행은 전혀 문제없이 순조롭게 진행되고 있었다. 예전에 내가 실수했던 부분까지 후배는 완벽하게 처리했다. 사실 내가 자리를 비운 동안에 진행된 오더 중에 2~3개 정도는 사고가 터졌어야 했다. 하지만 그런 일은 일어나지 않았다. 오히려 후배는 내가 힘들어서 뭉개고 있었던 오더까지 말끔히 해결했다. 심지어 클라이언트는 팀장에게 자신의 담당을 '미키8'로 바꿔 달라고까지 했다.

왜 나는 '미키8'처럼 일하지 못했을까? 결론부터 말하자면 '미키8'(후배)과 '미키7'(나)의 가장 큰 차이점은 일에 대한 '의미'였다. 미키8에게 일주일 동안 맡게 된 일은 자신이 미래에 세울 종합상사를 위한 케이스였다. 하지만 나에게 회사 일은 빨리 끝내야 할 오더일 뿐이었다. 미키8은 나를 대신하여 그저 전화만 받으면 될 일도 봉제 공장 현장까지 나가서 샘플 작업을 진행했다. 염색 공장도 찾아가 최종 컬러를 확인했다. 나에게 클레임을 받은 라벨 집까지 음료수를 들고 가서 자신의 오더를 주고 내가 할 일까지 끝내주었다. 그가 이렇게까지 열심히 일한 이유가 있었다. 그는 미래의 자신을 위해서 일했다. 그에게 일의 의미는 나와는 차원이 달랐다. 나에게 골치 아픈 업체도 미키8에게는 미래의 고객이라는 '의미'가 있었다.

후배 미키8이 진행했던 일에서 나는 의미의 흔적을 쉽게 찾을 수 있었다. 그는 내가 생각하지 못했던 세세한 부분까지 모두 챙겼다. 두 번 생각해야만 보이는 사소한 부분도 완벽하게 처리했다. 그가 했던 일을 보면서 미키8보다 내가 능력이 없는 것이 아니라 관심이 없다는 것을 알았다. 나는 내게 주어진 일을 쳐냈지만, 미키8은 자신에게 주어진 일을 완성했다. 부끄러웠다. 하지만 나는 그동안 인식하지 못했던 일에 대한 인사이트를 얻었다. 그것은 '나에게 일은 어떤 의미인가'에 대한 질문이었다. 이때부터 나의 일을 의미 있게 만드는 것이 무엇인지 찾기 시작했다.

그동안 수많은 인사고과를 위한 자기평가서와 자기소개서를 읽었다. 유감스럽게도 대부분 내용은 비슷하다. 분명 어딘가에 원본이 있는 듯한 복사본이다. 그런 복사본에도 물론 비전과 목표가 있지만, 어떤 특별한 의미를 찾아보기는 힘들다. 자기만의 일에 대한 의미가 무엇인지 그것을 찾기 위해서 노력한 흔적도 발견하기 어렵다. 일을 할수록 남들과 같아진다면, 그것이 진짜 내가 원한 삶일까?

자기다움 교육 중에 자신이 원본인지 아니면 복사본인지를 확인할 수 있는 빙고 게임이 있다. 우리가 알고 있는 빙고 게임과 비슷하다. 종류는 1,000만 원, 1억 원, 10억 원 그리고 100억 원 빙고 게임이다. 1,000만 원 빙고는 내 통장에 지금 1,000만 원이 있다면 무엇을 하고 싶은지를 아홉 개 칸에 적는다. 1,000만 원 빙고 게임은 10분 안에 승자가 나온다. 1,000만 원으로 하고 싶은 일은 유럽 여행을 하거나, 시계나 가방을 사는 것, 가족과 함께하는 럭셔리 여행 그리고 고마운 사람에게 선물을 사주는 것 등이다. 1억 원과 10억 원 빙고 게임부터는 자신이 하고 싶었던 다양한 것들이 나오지만 큰 줄기는 대체로 비슷하다. 집, 자동차, 여행, 사업 투자, 세계 일주 등 이런 범위 안에 있다.

그러나 100억 원 빙고 게임부터는 고민과 갈등의 시작이다. 비현실적인 돈의 범위 앞에서 자기가 하고 싶은 것을 쉽게 담기가 어렵다. 1,000만 원이 10분에 끝났다면 100억 원은 30분을 주어도 아홉 칸을 채우지 못한다. 칸 지우기 게임이 시작되면 로또 100억 원에 당첨된 사람처럼 모두 떨리는 목소리로 100억 원으로 하고 싶은 자신의 꿈을 이야기한다. 그렇게 집단 최면(?)이 끝나면 나는 이런 말로 다음 교육을 진행한다.

"모두 같은 꿈이거나 비슷한 꿈을 가지셨군요. 그런데 누가 여러분들 꿈의 원본인가요?"

아직은 원본이라는 말을 이해하지 못해서 서로 얼굴만 쳐다본다. 나는 다시 질문한다.

"100억 원으로 할 수 있는 일이 여러분의 꿈인가요? 100억 원이 있어야만 자기 꿈을 이룰 수 있을까요?"

"아니요!"

"이제부터 새로운 빙고 게임을 하겠습니다. 여러분에게 100억 원으로 하고 싶은 일을 쓰는 것이 아니라, **100억 원이 없어도 자기다워지는 일을 적어보세요. 나답게 사는 것이 돈이 없어서 할 수 없다는 것은 변명이 아닐까요?** 돈이 없어도 자기다워지는 것이 무엇인지를 적어보겠습니다. 자, 시작하겠습니다."

모두 곤란한 표정을 지으며 멋쩍은 웃음을 짓는다. 대부분 쓰지 못하거나 쓴 사람도 그 이유를 제대로 설명하지 못한다. 우리가 원하는 것은 대부분 비슷하다. 원하는 집, 차, 건강, 가족, 여행, 그리고 직장과 직업을 중심으로 빙고 박스는 채워진다. 사람들이 원하는 것이 모두 비슷해서 사는 모습도 비슷한 걸까? 아니면 우리의 꿈이 타인의 복제된 꿈일까? 그것도 아니라면 미키7, 미키8, 미키9처럼 우리 자신도 그저 복제인간일까?

우리는 생물학적 DNA 복제품은 아니지만, 빙고 박스 안에서는 남들이 좋아하는 복제된 꿈 DNA를 발견할 수 있다. 이렇게 복제된 꿈을 확인하고 자기다움 빙고 게임을 다시 시작한다. 이번에는 돈이 없어도 하고 싶은 일을 아홉 개 적는다. 이것은 생각만큼 쉽지 않다. 사실 돈으로 할 수 있는 일에 비해서 돈이 없어도 하고 싶은 일을 떠올리는 것이 더 어렵기 때문이다. 어떤 경우에는 고민만 하다가 칸을 채우지 못하고 끝내는 경우도 있다. 자신에게 진짜 하고 싶은 일이 없다는 것을 알았기 때문이다. 그 순간 자기 삶에 '의미'가 없다는 것을 깨닫는다.

기업에서 어떤 일을 시작할 때, 대체로 기준은 '돈이 되는가?'이다. 지속가능성이 중요한 기업에서 당연한 기준이겠지만, 이것은 우리 삶에도 영향을 미친다. 그래서일까? 내가 하고 싶은 일을 선택할 때도 '돈이 되는가?'를 최우선으로 두게 된다. 돈을 기준으로 좋아하는 일도 수시로 바뀐다. 이렇게 우리는 원본으로 태어났지만, 살아갈수록 복사본이 되어간다. 그렇다고 모두가 복사본이 되는 것은 아니다.

첫 직장 한일합섬에서 나의 일주일 공백을 도와주었던 미키8은 자신에게 주어진 일을 다르게 해석했다. 그는 미키8이 아니라 자기다움을 지닌 원본으로서 일했다. 그가 자신이 되어가는 과정에서 의미를 부여한 일의 결과는 퀄리티가 확연히 달랐다. 사람들은 그가 의미 있게 하는 일에 대해 그 가치를 인정했다. 그는 나와 같은 일을 했지만, 다른 결과물을 만들었다. 그 차이점은 딱 하나 '일에 대한 의미'였다. 그는 직원으로서 일하는 것이 아니라, 미래의 사장으로서 '사장답게' 일했다.

그의 말을 듣고 충격을 받은 나는 한 달 뒤에 퇴사했다. 의미 있는 일을 찾기 위해서가 아니라 내가 추구하는 의미가 무엇인지 몰랐기 때문이다. 나를 다른 사람과 다르게 하는 '의미'가 무엇인지 진짜 알고 싶었다. 그렇게 수년 동안 내가 누구인지를 알기 위해서 일했다. 이런 나에게 '일의 의미'를 알려준 책이 있다. 경영의 구루 피터 드러커는 자신의 저서《비영리 단체 경영》에서 김나지움 시절의 종교 과목 선생님인 필리글러 목사와의 추억을 다음과 같이 밝혔다.

나에게 100억 원이 있어도
지금의 일을 하겠는가?

나에게 100억 원이 있다면
정말 하고 싶은 일은 무엇인가?

내가 정말 하고 싶은 일은
꼭 돈이 있어야 할 수 있는가?

"내가 열세 살 때, 종교 과목 선생님이 학생들에게 어떤 사람으로 기억되고 싶은지를 물었다. 아무도 대답하지 못했다. 선생님은 '대답을 기대하진 않았단다. 하지만 쉰 살이 되어서도 대답하지 못한다면 인생을 잘못 산 거라고 봐야 할 거야'라고 말했다."

피터 드러커가《비영리 단체 경영》을 집필할 1990년 당시, 그의 나이는 여든한 살이었다. 그는 필리글러 선생님의 질문을 무려 68년 동안 마음속에 품고 살았다. 필리글러 선생님의 질문은 내게도 큰 영향을 주었다. 이 책을 읽은 후, 나는 세 번째 직장에 사표를 내고, 내가 추구하는 의미가 진짜인지를 확인하기 위해서 비영리 단체에 들어갔다. 2년 뒤에는 모라비안 바젤 컨설팅 회사를 창업하여 비영리 단체가 지향하는 가치 중심적인 일을 경험했다. 당시에 나만의 의미를 찾은 것은 아니지만, 의미가 무엇인지는 조금씩 알게 되었다. 그리고 '나는 어떤 사람으로 기억되고 싶은가?'라는 피터 드러커의 질문은 나에게 '내 삶의 의미는 무엇인가?'에 대한 질문으로 이어졌다.

의미의 실체는 사랑

내가 의미의 본질을 알게 된 것은 기업의 브랜드 일을 시작하면서부터다. 브랜드를 연구하면서 차별화의 기원이 바로 '의미'라는 것을 알게 되었다. 기업은 상품Commodity에 의미를 부여하고, 그 의미를 소비자가 공유하면서 가치가 만들어진다. 이 단계를 '아이덴티티Identity 구축'이라고 한다. 이렇게 만들어진 가치가 계속 유지되면서 브랜드의 상징과 메시지가 변화하고, 이 변화 단계를 '이데올로기Ideology'라고 한다. 예를 들어 다이아몬드에 '결혼'이라는 의미를 부여하고, 사람들은 '영원한 사랑'과 다이아몬드를 공유한다. 이때 다이아몬드는 '변하지 않는 사랑'이라는 가치를 만든다. 이 공식을 표방하고 대표하는 브랜드가 바로 사랑의 상징이며 메시지가 된다. 여성들이 가장 받고 싶어 하는 결혼 다이아몬드 반지의 대표적인 브랜드는 무엇일까? 보금당일까? 티파니일까? 여기까지 일반적인 상표에 의미를 부여하고, 브랜드를 만드는 공식은 다음과 같다.

결혼반지(상품, Commodity)

▼

언약의 상징(정체성, Identity)

▼

영원한 사랑(사상, Ideology)

치열한 시장 경쟁으로 제품의 차별화가 줄어드는 상황에서 기업은 광고와 홍보를 통해 소비자에게 '의미'를 집중적으로 알리고 있다. 또, 제품에서 차별화가 어려워지자, 소비자의 마음속에 차별화를 심어주기 위해서 최선을 다해 노력하고 있다. 결혼반지를 다이아몬드 반지로 선택한 것은 이런 차별화 마케팅 결과물이다. 1930년대 후반과 1940년대 초반에 드비어스^{De Beers}는 "다이아몬드는 영원하다"라는 슬로건으로 마케팅 캠페인을 시작했다. 그러나 이렇게 조작된 의미는 쉽게 복제할 수 있다. 다이아몬드 반지는 누구나 만들 수 있다. 그래서 한때 다이아몬드의 크기에 따라서 차별화를 이루었지만, 그것도 곧 한계에 부딪혔다. 기업으로서는 다이아몬드 크기가 아니라, 명성의 크기로 더 확고한 차별화 전략이 필요했다. 이런 영향으로 누구도 쉽게 복제할 수 없는 다이아몬드 브랜드가 출현하기 시작했다.

같은 다이아몬드 크기라도 티파니 다이아몬드 반지는 다른 다이아몬드 반지보다 다섯 배 비싸다. 제품은 비슷하게 만들 수 있어도 시작점과 지향점은 모방할 수 없다. 브랜드는 의미와 가치로 차별화를 만든다. 대표적인 예가 우리나라 마트에서 흔히 볼 수 있는 주방 브랜드 옥소^{OXO}다. 옥소는 창업자 샘 파버가 손 관절염으로 기존의 주방 도구를 사용하지 못하는 아내를 위해 만들었다. 그가 창업할 당시 나이는 66세였다. 샘 파머는 사랑하는 사람을 위해 주방에서 마음껏 요리할 수 있는 제품 디자인을 추구했고, 주방용품에 유니버설 디자인^{Universal Design}이라는 의미를 부여했다. 유니버설 디자인이란 장애인, 노인, 어린이 등 사용자가 처한 상황에 제약받지 않도록 설계한 디자인을 말한다. '더 편하게, 더 안전하게, 더 풍요롭게'에 가치를 둔 유니버설 디자인은 1980년대 미국 공업 디자이너 론 메이스가 '배리어 프리^{barrier free, 장애물로부터 자유로워지기}' 개념을 말하면서부터 확산하기 시작했다. 옥소 사이트에서 'Our History'를 클릭하면 이런 문구가 나온다.

OXO was born of love. Our founder Sam Farber designed the first OXO peeler for a pair of hands he loved more than his own.(OXO는 사랑으로 탄생했습니다. 창립자 샘 파버는 자신의 손보다 더 사랑하는 두 손을 위해 최초의 OXO 필러를 디자인했습니다.)

브랜드를 연구하면서 내가 찾은 의미의 실체는 바로 '사랑'이다. 옥소OXO뿐만 아니라 지구를 사랑하는 파타고니아Patagonia, 아동 노동착취를 막기 위해서 만든 토니스 초콜릿Tony's Chocolonely 등은 '혁신과 경쟁'이 아니라, '사랑과 섬김'이라는 의미로 차별화된 브랜드를 만들었다. '미키8'과 나의 차이점도 일에 대한 사랑, 미래에 대한 사랑이었다. 나에게 봉제 수출은 '생계'였지만, 그에게는 '인생'이었다. 그는 자기 인생을 사랑했기 때문에 자신이 하는 모든 일에 의미를 부여할 수 있었다. 이후 나는 브랜드를 연구하면서 의미에 대해 더 깊은 질문을 던지게 되었다.

'나는 누구를 사랑하고 싶은가?'
'나는 인생에서 무엇을 사랑하는가?'
'나만이 사랑해서 부여할 수 있는 의미는 무엇인가?'

그런데 내가 의미 있다고 생각하는 것은 정말 나의 의미일까? 아니면 남의 의미를 따라 한 의미일까? 그것을 확인하는 방법은 간단하다. 일단 연필과 종이가 필요하다. 나의 버킷 리스트를 적어보고, 왜 내가 그것을 선택했는지 그 이유와 의미를 써보면 된다. 이것은 브랜드를 만들기 위한 브랜딩 구축 방법의 하나이다.

브랜딩Branding은 '생산자의 의도와 사용자의 의미'를 일치시키는 것이다. 한 사례로 오메가OMEGA 시계가 어떻게 브랜딩을 하는지 그 과정을 살펴보자. 오메가 생산자는 오메가를 구입한 사람이 어떻게 시계를 사용하기를 원할까? 먼저 이 질문에서 시작한다. 생산자(오메가)의 의도는 그들의 홈페이지에서 확인할 수 있다.

우주 비행사를 위한 디자인

우주 비행사를 위해서 특별히 설계된 스피드마스터 스카이워커 X-33은 1998년에 출시된 스피드마스터 프로페셔널 X-33의 혁신적인 기능을 더한 업그레이드 모델로 최첨단 쿼츠 칼리버를 통해 동력을 공급합니다. 본 타임피스는 우주비행사뿐만 아니라 여러 가지 인상적인 시계 기능의 탁월한 우수성을 알아보는 시계 애호가들을 위해 제작되었습니다.

지구 대기권을 뛰어넘은 우주 공간, 그리고 해양 기저의 심해로 오메가를 인도하는 오메가의 개척 정신은 위대한 탐험가적 열정과 만나 스피드마스터 스카이워커 X-33 출시의 원동력이 되었습니다. 그레이드 2의 티타늄으로 제작된 이 45mm 타임피스는 블랙

세라믹 베젤 링, LCD 디스플레이가 장착된 블랙 다이얼, 그리고 그 레이드 2와 그레이드 5의 티타늄 브레이슬릿이 인상적입니다.

오메가 시계를 구매한 사람은 그저 830만 원짜리 비싼 시계를 구입한 것일까? 아니면 일상을 우주여행처럼 즐기기 위한 티켓으로 시계를 구매한 것일까? 유독 우리나라에서 우주 비행사를 위한 '스카이워커 X-33'이 많이 팔리는 이유는 왜일까? 우리나라 사람들 중에 우주 비행사를 꿈꾸는 사람이 이렇게 많았을까? 또, 우주로 여행을 갈 수 있는 사람은 몇 명이나 될까? 머릿속에 이미 답이 나왔다. 그렇다. 한국인 최초 우주 비행사는 단 한 명뿐이다. 앞으로 우주여행이 대중화가 된다면 우주 여행객은 많이 생기겠지만, 우주 비행사는 좀처럼 나오지 않을 것 같다.

그런데도 우리는 왜 우주 비행사의 시계를 구매하는 것일까? 그것은 우주 비행이라는 '의미'에 기꺼이 동참하고 싶기 때문이다. 오메가는 시계가 아니라 의미를 알려주는 오브제이다. 즉, 오메가 시계가 지향하는 우주에 대한 비전에 공감한다는 의미에 기꺼이 돈을 지불하는 것이다. 그렇다면 오메가를 구입할 수 있는 돈이 있어도 사지 않는 이유가 있다면 무엇일까? 그것은 자신에게 끌리는 의미가 없기 때문이다.

우리는 각자 자기만의 의미를 추구한다. 그래서 모두가 같은 의미에 반응하는 것은 아니다. 이처럼 우리는 의미를 통해서도 내가 어떤 사람인지 엿볼 수 있다. 주방용품 옥소에 반응하는지, 오메가 시계에 기꺼이 돈을 지불하는지, 혹은 환경주의를 표방하는 바디숍Bodyshop을 애용하는지 등 내가 좋아하는 브랜드를 통해서도 자기다움의 흔적을 엿볼 수 있다.

자기다움 교육 중에도 나만의 의미를 찾아가는 시간이 있다. 앞서 언급했던 빙고 게임이 끝난 다음에 다시 빙고 칸을 만들어서 자신의 버킷 리스트를 쓰는 시간이다. 수업 내용은 이렇다. 먼저 빙고 게임과 같은 방법으로 시작한다. 이번에는 나만이 가지고 있는 버킷 리스트를 확인한다. 이제 다른 사람에게 없는 나만의 버킷 리스트와 나의 의미가 어떻게 일치하는지를 확인한다. 여기서 중요한 것은 내가 적은 버킷 리스트가 남들이 원하는 것인지, 아니면 내가 원하는 것인지를 파악하는 것이다. 단순히 내가 해보지 못한 것을 적은 것인지, 아니면 나에게 어떤 의미가 있을지를 확인하며 체크한다. 그렇게 발견한 항목이 있다면 이제부터 오메가 시계를 설명한 내용처럼 자신이 구사할 수 있는 단어를 동원하여 나만의 의미를 표현한다. 글로 써야 내가 믿는 것과 의미를 확인할 수 있기 때문이다.

한편 버킷 리스트 대신에 내가 의미 있다고 생각하는 목록을 적고, 왜 의미가 있는지를 적어보는 것도 도움이 된다. 내가 쓴 의미가 남이 나에게 알려준 의미인지, 아니면 내 삶에서 경험한 의미인지를 확인할 수 있다. 사실 버킷 리스트의 대다수는 돈과 시간이 있을 때 실현 가능한 것들이다. 그중에서 특히 세계 여행이나 특정 장소에서 1년 살기는 빠지지 않고 등장한다. 이러한 버킷 리스트의 유사성은 타인의 욕망을 모방하는 것도 있지만, 자신이 진정으로 원하는 것이 무엇인지 모르는 것에서 비롯된다.

그렇다면 나만이 원하는 버킷 리스트는 무엇일까? 나만이 할 수 있고, 나만이 해야 하고, 나만이 끝내야 하는 버킷 리스트는 무엇일까? 이런 질문을 하다보면 빙고 칸에 있는 아홉 개의 버킷 리스트는 대부분 사라진다. 이처럼 나만의 버킷 리스트는 바로 이 질문에 대답을 쓰는 것이다.

"자기다움을 위한 버킷 리스트는 무엇이 있을까?"

어떤 사람의 자기다움 버킷 리스트에는 '1년간 회고록 쓰기'와 '자전거 전국 일주'가 있었다. 그는 인생의 1년을 돌아보며 자신의 삶을 글로 기록하고 싶었다. 이는 단순한 버킷 리스트가 아닌 현재 진행 중인 목표였다. 그는 1년간 회고록을 쓰기 위해 1년 치 월급을 꾸준히 모으고, 글쓰기 책을 읽는 등 세심히 준비하고 있었다. 그가 회고록을 쓰려는 이유는 자신의 인생을 기록하기 위해서가 아니었다. 고마웠던 사람들, 말다툼했던 사람들에게 감사와 용서의 마음을 담은 손 편지를 쓰기 위해서였다. 그는 1년이라는 시간 동안 자신의 인생을 돌아보면서 함께했던 사람들과의 관계를 회복하기를 진심으로 소망했다.

또 다른 사람의 자기다움 버킷 리스트는 마라톤 완주였다. 사실 어릴 적에 그는 육상선수였다. 국가대표로서 선수 생활을 했던 그는 어느 날 훈련 중에 오토바이와 부딪혀 더 이상 장거리 선수를 할 수 없었다. 지금까지 몇 년째 재활치료 중이었지만, 그는 자신의 마라톤 완주 버킷 리스트를 포기하지 않았다. 그가 마라톤 그 자체에서 의미를 찾는 것은 아니다. 그는 뛸 때 가장 자기다움을 느낀다고 했다. 그는 마라톤 완주를 통해서 그 어떤 불행도 자신을 넘어트릴 수 없다는 것을 자신에게 말해주고 싶어 했다. 5년 전부터 그는 마라톤 완주를 위해서 훈련하고 있고, 조금씩 기록을 늘려가는 중이다. 이처럼 버킷 리스트는 자기만 할 수 있는 것에서 의미를 찾을 수 있다.

조명받는 삶

왜 우리는 자신의 의미가 아니라, 타인의 의미를 더 의미 있게 여길까? 이 질문에 대해 Chat GPT의 대답은 의외로 인간적이며 감성적이다.

인간이 의미를 만들지 못하는 이유는 여러 가지 있습니다. 첫째로, 의미는 주관적인 개념이기 때문에 사람마다 다를 수 있습니다. 한 사람에게 중요한 의미라도 다른 사람에게는 그리 중요하지 않을 수 있습니다. 개인의 가치관과 목표에 따라 의미를 부여하게 되며, 이는 사람마다 다른 생각과 감정을 반영합니다. 둘째로, 의미는 주변 환경과 상호작용에 의해 형성됩니다. 사회적인 맥락, 문화, 가치 체계 등은 의미를 형성하는 데 큰 영향을 줍니다. 예를 들어, 한 사람에게 일상이 큰 의미가 있지만, 다른 사람에게는 덜 중요하게 다가올 수 있습니다. 마지막으로 의미는 주관적인 경험과 연결되어 있습니다. 개인이 겪는 경험과 그에 대한 해석은 의미를 형성하는 데 영향을 미칩니다. 같은 사건을 겪더라도 사람마다 다른 해석과 의미를 부여할 수 있습니다. 이러한 이유로 의미는 개인의 주관과 경험, 환경과 상호작용에 따라 형성되므로 사람들이 의미를 만들지 못하는 것처럼 보일 수 있습니다. 그러나 각각의 개인은 자신만의 의미와 목표를 가지며, 그들의 삶에 의미를 부여할 수 있습니다.

내가 듣고 싶은 대답은 마지막 문구에 있다. '의미를 만들지 못하는 것처럼 보일 수 있지만, 개인은 자신만의 의미와 목표를 가지며, 그들의 삶에 의미를 부여할 수 있다.' 그런데 현실에서 우리가 부여하는 의미의 대부분은 기업, 정치, 선입견, 전통이 만들어준 것들이다. 여기에서 나만의 의미를 찾기 힘들다. 인공지능의 대답 중에 '죽음에 대한 두려움과 무상함으로 인해 의미를 찾기가 어렵다'라고 말한 이 대답도 인상적이다. 의미 자체로는 의미가 없다. 의미를 부여하기 위해서는 가치 기준이 필요한데, 젊은 시절부터 가치 기준이 자신보다는 타인에게 있는 경우가 많다. 1등, 최고, 승자라는 타이틀을 추구하며 경쟁에 몰두하다가 더 이상 경쟁하지 않는 시기가 오면 자기 안에 의미를 부여할 가치가 없다는 것을 깨닫게 된다.

대체로 마흔까지 화려한 조명照明 받기를 원하는 삶이다. 직장에 따라서 다르겠지만 40대 직장인이라면 자기 인생에서 가장 잘나가는 시절이다. 그야말로 자체 발광 시기이다. 물론 스포츠, 엔터테인먼트, 예술 등 이런 분야에서 조명은 더 빨리 꺼지는 경우도 있다. 그러다 50대가 되면 대부분 연극 무대의 마지막 조명이 꺼지는 것 같은 인생의 암흑기가 찾아온다. 동굴 탐험을 한 사람이라면 자기 손도 보이지 않는 '절대 암흑'이 무엇인지 알 수 있다. 그런 칠흑 같은 암흑에서 아주 작은 빛은 바로 눈에 뜨인다. 50대에 그런 한 줄기 빛은 삶의 '의미'가 될 수 있다.

그 의미는 조명받고 싶은 삶에서 소명 받고 싶은 삶으로 우리를 이끌어준다. 인생 암흑기에서 50대 중장년이 찾고 싶은 것은 자신이 의미 있다고 생각한 그 '의미'이다. 물론 그 의미 자체가 소명은 아니다. 그것은 소명에서 나오는 빛일 뿐이다. 의미를 따라가면서 발견하는 소명에는 내가 '나'인 이유가 있다. 다음은 내가 의미하는 것이 소명에서 나왔는지를 확인하는 질문들이다.

1 나만 보는 것은 무엇인가?

2 나만 중요하게 여기는 것은 무엇인가?

3 나는 나에게 주로 어떤 질문을 하는가?

4 나는 최근에 어떤 질문을 많이 했는가?

5 나는 최근에 어떤 질문에 대답을 가장 많이 했는가?

6 나의 행동이 다른 사람과 비교되는 것은 무엇인가?

7 나만의 독특한 사고방식은 무엇인가?

8 최근에 내가 선택을 결정한 기준은 무엇인가?

9 내 목숨보다 더 소중한 것은 무엇인가? 그래서 목숨을 걸고 지켜
  야 하는 것은 무엇인가?

10 나만 분노하는 것은 무엇인가?

이런 질문에 대답을 하다보면, 내 안에 있는 의미와 남이 만든 의미를 구별할 수 있다. 소명을 나의 의미로 정의한다면 오직 나만이 창조할 수 있는 가치이자, 내가 표현하지 않으면 다른 누구도 표현할 수 없고, 이름이 없는 그 무엇이다.

그렇다면 20대에서 50대까지 직장에서 나의 의미로 일했던 것은 무엇인가? 만약에 인사고과 자기평가서를 보관하고 있다면 다시 한번 읽어보자. 그 내용이 진실인지 거짓인지는 내 표정에서 그 반응이 느껴질 것이다. 만약 자기평가서가 없다면 구직을 위해 써두었던 자기소개서를 읽어보면 된다. 내용 중에서 내가 아닌 것은 무엇인가. 빨간 볼펜을 쥐고 과장된 내용이나 거짓 내용은 과감히 지워보자. 그렇게 마지막까지 남아 있는 문장에서 나만의 의미 찾기를 시작할 수 있다.

나를 향해서 달리던 순간

자신의 모든 것을 걸어본 사람은 안다.
숨이 멎을 만큼 모든 것이 희미해지는 순간,
절박하게 다가오는 것이 무엇인지를.

인생 러너스하이

지금까지 7년 동안 12만 킬로미터를 달렸던 자동차 계기판을 보면서 항상 궁금했다. 과연 이 차의 가속 페달을 밟으면 계기판에 적힌 240킬로미터까지 달릴 수 있을까? 우리나라 도로 여건상 어렵겠지만 만약 240킬로미터를 달릴 수 있다면, 그 후에 나는 땅 위에 있을까? 아니면 땅 아래 묻힐까? 어느 날 아무 생각 없이 앞 차를 따라 주행하다가 140킬로미터까지 밟아본 적이 있다. 그 순간 150킬로미터까지 밟고 싶었지만 차가 핸드폰 진동모드처럼 떨리는 것이 느껴져서 그만두었다. 그대로 달렸다가는 곧장 다른 세상으로 갈 것 같았다.

나는 240킬로미터까지 질주해서 살아본 적이 있을까? 요즘 이 질문 때문에 내 인생이 더 진지해졌다. 이런 질문을 하게 된 것은 영화 〈포드 V 페라리〉를 보고 난 강렬한 여운 때문이다. 영화는 이런 내레이션으로 시작한다.

7,000 RPM 어딘가에 그런 지점이 있어.
모든 게 희미해지는 지점. 7,000 RPM 바로 거기서 만나는 거야.
그 순간, 질문 하나를 던지지.
세상에서 가장 중요한 질문, 넌 누구인가?

자동차 계기판의 왼쪽을 보면 1에서 6까지 숫자가 나오는 것이 RPM_{Revolutions Per Minute, 엔진의 분당 회전수} 계기판이다. 그 계기판 밑을 보면 1,000 RPM이 쓰여 있다. 아마 7~8까지 숫자가 보이고 빨간색 칸이 보일 것이다. 바로 그 지점이 '모든 것이 희미해지는 지점'이다. 죽음에 가까운 매우 위험한 단계라는 뜻이다. 내 자동차의 적정 RPM은 1,500~2,000이고 최대 6,000 RPM이다.

2시간 32분짜리 영화였는데, 레이싱 관람처럼 순식간에 시간이 지난 것 같았다. 아마도 '세상에서 가장 중요한 질문, 넌 누구인가?'라는 도입부가 너무 강렬했기 때문이다. 마지막 장면에도 똑같은 내레이션이 나온다. 내가 이 영화에 몰입되었던 가장 큰 이유는 당시 내가 진짜 하고 싶은 일을 위해서 모든 것을 포기해야만 하는 상황과 영화 줄거리가 데칼코마니처럼 닮았기 때문이다. 그때 나는 쉰한 살로 회사를 그만두려고 고민하고 있었다.

나는 누구인가? 내가 좋아하는 것과 잘하는 것, 그리고 해야만 하는 것 사이에서 스트레스는 7,000 RPM까지 올라갔고, 나는 계속 나를 향해서 질문했다. 내가 나답기 위해서는 무엇을 선택해야 할까? 지난날을 돌아보니, 나를 둘러싼 모든 것이 사라지고, 오직 나만 남았던 '나의 7,000 RPM 지점'을 경험했던 적이 있었다. 생명을 걸고 도달해야 하는 7,000 RPM처럼 나에게도 돈을 받지 않고, 의미와 가치만으로 일했던 7,000 RPM의 순간이 분명히 있었다. 광고를 받지 않고 정기 구독자로만 운영하는 브랜드 전문 잡지를 출간했고, 어려운 자영업자들을 위해서 무료 브랜드 교육 과정을 만들어 나의 경험과 지식을 나누기도 했다. 그렇게 나의 최대치를 끌어모았던 이유는 내 인생을 돈으로 움직이게 하고 싶지 않았기 때문이다. 돈의 중력과 저항을 넘어봐야, 그렇게 최선을 다해봐야 알 것 같았다. 내가 진짜 그 일을 잘하고 싶은지, 그리고 그 일을 진심으로 좋아하는지를 말이다.

돈을 벌 수 있을 정도로 일하는 것은 기본이다. 돈을 벌기 위해서 일하는 것은 가장 안전한 방법이다. 하지만 돈을 받지 않고도 일할 수 있다면 어떤 신념이 필요할까? 자신의 목적을 위해서 인생의 가속 페달을 밟는다면 정말로 자동차 계기판에 쓰여진 240킬로미터를 돌파할 수 있을까? 30여 년 전, 생애 첫 직장 한일합섬을 퇴사한 후부터 나는 이 질문의 대답을 찾기 위해 7,000 RPM까지 밟으며 살아왔다.

복제품의 비애

사실 내가 누구인지, 나를 향한 질문을 시작하게 된 계기는 바로 미키8 때문이었다. 당시 나의 일주일 영업 공백을 도와주었던 미키8을 위해서 나는 점심 식사를 사주려고 함께 식당에 갔었다. 식당에는 이미 수출 팀 봉제1과 팀장과 대리가 먼저 와 있었다. 팀장은 나에게 좋은 후배를 두었다며 미키8을 칭찬했다. 그때 옆에 있던 선임은 내 팔꿈치를 툭 치면서 농담과 진담을 섞어서 이렇게 말했다. "넌 뭐 했냐?"

정말, 나는 뭐 했을까? '왜 나는 미키8처럼 직접 봉제 공장에 가지 않았을까?' '왜 나는 미키8처럼 공장 직원들과 함께 새벽까지 상품을 포장하지 않았을까?' '왜 나는 미키8처럼 직접 몸을 쓰면서 일을 해결하지 않았을까?' 신입사원 환영회 때 미키8이 종합상사 사장이 되고 싶다는 말은 이미 들은 적이 있다. 그의 꿈은 뭔가 당차고 멋지게 보이려는 신입사원의 기세라고 생각했다. 그렇다고 이렇게까지 열심히 일할 수 있었을까? 나는 식사 후에 미키8과 회사로 복귀하면서 그의 꿈에 관해서 물어보았다.

"진짜 종합상사 사장이 될 거야?"

불쑥 들어온 질문에 미키8은 겸연쩍게 웃었다.

"기억하세요?"

미키8은 나에게 왜 이곳에 입사했는지를 알려주었다. 그의 아버지는 봉제 수출 공장을 운영하시면서 수십 년 동안 대기업 영업 사원을 갑과 을의 관계에서 많이 만나왔다. 그의 아버지는 미키8에게 자신의 공장을 담당하는 영업사원처럼 일하지 말라고 항상 당부했다고 한다. 그러면서 그들이 어떤 실수를 하는지, 어떻게 일하는지를 미키8이 고등학교 때부터 알려주었다. 그런데 아버지가 많이 만나왔던 영업사원들과 다르게 자기만의 방식으로 일하는 영업사원도 있었다. 그는 좋은 공장과 해외 바이어의 도움을 받아서 큰 에이전트 사업체를 세웠다. 회사 창립 1주년 때 그는 미키8과 아버지를 자신의 회사로 초대한 자리에서 미키8에게 이렇게 말했다고 했다.

"직원처럼 일하면 직장에서 아무것도 배울 수 없어. 위장취업자처럼 일해야 많이 배우고 성장할 수 있어. 직장에서는 일하는 요령을 배우는 것이 아니라 문제를 해결하는 방법을 찾는 거야."

미키8은 그 사장처럼 되고 싶었다. 그래서 대학 생활부터 위장취업자가 되라는 그의 조언을 자신의 모든 영역에서 실천했다. 군대뿐만 아니라 아르바이트를 하면서도 항상 배운다는 마음으로 일했다. 미키8(후배)과 미키7(나)의 차이는 능력이 아니라 의미 부여와 일을 대하는 태도였다. 미키8이 들려준 이야기가 나의 근본을 흔들었다. 내가 예전부터 하고 싶었던 광고와 홍보 분야에서 일하고 싶다는 마음이 강렬하게 나를 흥분시켰다. 나는 이제 내가 원하는 일을 해야 한다는 일념으로 과감히 사표를 던졌다. 그리고 두 번째 입사한 회사에서 미키8처럼 '위장취업자'로 일하기 시작했다. 남들이 하기 싫은 일, 굳이 할 필요가 없는 일 등 월급보다 더 많은 일을 했다. 사람들에게 인정받는 것이 아니라 내가 누구인지 정말 알고 싶었다. 내가 무엇을 배울 수 있고, 내가 어떻게 성장하는지도 확인하고 싶었다. 내가 7,000 RPM(최대치)까지 달렸을 때, 나에게 어떤 변화가 일어나는지를 똑똑히 마주하고 싶었다. 정말 변화가 있었다. 일에 의미를 부여하자 나의 태도가 바뀌었다. 미키8의 말은 사실이었다. 나에게도 미키8과 같은 기회와 성장이 드라마처럼 펼쳐지기 시작했다.

그런데, 여기에도 함정이 기다리고 있었다. 미키8 같은 직장인으로 살던 어느 날, 다른 사업부 임원 중의 한 명이 나에게 찾아왔다. 총괄 상무이사는 나에게 자신의 사업부 보고서를 도와달라고 했다. 나는 수많은 기획자가 있는데 왜 굳이 다른 사업부 소속인 나에게 부탁하느냐고 물었다. 그의 대답은 충격적이었다.

"네가 경영자 입맛에 맞게 보고서 마사지를 잘하잖아."

칭찬처럼 말했지만 나는 모욕감을 경험했다. 미키8처럼 일하려고 했는데, 나는 또 다른 복제품 미키9가 되어가고 있었다. 고객이 아니라 경영자 입맛에 맞게 보고서와 기획서를 만드는 존재, 나는 그렇게 복제품으로 열심히 일하고 있었다.

최근 레이싱 자동차의 RPM 규정은 1만 8,000 RPM으로 평균적으로 5,000~6,000 RPM으로 주행한다. 레이싱카를 운전하기 위해서 가장 기본적으로 필요한 것은 350킬로미터로 달릴 수 있는 도로다. 그런 도로에 과속 방지 카메라나 정체 구간이 있다면 절대 그 속도로 달릴 수 없다. '보고서 마사지'라는 말을 듣고 생각해보니,

위장취업자 마인드로 일하던 나에게 경영자의 한마디는 '과속방지 카메라' 같은 것이었다.

　나는 항상 광고 보고서를 세 가지 안으로 준비했다. 하나는 경영자가 요청한 안, 두 번째는 내 생각을 반영한 안, 세 번째는 경영자와 내 생각을 어느 정도 섞은 안이었다. 두 번째와 세 번째 안이 선택되는 경우도 있지만 대부분은 첫 번째 안이 통과되었다. 나는 그렇게 경영자의 의사결정 스타일에 익숙해지면서 그들의 복제품이 되어가고 있었다. 결국 나는 '보고서 마사지 맨'이라는 불명예 정체성 때문에 또다시 퇴사를 결정했다.

서른 살의 은퇴 준비

　"은퇴는 1~2년 전에 준비해야 한다"라고 강쇠돌3이 말했다. 이번에 만난 강쇠돌3은 40대 후반에 은퇴했다. 그는 몇 번 재취업을 시도했지만, 매번 3개월을 버티지 못하고 퇴사를 반복했다. 그런데 정작 그는 은퇴 1~2년 전부터 준비하지 않았다. 강제로 명퇴를 당한 후에 돌아보니 은퇴를 1~2년 미리 준비하지 못한 것이 후회라고 했다. 나는 다시 질문했다.

　"그럼 1~2년 동안 어떻게 은퇴 준비를 해야 합니까?"

　눈을 껌뻑이면서 그는 이렇게 대답했다.

　"다른 직장도 좀 알아보고, 기술 교육도 받아보고, 여행도 해보고, 사업 준비나 인맥도 파악해보고….”

　이런 것들이 은퇴 계획에 도움이 될까? 하지 않는 것보다는 나을 수 있겠지만, 대부분 생각만 하다가 그만두는 경우가 많다. 최악의 상황은 어설프게 준비하고 뭔가를 급하게 시도했다가 돌이킬 수 없는 실패를 저지르는 경우다. 나는 다시 질문했다.

　“은퇴가 뭐죠? 다른 직장을 알아보셨을 거라고 했는데, 계속 일하는 것도 은퇴인가요?”

　사람마다 은퇴 개념은 다르다. 그래서 각자가 은퇴에 관한 정의와 기준, 그리고 계획을 자기에게 맞게 준비해야 한다. 권투 선수 타이슨의 말처럼 사람들은 한 대 맞기 전까지는 멋진 계획이 있다. 누구나 머릿속으로는 막연히 은퇴 이후의 계획을 장밋빛으로 세운다. 그들의 계획을 들어보면 대부분 노후 자금에 관한 계획이다. 대체로 국민연금에 의지하고 다른 어떤 은퇴 계획은 없이 은퇴를 맞는다. 그러다가 한 방 맞으면 당황할 수밖에 없다. 개인적인 경험이지만 계획 없는 은퇴의 고통은 급류에 빠져 죽기 직전까지 받는 고통과 비슷하다. 숨 쉬고 싶지만 숨 쉬지 못하는 고통과 같다. 물에 빠지면 숨을 쉬기 위해서 물 밖으로 고개를 내민다. 그리고 숨을 들이마시려고 애를 쓰지만, 물만 들이켜고 만다. 숨도 쉬고, 물도 먹고 해야 하는 버거운 현실이 은퇴와 동시에 펼쳐진다. 모든 것이 무너지면서 무엇을 어떻게 할지, 어디서부터 손을 써야 할지 몰라서 우왕좌왕하고 마음만 참담해진다. 일단 잠시 쉬면서 지인을 만나 구체적인 계획을 찾아보려고 나름대로 노력한다. 그렇게

석 달만 지나면 최저임금을 지불하는 직장을 찾아보는 은퇴의 현실을 직면하게 된다.

나는 서른 살부터 은퇴를 준비했다. 그 시작은 '보고서 마사지맨'으로 촉발되었다. 그리고 광고 관련 일을 하면서 더 근본적인 질문에 고민하게 되었다. 광고 시안과 광고 전략을 발표하면 경영자는 항상 이런 질문을 나에게 했다.

"왜 그 광고를 보고 제품을 사야 하죠?"

"왜 이것을 사야 하죠?"

"굳이 이 제품을 사야 하는 이유는 무엇이죠?"

처음에 이런 질문을 받으면 '정서적 이익, 자아표현적 이익 그리고 기능적 이익'이라는 전문용어를 쓰면서 설득하려고 했다. 하지만 경영자는 이렇게 되물었다.

"소비자가 정서적 이익이라는 개념을 알요?"

경영자에게 발표할 광고 시안 작성이 일주일 정도 걸린다면, 경영자가 '왜 사야 하죠?'라는 질문에 대답하기 위해서는 보름 이상을 준비했다. 이런 질문에 대답하기 위해서 소비자 조사, 관찰, 인터뷰 그리고 테스트가 필요했다. 그렇게 열심히 준비했지만, 정답이 나오는 것은 아니었다. 정답은 이미 경영자가 갖고 있어서 내가 해야 하는 일은 경영자의 생각과 소비자의 니즈를 교묘하게 편집하는 것이었다. 그래서 경영자가 광고 시안을 보고 이런 탄성이 나오도록 만들어야 했다.

"내가 말하는 것이 바로 저거야."

일을 열심히 할수록 내가 닳아져 없어지는 것 같았다. 당시 '보고서 마사지 맨'이라는 오명은 이런 나를 깨어나게 했다. 일과 정체성 사이에서 나는 질문으로 나 자신에게 다가갔다. '소비자는 왜 사야 할까?'라는 질문은 '나는 왜 팔아야 할까?'로 확장되었다. 시간이 흐르면서 질문은 '나는 누구인가?'로 이어졌다. 나는 일을 통해서 나를 증명하고 확인하고 싶었다. 그래서 관련 책을 읽으며 수없이 생각하고 고민했지만, 수시로 바뀌고 변질되는 나에게서 명확한 대답을 찾을 수 없었다. 다시 근본적인 질문을 던졌다. '나는 왜 살아야 할까?' 그 이유를 내 안에서 찾아가던 중에 나는 직장에 다니는 이유를 숙고하게 되었다. 만약 직장을 다니지 않는다면 나는 무엇을 해야 할까? 지금과 다른 어떤 사람이 되어 있을까? 아직 명쾌한 답을 할 수는 없었다. 그래서 이때부터 '은퇴한 나'에 대해서 연구하기 시작했다.

나에게 은퇴는 사람들이 말하는 경제적 자유로 현장에서 물러나는 은퇴 _{땔 숨을 은, 내 물러날 퇴} 가 아니었다. 커리어를 관리해야 하는 직장인은 이제 은퇴하고, 평생 직업을 갖는 사람이 되고 싶었다. 내가 원하는 은퇴 계획은 돈에 구애받지 않고, 내가 좋아하고 잘하는 일을 죽을 때까지 하는 것이었다. 나는 본격적으로 은퇴 계획을 세워 갔다. 은퇴 계획은 주말에 집중적으로 이루어졌다. 토요일과 일요일은 업무보다는 내가 하고 싶은 분야를 연구하고, 책을 읽고, 글을 썼다. 그렇게 준비해서 서른세 살에 소명에 따라 목적을 이루는 삶에 관한 책을 쓰고, 은퇴 이후의 나를 명확히 그리기 위해 '권민'

이라는 필명도 사용했다. 그렇게 나는 조태현에서 권민으로 10년 동안 살다가 2012년에 《자기다움》이라는 책을 출판했다.

1년 365일 중에 주말과 휴일을 합치면 평균 110일은 공휴일이다. 이른 아침 2시간까지 활용하면 30일을 더 얻을 수 있다. 모두에게 똑같이 주어진 시간에서 나는 매년 140일을 60살 이후의 삶을 준비하는 데 보냈다. 이 시간 동안 내가 진짜 하고 싶은 일을 했다. 어떤 사람에게는 휴일에도 열심히 일하는 나의 행동이 중노동처럼 보일 수 있지만 일을 하면서 기뻐한다면 노동이라고 말할 수 있을까? 나를 연구하고, 나를 맛보고, 나를 느끼면서 내가 되는 것은 노동이 아니라, 쉼이자 성장이며, 그리고 내가 되어가는 놀이이다. 서른 살에 시작했지만 여전히 나는 내가 좋아하는 일을 죽을 때까지, 아니 죽은 후에도 계속할 수 있도록 준비하고 있다. 이것이 나의 은퇴 계획이다.

평생 직업인이 되기 위해서는 직장인 은퇴도 빠를수록 좋다. 타인의 복사본에서 벗어나서 나의 원본으로 살아갈 수 있기 때문이다. 직장인으로서 은퇴는 실제로 나를 직장인이 아니라 현역 직업인으로 복귀하게 해주는 기회이다.

내 경우 은퇴 준비를 하면서 내가 살아야 할 이유를 구체적으로 떠올렸다. 성공한 사람이 되기 위해서 더 많은 학습과 기술을 배우는 것이 아니라, 자기답게 사는 '자기다움'의 목적과 방향을 설정하면서 나를 깊이 더 알고 싶어졌다. 직장인 은퇴 준비를 통해 나는 '과속 금지 카메라'가 없는 나만의 길로 나의 최대치 RPM을 사용했다. 그 자기다움의 여정에서 7,000 RPM까지 도달하지 못하는 이유도 발견했다. 내가 속도를 내지 못한 이유는 나의 엔진(능력)이 아니라 '돈'이라는 과속방지턱 때문이었다. '이 일을 하면 돈을 벌 수 있을까?' '나는 왜 살아야 할까?'라는 두 질문은 항상 충돌하면서 더 깊게 고민하게 했다. 돈과 의미가 충돌하는 지점에서 은퇴 준비를 더 구체적으로 실행해갔다. 나는 돈을 벌지 않아도 하고 싶은 일에 대해 생각했다. 과속방지턱이 사라진 나의 길에서 이런 질문들이 떠올랐다.

'이 일은 나의 인생을 살게 하는가?'
'이 일을 하는 것이 내가 진짜 사는 것인가?'

이런 질문을 나에게 던지면서 나는 어쩌면 남들이 보기에는 무모한 일들을 계속했다. 그들이 보기에 7,000 RPM으로 달려가는 자동차처럼 보였을지 모른다. 생산자가 상품에 의미를 부여하고, 소비자들이 의미를 공유하면 가치가 생긴다. 우리의 인생도 똑같다. 내가 나에게 의미를 부여하고, 삶을 의미 있게 살아가면 나에게도 가치가 생긴다. 그 가치가 복사본으로 살고 있는 나를 추월하게 만든다. 바로 그 지점에서 영화 〈포드 V 페라리〉에서 말한 '나는 누구인가?' 질문에 대답할 수 있다.

이미 은퇴한 사람, 이제 퇴직할 사람, 그리고 갑작스럽게 퇴직하거나 은퇴한 사람은 앞으로 어떻게 살아야 할까? 속성 은퇴 준비

과정은 없을까? 당연히 없다. 하지만 늦지 않았다. 불가능한 것도 아니다. 이제부터 시작은 자기다움이다. 자기답게 일하고 자기답게 살아가기 위해서 다시 나 자신을 찾아야 한다.

10년 후, 인생 설계도

희망은 어디에(장소) 있느냐가 아니라
어디로(방향) 향하느냐에 있다.

삶아지는 삶

새집을 장만한 친구의 초청으로 집들이에 갔다. 친구는 서울에 있는 아파트를 처분하고 경기도 모처에 전원주택으로 이사했다. 사실 나는 친구가 그동안 황금빛 노후 계획을 준비하고 있다고 생각했다. 그런데 실제는 내 예상과 사뭇 달랐다. 자녀의 취업과 결혼 등 집안일로 살림살이 규모를 많이 줄인 것 같았다. 하지만 친구의 전원주택은 제법 근사했다. 예전 집보다 규모는 커졌고, 아름다운 정원과 집 앞 경치가 탁월하게 멋있었다. 자신이 은퇴하면 이런 곳에서 살고 싶다며 다들 그 친구를 부러워했다. 그때 집주인 친구가 이렇게 말했다.

"이것도 은행 집이야, 모기지 받아서 구입한 거야. 엄밀히 말하면 내 것은 이 마당뿐이야."

모기지Mortgage는 가옥이나 토지 구매를 위한 융자, 저당, 담보, 대부금이라는 뜻이다. 이 단어의 어원을 살펴보면 그 돈이 무엇을 의미하는지 알 수 있다. 모기지는 죽음이라는 뜻의 'Mort'와 서약과 맹세의 의미를 지닌 'Gage'가 결합하여 만든 단어다. 직역하면 '죽음의 계약', 즉 죽어야만 풀려나올 수 있는 계약이다.

친구는 모기지가 단순히 은행에서 빌린 돈이 아니라 죽을 때까지 갚아야 할 돈이라는 것을 알았을까? 만약 진짜로 알았다면 은퇴 후에 이렇게 좋은 집을 주저 없이 구입했을까? 이것까지 묻지는 않았지만 친구가 왜 이런 집을 선택했는지는 알 것 같았다. 그는 서울이라는 럭셔리를 포기한 대가로 지방 럭셔리 전원주택을 선택한 것이다. 하지만 '모기지'라는 단어의 어원이 실제 현실에서도 영향을 주고 있다는 관점을 가진 나로서는 마음이 착잡했다. 친구 집에 즐거운 마음으로 초대받아 온 것이 아니라, 어쩌면 그의 무덤이 될지 모를 시골집에 온 것만 같았다.

40대 이후, 금융 모기지에 묶이면 노후 계획은 온통 빚 갚는 일에만 초점이 맞춰진다. 원금과 이자 계산에 맞춰져 은행이 요구한 대로 살다보면, 결국 자신의 삶은 미지근한 탕처럼 차갑지도, 뜨겁지도 않은 어정쩡한 상태에 머문다. 그런데도 노년 계획은 그저 '어떻게 되겠지'라며 회피할 뿐이다. 이 모습은 마치 냄비 물 안에 있는 개구리와 비슷하다.

미지근한 탕 속에 몸을 담그면 온몸이 노곤해지면서 스르륵 졸음이 온다. 지금 우리 중장년의 모습도 비슷하지 않을까? 하나둘 주변에서 퇴사와 은퇴가 많아지면서 조직을 떠나기 시작한다. 이런 모습을 보면서도 '나는 아직 아니야' 하며 미지근한 조직 안에서 버티기에만 힘을 쓴다. 탕 속 온도는 계속 높아지는데도 계속 참아낸다. 그러다가 불현듯 그 안에서 자신이 삶아지고 있다는 사실을 깨닫는 순간이 온다. 그때는 이미 탕 밖으로 빠져나오기에 늦었을지 모른다. 그렇다면 언제 조직에서 나와야 할까? 물이 미지근할 때 바로 나와야 한다. 물이 미지근하면 몸이 노곤해지고 피로가 풀린다. 이때 정신을 차려야 한다. 커리어로 본다면 가장 잘나갈 때다. 조직에서 어느 정도 영향력이 있고 자기 리더십도 아직 살아 있을 때, 물 온도가 올라가는 시점이다.

"과장 때 나갔어야 했어." 집주인 친구1이 불쑥 말했다.

"뭐가?" 옆에 있던 친구2가 물었다.

"회사 스핀아웃Spin Out 사내 벤처를 만들고 나갔어야 했는데, 때를 놓쳤어. 그때 나간 동기들은 지금 다 잘되잖아."

"그때 너도 나가려고 했어?"

친구3이 친구1에게 물었다.

"나가고 싶었지. 한번 해보려고 했는데 월급을 6개월만 보장한다고 해서… 그런데 진짜 아쉽다. 그때 아이템 들고 나간 그 친구는 지금 회사 매출이 450억이래."

친구1은 모닥불을 뒤지면서 은박지에 싼 고구마를 찾았다.

"나는 부장 때 스카우트 제안을 받았는데, 그때 나갔어야 했어. 내가 이렇게 명퇴를 당할 줄이야. 그런데 왜 너는 아직도 버티냐?"

친구 3이 친구2에게 물었다.

"나도 나가고 싶지. 그런데 내 나이에 이만큼 월급을 주는 데가 없잖아."

친구2가 대답했다. 그는 항상 회사에 불만이 많았던 친구였다. 언젠가 회사 험담을 하는 그에게 그렇게 싫으면 나가면 되지 않냐고 물어본 적이 있었다. 그때도 지금처럼 똑같이 대답했다.

요즘은 돈이 이직의 가장 중요한 조건 중 하나다. 많은 사람들이 연봉을 자신의 가치로 여긴다. 하지만 남보다 높은 연봉은 몸과 마음을 따뜻하게 만들어서 다른 것은 생각하지 못하게 한다. 그것은 마치 푹 삶아지는 것과 같다. 돈이 아닌 다른 기준으로 지금의 상태를 알 방법은 없을까? 몇 가지 질문으로 내가 앉아 있는 조직의 물 온도를 점검할 수 있다.

'내 분야에서 지금도 배우고 있는가?'
'나에게 혹은 타인에게 질문하고 있는가?'
'타인으로부터 질문을 받고 있는가?'
'지금보다 다른 미래를 상상하고 있는가?'
'내가 알고 있는 것을 의심하고 있는가?'
'탁월한 결과물을 만들기 위해서 무엇인가를 하고 있는가?'

만약 이런 질문에 대답할 수 없고, 어제와 오늘, 내일이 별 차이 없이 편안하게 흐르고 있다면 한 번쯤 의심해봐야 한다. 혹시 자신도 모르게 냄비 안에 있는 개구리처럼 삶아지는 삶을 살고 있는 것은 아닐까? 모험하지 않는 인생이 가장 위험하다고 했다. 두 번째 인생의 기준을 돈으로 정하면 모기지 삶에 빠져나올 수가 없다. 모기지 삶은 자기다움을 담보로 잡히고, 현실과 타협하여 연봉으로 사는 것이다. 자신의 연봉이 삶의 기준이 되어 모든 것을 잡고 흔든다. 내가 살아가는 삶이 아니라 연봉에 따라 흔들리는 삶이다.

돈으로 불안한 삶을 대충 포장하기는 힘들다. 연봉으로 자신의 가치를 언제까지 올릴 수 있을까? 50대 초반까지 그때가 마지막이라는 것을 알면서도 끝까지 돈을 기준으로 삼는다. 연봉이 아니라 연금으로 살아가야 할 삶을 무엇으로 설계할 수 있을까? 연봉 때문에 자기답게 사는 것을 선택하지 않았다면, 중장년이 되어 연봉이 자기다움의 빚이라는 것을 알고 후회한다.

나의 20대 커리어 시작은 광고 기획자 AE였다. 하지만 광고 기획의 사회적 수명이 매우 짧다는 것을 알았다. 나는 일을 좀 더 오래 하고 싶어서 광고 기획자에서 브랜드 컨설턴트로 커리어를 쌓았다. 서른아홉 살에 주변을 살펴보니 쉰 살이 넘는 브랜드 전략가가 없다는 것을 알게 되었다. 나는 죽을 때까지 일하고 싶었는데 업계 평균 은퇴 나이는 50대였다. 그래서 나는 마흔 살부터 50대 이후의 삶을 준비했다.

업종별, 지역별 그리고 개인적인 편차로 인해서 은퇴 준비 시점을 정하기는 어렵다. 가장 확실한 방법은 내가 하고 싶은 분야에서 현역으로 일하는 사람들의 평균 연령을 확인하는 방법이 있다. 나는 교육과 출판 분야와 브랜드 분야를 파악한 후에 마흔 살부터 준비했다. 은퇴 나이는 60살, 내가 말하는 휴먼브랜드로서 삶은 75살까지로 정했다. 75살에서 80살까지는 마지막 자료 정리 기간으로 계획했다. 일반적으로 40대 이후 중장년으로 갈수록 수입은 줄어든다. 50대는 여전히 가족부양과 생계유지를 해야 한다. 이런 현실적 어려움을 외면하지 않고 은퇴 이후를 준비해야 한다.

은퇴 후 인생 준비

중장년을 어떻게 맞이해야 할까? 돌이켜 생각해보니 이 질문은 40대를 들어서면서부터 생각해야 했다. 40대는 나만 열심히 하면 모든 것이 좋아질 거라는 막연한 신념 때문에 50대 이후를 예상하지 못했다. 50대도 열심히 하면 40대처럼 모든 것이 지속될 거라고 착각했다. 하지만 그것이 '시간 감옥'이라는 것을 나중에 알게 되었다.

나는 40대에 창업했기 때문에 대기업 임원 출신 강쇠돌들보다는 좀 더 현실감은 있었다. 하지만 30년 동안 대기업에서 '갑'으로 일했던 강쇠돌들은 회사를 나와서 아무것도 하지 못했다. 30년 장기 복역수가 사회로 나왔을 때 느껴지는 막막한 두려움이 현실을 더

욱 무겁게 한다.

　정말 무엇을 할 수 있을까? 가장 빠른 방법으로 프랜차이즈 식당과 매장을 얻는다. 성공한 이야기와 사례만 주워 담아서 기업에서 했던 것처럼 할 수 있을 거라며 자신을 속인다. 개인이 창업해서 3년 안에 망하는 비율이 95퍼센트라는 사실은 알고 있지만, 자신은 성공하는 5퍼센트에 있다고 믿는다. 이렇게 위험한 상황에서 시작하면 실패를 계획하는 것과 같다. 어차피 중장년의 위험은 청년 시절에 모험하지 않은 결과로 생긴 결과이다. 인생에서 한 번도 모험하지 않았던 직장인 강쇠돌이 어떻게 성공할 수 있을까? 그렇다고 늦었다는 것은 아니다. 이제는 중장년이라는 시간을 바르게 인식해야 한다. 내가 지금 하는 일, 나와 지금 관계가 있는 사람들, 내가 앞으로 만날 사람들, 나의 관심 주제, 나의 상황 등 내 주변에 연결된 모든 것들이 나의 중장년 인생 세트장이다.

　나만 늙어가는 것이 아니다. 나를 둘러싼 모든 것들이 엔트로피 법칙에 따라서 질서가 느슨해지고, 모든 것이 분해된다. 먼저 자신을 둘러싼 세트장부터 바꾸어야 한다. 중장년에 대한 자신의 시간을 인식하는 것부터 시작해보자. 지금 50대라고 한다면 하루 중 몇 시라고 생각하는가? 24시간을 기준으로 오후 4시에서 6시 정도라고 생각한다면, 아직 해가 떠 있다. 어떤 사람에게 4시는 슬슬 퇴근을 준비하는 시간이고, 야근 업무를 하는 사람에게는 출근을 준비하는 시간이다. 그런데 이들 모두에게 곧 저녁과 밤의 시간이 다가온다. 조금씩 하루를 마감하는 순간이 찾아오는 것이다.

만약 90세에 죽는다면 50대 중반부터 나는 아무것도 할 수 없는 저녁을 맞이하는 시간을 사는 것이다. 60살을 계절로 따진다면 가을 중반인 10월 초순에 해당한다. 겨울이 곧 다가오는 것이다. 시간이 별로 없다는 의미다. 그렇다고 초조할 필요는 없다. 50대의 지금은 60대의 시작이다. 이제부터 40대를 생각할 필요가 없다. 40대의 나와 50대의 나는 완전히 다른 사람으로 시작해야 한다. 과거와 비교할 필요가 없다. 중년은 인생 리부팅이 아니다. 여행을 통해서 전원을 잠시 껐다가 다시 켜서 새롭게 시작할 수 없다. 껐다가 켰다고 변화되는 것은 없다. **중년은 리부팅이 아니라 리셋해야 한다. 중년의 OS**(운영시스템)**를 다시 설치해야 한다.**

내가 일찍부터 은퇴 이후를 준비한 이유가 있다. 직업상 기업 임원을 자주 만나면서 자연스럽게 그들의 하소연도 많이 들었고, 그들이 퇴사한 이후의 삶도 지켜보았다. 그들을 보면서 나는 이런저런 질문을 품게 되었다. '내가 지금까지 했던 브랜드 업무를 죽을 때까지 할 것인가?' 아니면 '새로운 일을 할 것인가?' '40대에 만든 결과물을 50대에도 60대에도 똑같이 만들어낼 수 있을까?' '만들려고 한다면 지금부터 무엇을 해야 할까?' 방법은 의외로 간단했다. 다른 사람에게 일을 시키지 않고 내가 직접 하는 것이다. 다른 부서와 협업을 하거나 아니면 나 혼자서 내가 맡은 일을 모두 스스로 진행했다. 동영상 제작, 자막을 비롯한 웹 사이트를 만드는 작업까지 연습하고 훈련했다. 젊은 팀원들과 경쟁 프레젠테이션을 하면서 나를 훈련시켰다. 그들의 일을 빼앗는 것이 아니라 앞으로 혼자 해야 할 일을 미리 준비한 것이다. 가장 일을 빨리 배우고 성장하는 원동력은 책과 사람이 아니라 바로 '현장'이다. 퇴임한 강쇠돌들의 특징은 주로 사람 관리와 책상에 앉아 지시로 일을 했기 때문에 현장 감각과 현장에서 배우는 일이 점점 쇠퇴한다.

내가 이 방법을 쓴 것은 15년 동안 창업주로서 기업 경영을 경험했기 때문이다. 나는 브랜드 컨설팅이 좋아서 회사를 만들었는데 회사가 커지면서 내가 좋아하는 일을 직원에게 넘겨줄 수밖에 없었다. 브랜드 전문잡지도 내가 글을 쓰고 취재하고 싶은데, 에디터의 성장과 잡지 분량을 고려해서 나는 글 대신에 회의를 통해서 방향성만 알려주었다. 내가 하고 싶어서 했던 일을 내가 하지 못하는 것이 얼마나 모순적인지를 창업하고 15년 동안 경영하면서 알게 되었다. 이후에 나는 회사를 합병하고 부사장으로 일하는 마흔여덟 살부터 직원들과 똑같이 일했다. 세 개의 안이 나온다면 그중에 하나는 내가 만든 안으로 발표했다. 그들과 경쟁해서 떨어지는 것은 중요한 것이 아니다. 나도 어차피 여러 개 중에 하나의 안을 만든 것뿐이고, 그 일은 나의 50대를 준비한 훈련이기 때문이다. 운동으로 따진다면 간헐적 고강도 훈련과도 같았다. 그렇게 중장년의 삶을 위한 나의 은퇴 준비는 다음과 같이 쉽고 명쾌했다.

첫째, 10년 후를 미리 살아보기

나의 업무 특성상 나보다 10살 많은 선배와 일했다. 그들을 통해서 나의 10년 후 미래를 보았다. 그렇게 수십 명의 선배들을 통해서 50대 중장년의 삶을 미리 배웠다. 40대에 50대가 된 나를 먼저 살았다.

둘째, 미래의 열매를 준비하기

50대가 지나면 60, 70, 80, 90과 100세도 생각해야 한다. 50살까지 가족과 조직을 위해서 살았다면 이제부터는 나를 위해서 살아야 한다. 나를 위한 삶이 노후 자산 계획을 말하는 것이 아니다. 내가 스스로 맺어서 먹을 나의 열매와 씨앗이다. 나는 10년 단위로 쓸 책들과 결과물을 준비했다. 90살에 발행할 책으로 《인내》라는 원고도 있다. 60살, 70살, 그리고 80살에 쓸 책들도 미리 준비하고 자료를 모으는 중이다. 우리는 원하든 원하지 않든 길게 살 수밖에 없다. 따라서 지금의 성과가 누적될 수 있는 오늘을 살아야 한다.

셋째, 재능 업데이트하기

인공지능의 활용을 비롯하여 앞으로 우리는 상상할 수 없는 미래가 온다. 그때까지 나는 어떤 재능을 가지고 있어야 할까? 노인으로서 나의 이야기가 잔소리가 아니라 코칭이 되기 위해서 나는 어떤 기능을 탑재해야 하는지를 계속 연구하고 있다. 지금 가진 재능과 경험보다는 계속 다른 업무 분야와 기술을 접목하면서 내가 누렸던 기술과 재능을 업데이트하고 있다. 예전에는 브랜드에 관한 것만 연구했다면 지금은 브랜드와 다른 것을 접목한다. 이 글의 주제 중 하나인 휴먼브랜드는 브랜드와 인문학의 접목이다. 앞으로 30년 동안 브랜드 지식에 업데이트할 것은 브랜드와 인류학, 브랜드와 환경, 브랜드와 문화 등이다. 브랜드 관점으로 다른 지식을 결합하여 새로운 지식을 창조하는 도전을 멈추지 않고 싶다.

위의 세 가지 방법은 내가 깨달은 것이 아니라 선배들이 가장 후회했던 것을 정리해서 실천했던 내용이다. 사실 누구나 이미 알고 있지만 실천하지 못하는 내용이다. 실천하기 어려운 것은 지적 능력이 부족한 것이 아니라 '자기다움'을 이해하지 못하기 때문이다. 자신이 무엇이 되려고 하는지, 그리고 자신이 무엇이 되어야 하는지에 관한 문제의식과 동기가 부족하기 때문이다.

지금부터 자기다움!

20대 청년들이 자기다움 교육에 참여하는 경우가 예상외로 많다. 이들에게 자기다움은 일종의 자기 계발로 여겨지는 듯하다. 자기다움을 발견하면 자신이 초사이언이라도 될 것처럼 믿는 청년들에게 뭐라고 말해줘야 할까? MBTI 같은 성격 진단 테스트에 익숙한 세대라 자기다움을 잠재 능력이나 경쟁력으로 오해하기도 한다.

모든 교육 때마다 항상 나의 자기다움이 무엇이냐고 질문하는 청년들이 있다. 나의 자기다움은 '내가 누구인가?'라는 질문을 멈추지 않는 것이라고 대답한다. 25년간 이 질문을 끊임없이 던졌던 것이 지금의 나를 만들었다고 설명해도 믿는 사람은 별로 없다. 사람은 자기다움을 명사로 명료하게 정의된 개념으로 알고 싶어 한다. 나도 20대에 자기다움을 잠재력과 본능에 가까운 그 무엇이라고 생각했다. 하지만 지금 내가 느끼는 자기다움은 명사가 아니라 동사에 가깝다. '나는 누구인가?'라는 질문으로 나를 찾아가고 내가 되어가며 편안함을 느낀다. 내가 하는 모든 일에서 '나는 누구인가?'라고 질문하고, '그래서 이것을 왜 해야 하는가?'라는 질문으로 넘어간다. 대답을 찾는 것이 아니라 이 질문이 나를 나답게 만들기 때문이다.

20대들에게 30, 40대가 되면 지금 알고 있는 것과는 완전히 다른 세계라고 말하면 고개를 끄덕인다. 표정만으로는 알겠다는 의미인지 아니면 이제 그만하라고 고개를 끄덕이는지 알 수 없다. 나는 20대보다 50대의 삶이 더 좋다. 20대에 옳다고 믿었던 것이 거짓, 가짜 그리고 허구라는 것을 알게 되었기 때문이다. 나의 자기다움으로 의미 있는 것과 의미 없는 것이 무엇인지 알게 되었다. 나에게 특별한 가치인 브랜드에 관한 나의 입장도 나이에 따라 조금씩 바뀌었다.

왜 20대에는 의미 없는 그런 브랜드를 좋아했을까? 취향이 바뀐 것은 아니다. 기준이 바뀌었고, 보이지 않는 것을 보게 되었다. 30대에 나는 자기다움의 개념을 '새벽 나라에 사는 거인'으로 묘사했다. 나의 자기다움은 내 안에 있는 거인을 깨우는 것으로 생각했다. 40대의 자기다움은 '자기다움으로 남과 다름'이었다. 내가 싫어하는 것의 반대편에 나의 자기다움이 있거나 남들과 차별화된 것의 총합이 나의 자기다움이라고 생각했다. 지금에 와서 30, 40대의 내 생각이 틀렸다는 것은 아니다. 하지만 그것도 하나의 일부이다. 지금의 나에게 자기다움은 '소명과 목적'에 가깝다. 아직 이것에 대해서 정리한 단어는 없다. 나의 50대 프로젝트 이름으로 유니타스 라이프Unitas Life로 잡았다. 라이프L.I.F.E는 머리글자 'Learning Innovation for Evolution'에서 가져왔다. 풀이하자면 '진화를 위해 혁신을 배움'이다. 이것이 나의 50대 존재 이유다.

브랜드는 특허청에 신청해 등록증이 나왔다고 브랜드가 되는 것이 아니다. 도형과 문자로 시작해서 상표, 마크라는 이름으로 불리다가 결국에 충성도와 인지도가 상승하여 브랜드가 된다. 지금 여기저기 사용되고 있는 브랜드는 일반명사로서 브랜드일 뿐이다. '살아 있지만 죽어 있는 사람'이라고 한다면 누가 떠오르는가? 살아 있는데 죽었다는 의미는 무엇일까? 애매하다. 그렇다면 '죽었지만 살아 있는 사람'이라고 한다면 누가 떠오르는가? 나에게는 여전히 스티브 잡스다. 그는 나에게 지금도 영향력을 행사하고 있다. 그가 이름 붙인 상품을 여전히 사용하고 있고, 그의 스타일을 여전히 좋아한다. 20대는 자신은 있지만, 자기다움을 생각할 만큼의 경험이 없다. 그렇다고 30대가 되어서 아는 것도 아니다. 순전히 나의 개인적인 경험과 교육 과정의 결과로 살펴보면 40대 중반과 50대 초반이 되어서야 '자기다움'을 인식할 수 있다. 자신의 쪼

LIFE

Learning
Innovation
For
Evolution

진화를 위하여 혁신을 배우다

잔함, 비열함, 나약함, 사악함, 분노, 인내, 절망과 희망, 기쁨, 나의 반응, 허세, 욕구와 욕망 등을 충분히 경험했을 나이가 중장년이기 때문이다. 20, 30대에도 이런 것을 경험했다면 고민해보겠지만, 교육 과정에서 자기다움을 확신하여 자기답게 사는 청년은 아직 만나지 못했다. 반면에 중장년은 비로소 자기다움을 깨달을 수 있는 시기다. 물론 나이가 들었다고 저절로 아는 것이 아니라 치열하게 찾으면서 확인할 수 있다. 영화 〈쇼생크의 탈출〉 대사 중에 이런 말이 있다.

"저 담벼락(교도소 담)이란 게 참 웃긴다는 말이야. 처음엔 싫어하다가 어느새 익숙해지지. 세월이 흐르고 나면 기대지 않고선 못살게 돼. 그게 길들여진다는 거야."

직장이라는 조직에서 함께 열심히 일하는 것은 좋은 일이다. 하지만 직장에 평생 남지는 못한다. 그것은 마치 죽지 않을 것처럼 인생을 사는 것과 같다. 직장이 자기 보호막이라는 것을 당연하게 믿는 상태가 가장 위험하다. 스스로 안정된 직장에 취했거나 매년 올라가는 연봉 최면에 걸려 있기 때문이다. 모든 사람이 죽는 것처럼 법적인 은퇴는 반드시 찾아온다. 따라서 은퇴 이후의 삶을 준비해야 조직 안에서 삶아지지 않는 삶을 살 수 있다.

대체 불가능한 나만의 일

자기답게 일하는 사람은
모든 일에 자신의 지문을 남긴다.

내가 일하는 이유

50대 세 명이 사회적 기업을 설립하기 위해 사업 보고서를 들고
찾아왔다. 이들은 자전거 동호회 회원으로 서로 알고 지내던 사이
였다. 그중 한 명이 버려진 자전거를 수집해 노인을 위한 보행 보
조차를 만드는 아이디어를 냈고, 세 명이 뜻이 맞아 사회적 기업을
세우기로 했다. 먼저 내게 명함을 건넨 사람은 2년 전에 다녔던 직
장의 명함을 가지고 있었다. 은퇴 후에는 명함을 만들지 않고 지
냈는데 오늘 만남을 위해서 예전 명함을 들고 나왔다고 했다. 다른
한 사람은 명함이 없다며 어색하게 웃었다. 마지막 사람의 명함은
지금까지 본 것과는 달랐다. 국회의원 후보자의 명함처럼 앞뒤로

자신이 어디서 무슨 일을 했는지 빼곡히 적혀 있었다. 특히 눈에 띈 것은 'OO 창업 대학 석사 학위 논문 진행 중'이었다.

나는 선입견을 품지 않기 위해서 이들이 힘들게 만든 브랜드 런칭 보고서를 함께 읽어봤다. 보고서 양식은 90년대 초에 흔히 볼 수 있을 법한 것이었고, 내용도 오래전에 사용했던 마케팅 기획안이었다. 조심스럽게 보고서를 누가 작성했는지, 어떤 자료를 참고했는지, 그리고 이전에 어떤 일을 했는지 물어보았다. 세 명 중 두 명은 대기업은 아니지만 중형 기업의 관리직 임원이었고, 나머지 한 명은 공무원으로 퇴직한 사람이었다. 보고서는 석사 논문을 쓰고 있는 사람이 작성한 것이었다.

"원래 어떤 일을 하셨나요?"

내 질문의 의도를 파악한 듯 그들은 '왕년에' 자신이 했던 일들을 하나둘씩 풀어놓기 시작했다. 상대방을 파악하기 위해 가장 먼저 묻는 것은 '직업'이다. 직업은 그 사람의 정체성을 상징하고 설명하는 수단이기 때문이다. 그래서 은퇴한 사람에게도 예전에 어떤 일을 했는지 물어보는 경우가 많다. 하지만 내가 궁금했던 것은 그들이 과거에 어떤 직업을 가지고, 어떤 직장에 다녔는지가 아니었다. 그보다는 지금까지 쌓아온 경험과 역량을 바탕으로 무엇을 할 수 있는가, 그것이 더 궁금했다.

"퇴직 전까지 하셨던 일은 구체적으로 무엇인가요?"

이 질문에 모두 당황한 기색이 역력했다. 결재 서류에 사인은 했지만 실제로 그 업무가 어떻게 진행되고, 어떤 결과를 낳는지 모르는 경우가 많기 때문이다. 특히 대행사들이 경쟁 프레젠테이션으로 진행한 일에 대해서는 상세하게 알지 못한다.

그들은 나의 질문을 슬쩍 회피하며 다른 이야기를 꺼냈다. 더 늦기 전에 의미와 가치 있는 일을 하고 싶었고, 이를 사람들에게 잘 전달하면 사업성이 있을 것이라고 했다. 사회적 기업 형태로 운영하면 정부 지원 및 대기업의 후원을 받을 수 있다는 점도 강조했다. 어찌 보면 의미 있는 일도 하고, 돈도 벌고 싶어서 사회적 기업을 선택한 것 같았다.

"예전에도 이런 의미 있는 일을 하신 적이 있나요?"

이런 일은 처음이라고 했다. 더 놀라운 것은 세 사람은 서로에 대해서도 잘 몰랐다. 함께 자전거를 타고 집에 돌아가는 길에 이런저런 이야기를 나누는 사이 정도였다. 세 명의 자전거 동호인은 사업 보고서를 작성하기 위해 조사와 연구를 하기보다는 각자 예전에 가지고 있던 보고서를 참고하고, 주변에서 보여주는 자료를 바탕으로 자신이 경험했던 옛 지식을 활용했다.

조심스럽게 직장에서 어떤 일을 했고, 무엇을 공부했는지, 은퇴 이후에는 어떻게 준비했는지 그리고 이번 프로젝트를 위해 어떤 학습을 했는지를 물어보았다. 그들은 직장에서도 별도로 공부하지 않았고, 은퇴 이후에는 자격증을 따기 위해 공부한 게 전부였다. 이번 브랜드 런칭 프로젝트에 관해서는 그 어떤 학습도 하지 않았다. 사실 이런 경우는 생각보다 많다. 내가 만난 창업 준비생들 중 상당수가 자신이 예전에 했던 경험만으로 새로운 사업 계획을 준비한다. 자신이 모르는 것은 무시하거나 몰라도 상관없다고 생각한다.

나는 세 사람에게 필요한 전문 서적 5권을 추천하고, 각 책에서 참고할 만한 페이지를 알려주었다. 참고할 수 있는 브랜드 런칭 보고서 샘플도 건네주었다. 또한 생명경제학의 아버지라 불리는 존 러스킨의 1862년 저서 《나중에 온 이 사람에게도》를 보여주며 생명 소비법에 관한 내용을 장표로 만들어볼 것을 조언했다.

"첫째로 물건을 살 때마다 먼저 이 구매가 물건 생산자의 삶에 어떤 영향을 미칠지를 생각해야 한다. 둘째로 지불하는 돈이 생산자가 생명을 소비한 가치에 합당한지, 그리고 그 가치만큼 합당한 비율의 이윤이 그에게 분배될지를 생각해야 한다. 셋째로 구입하는 물건이 음식과 지식과 만족감 같은 생명에 유용한 것들을 위해 얼마나 긍정적으로 소용될 것인가를 생각해야 한다. 넷째로 구입한 물건이 누구에게 어떤 방식으로 가장 신속하고 효과적으로 분배되고 있는가를 생각해야 한다. 모든 상거래는 투명하게 이루어지고 그 계약은 일 획도 틀림없이 이행되도록 하며, 그리고 계약의 이행은 착오 없이 순탄하게 이루어지도록 해야 한다. 마지막으로 일상용품을 거래하는 시장에서는 특별히 순정품(진품)만 팔도록 요구해야 한다."

중장년들이 모여 창업 준비를 하다가 쉽게 팀이 깨지는 이유는 수백 가지 경우가 있다. 대부분 첫 단추부터 잘못 끼우는 경우가 많기 때문이다. 일단 서로서로 너무 모른다. 처음에는 술자리에서 인생 이야기를 하다가 친해져서 의기투합했지만, 동호인과 프로젝트 팀원으로 만나는 것은 완전히 다른 것이다. 같이 일하면서 상대방의 실력과 태도에 실망해서 일을 진행하다가 관계를 끊는 경우가 대부분이다.

이런 현실을 감안하여 브랜드 창업 교육에서는 창업 팀 세팅을 독특한 방법으로 진행한다. 먼저 참석한 수강생 모두 각자가 창업해야 할 이유 100가지와 창업을 하지 않아야 할 이유 100가지를 써서 벽에 붙인다. 이 방법을 해보면 자기다움이 금세 드러난다. 수강생들은 벽에 붙은 100가지 이유를 보고 자신이 함께 창업하고 싶은 사람을 선택하는데, 특정 사람에게 표가 몰리는 경우가 있다. 이렇게 사람들이 모이면 창업 팀을 만든다. 이후에 팀에서 창업에 관해서 묻고 싶은 100가지 질문을 만들어서 서로가 대답하는 시간을 갖는다. 예를 들어 이런 질문들이다.

'수익이 2년 동안 나지 않으면 어떻게 할 것인가?'
'일은 잘하는데 태도가 좋지 않은 직원은 어떻게 할 것인가?'
'의견 대립으로 서로 다투게 된다면 어떻게 할 것인가?'
'법인카드를 개인 용도로 사용하면 어떻게 할 것인가?'

좋은 상황에선 누구나 잘할 수 있다. 그렇다면 좋지 않은 상황에서도 서로에게 최선을 다할 수 있을까? 회사 생활을 했다면 누구나 겪어본 문제에 관해서 서로의 의견을 나눈다. 이 과정을 통해 우리다움을 경험할 수 있다. 자기다움과 우리다움의 핵심은 '의미'에 있다. 의미를 부여하는 것에 가치가 생긴다. 따라서 서로가 어디에 의미를 두고 있는지를 파악해야 한다. 창업준비를 하다가 팀이 와해하는 큰 이유 중 하나가 '일의 의미'를 깨닫지 못했기 때문이다. **일에 대한 의미에 따라서 일을 대하는 태도가 달라진다.** 회사를 세우기 위해 각자의 돈을 섞고, 주식을 나누는 상황에서 의미와 태도가 다른 창업 멤버를 발견하면 그때부터 관계의 지옥문이 열린다.

　그렇다면 자전거 동호회원들은 서로를 얼마나 알고 있었을까? 나는 이들의 관계를 파악하기 위해서 여러 방향으로 질문했다. 예상했던 대로 이들은 서로를 잘 알지 못했다. 나는 이들에게 제안을 하나 했다. 그것은 사업계획서를 다시 쓰기 전에 책을 읽고, 100개 항목 리스트를 만들어서 나누어보고 다시 만나자는 것이었다. 100개 항목 중 일부는 다음과 같다.

'이 사업을 해야 하는 이유 100가지'

'이 사업을 하지 말아야 하는 이유 100가지'

'우리가 사업을 해서 성공할 이유 100가지'

'우리가 사업을 해서 실패할 이유 100가지'

'우리 3명이 함께 사업을 해야 하는 이유 100가지'

'우리 3명이 함께 사업을 하지 말아야 하는 이유 100가지'

100개 항목을 채우는 것이 목적이 아니다. 서로가 어떤 가치를 우선순위에 두고 있는지를 확인하기 위해서다. 우선순위에 따라서 의미 부여는 달라진다. 기업은 경영자의 의미부여 기준에 따라서 의사결정을 한다. 따라서 자기 자신과 상대방의 '가치=의미=결정'을 모르면 기업은 분해된다. 만약 세 사람이 책을 읽고 리스트를 적어서 다시 온다면 서로가 이해하는 관계가 된 것이고, 다시 찾아오지 않는다면 예상대로 서로의 차이를 발견하고 중간에 헤어진 것이다.

일하는 사람의 본질

만약 내가 '미키8'을 만나지 않고 무역부 직장인 '미키7'로 지금까지 일했다면 어떤 사람이 되었을까? 지금쯤 무역부 본부장? 아니면 퇴사해서 무역 대행 에이전시? 다른 회사로 전직하여 무역 담당 팀장이 되어 있지 않았을까? 나와 함께 근무했던 대부분의 선후배들이 이런 모습으로 살고 있다. 나 역시 다른 사람들처럼 연봉과 진급을 인생 목표로 삼고 복사본의 자아실현을 만끽했을 것 같다.

위장취업자가 직장인과 근본적으로 다른 점은 연봉과 진급에는 관심이 없고, 일의 본질에 관심이 있다는 것이다. 자신에게 맡겨진 일이 무슨 일이고, 지금 하는 일이 전체 비즈니스와 어떻게 연결되어 있으며, 확장성이 어디까지인지, 그리고 내가 하고 있는 분야의 핵심 노하우와 지식에만 관심이 있다. 위장취업자 마인드로 리셋된 나는 무역업에서 광고업으로 옮긴 후에 광고안을 발표할 때마다 일부러 세 가지 안으로 준비했다. 나에게 부여된 오더는 경영자가 지시한 내용을 광고 시안으로 만들면 되는 일이었다. 그러나 선배들 눈치를 보면서까지 세 개를 준비한 이유는 경영자의 의사결정이 궁금했기 때문이다. 세 개 중의 하나를 통과시키는 것이 목적이 아니라, 경영자는 세 개 중에 어떤 것을 전략적으로 선택하는지가 정말 궁금했다. 그렇게 결정된 의사결정이 마케팅 실행에 어떤 영향을 끼치는지도 알고 싶었다. 내가 기획한 광고안이 어떻게 경영자를 설득했는지, 그리고 고객의 지갑을 열게 했는지, 나는 그 모든 것들이 궁금했다. 그렇게 의사결정이 어떻게 작동되는지를 확인하기 위해 나는 미키8처럼 현장에 나갔다. 경영자의 의사결정이 고객에게 어떤 영향을 끼치는지 직접 확인하는 것은 나에게 일이 아니라 전문가가 되는 훈련이었다. 말 그대로 한 수 배울 기회였다.

하루에 1,000개의 프리킥을 찬다는 손흥민처럼 프로 선수들은 매일 훈련을 빠뜨리지 않는다. 올림픽에 출전하는 육상선수는 경기가 있는 그날 하루를 위해서 4년 동안 연습한다. 운동선수뿐만 아니라 정상급 예술인들의 연습량, 아이돌 가수들의 훈련 등 예체능계 '선수들'은 일반인은 감당할 수 없는 훈련으로 자신을 만든다. 하지만 직장인은 훈련하지 않는다. 밀린 업무를 해결하기 위해 야근은 해도 업무 향상을 위해 **매일 훈련하는 직장인은 드물다. 그래서 직장인이 하는 일은 대부분 연습이 실전이고, 실전이 연습이다.**

무역업과 달리 내가 광고업을 훈련처럼 일했던 이유는 끊임없이 질문했기 때문이다. 무역회사 영업사원이었을 때 나는 '납기가 언제예요?' '단가는 얼마죠?'와 같은 기본적인 일을 위해 질문했다. 반면에 광고 업무를 할 때는 본질에 관해서 더 많이 질문했다. '사람들은 왜 이 물건을 살까?' '도대체 브랜드란 무엇일까?' 이런 질문은 나를 훈련시켰다. 위장취업자란 정보를 훔치는 산업 스파이가 아니라 제3자 관점으로 자기를 객관화할 수 있는 사람, 자신이 하는 일에 질문할 수 있는 사람이다. 나는 그런 사람을 직장인 위장취업자라고 부른다.

'내가 하는 일의 핵심과 본질은 무엇인가?'
'나는 이 일을 월급 받지 않고도 하고 싶은가?'
'내가 하는 일은 이 비즈니스에서 어떤 역할과 기능을 하는가?'
'내가 하는 일로 대행사를 만든다면 기업은 나에게 오더를 줄까?'

월급보다 더 많이 일하는 것보다 월급을 받고 더 많이 배우는 것이 중요하다. 나는 그렇게 더 많이 일하면서 중요한 그 무엇을 발견했다. 일반사원의 월급을 받고도 과장의 일을 할 수 있다면 남들보다 더 빨리 진급한 것으로 생각했다. 그러면서도 항상 궁금한 것은 일하는 나의 본질이었다. 더 많이 배우고 성장하는 것까지 충분히 경험했지만, 일에 대한 본질적 질문에는 답하지 못하고 있었다.

미키8은 미래의 종합상사 대표로서 일하고 있었지만, 나에는 그런 목표가 없었다. 남보다 더 빨리, 더 많이 일을 배우는 것은 가능했지만 그다음 단계, 즉 나는 무엇이 될 것인가? 그것이 정말 궁금했다. 카약 보트에서 노를 젓는 것처럼 이 질문을 나에게 던지면서 앞으로 나아갔다. 그렇게 노를 젓는 배로 열심히 앞으로 나아갔는데, 갑자기 마흔 살이 되면서 은퇴에 대해 생각할 계기가 있었다. 만약 내가 일할 수 없는 날이 온다면, 나는 어떤 존재로 남게 될까? 혼란스러웠다. 이제 10년 정도 지나면 위장취업자로서 살아야 하는 의미도 사라진다. 그 시기가 닥치면 '남은 인생도 위장취업자처럼 살아야 할까?' 이 질문은 나를 평범한 직장인이 아니라 프로선수처럼 일할 수 있도록 이끌었다. 그런데 여전히 답하지 못한 질문이 남아 있었다. '더 이상 일하지 않을 때, 나는 누구인가?' 이 질문에 대해서는 아직 대답할 수가 없었다.

나는 누구인가?

위장취업자로서 열심히 일했지만, 어느 순간부터 나는 내가 맡은 일의 복사본이 되어가고 있었다. 일의 퍼포먼스, 확장성, 핵심 기술은 빨리 배웠지만, 일의 의미와 가치에 관해서는 설명하지 못했다. 앞서 소개한 존 러스킨의 '생명 소비법'에서 말한 네 가지를 생각해본 적이 없었다.

'이 제품을 왜 사야 할까?'에 대해서 고객은 설득했어도 '내가

Idengram

Identity + Gram

자기다움,
나의 정체성을 그리다

광고안에 새겨놓은 의미는 진짜일까?'라는 근본적인 질문에 대답하지 못했다. '이 제품을 왜 팔아야 할까?'라는 질문에 대답하지 못했던 것이다. 미디어에서는 디지털 기술의 발달로 기존 직종이 많이 사라진다고 했다. 실제로 TV를 비롯한 잡지 매체 광고는 사라지고, 소비자의 취향에 맞게 설계된 다양한 방법이 나오고 있다. 짧은 영화, 동영상, SNS 판매 등 지금까지 배웠던 모든 노하우가 사라지면서 새로운 판이 펼쳐지고 있다.

'더 이상 일하지 않을 때, 위장취업자로서 나는 어떻게 살아야 할까?' 마흔 살이 되었을 때, 15년 뒤에 펼쳐질 내 정체성이 모호했다. 위장취업자가 아니라면 이제부터 나는 어떻게 살아야 할까? 아이러니하게 나는 위장취업자로서 일하면서 위장취업자에서 벗어날 방법을 한 가지 찾아냈다. 이것도 내가 위장취업자의 마인드가 아니었다면 이런 고민조차 하지 못했을 것이다. 그렇게 나는 내 정체성에 대해 끊임없이 질문했고, 그 고민 끝에 '자기다움'이란 단어를 발견했다.

브랜드의 핵심이라고 할 수 있는 단어는 '아이덴티티identity'다. 지금까지 이 말을 '정체성'이라고 해석했다. 문자적 해석이며 그래서 정서적 공감과는 거리가 멀다. 예를 들어 애플의 아이덴티티를 '애플 정체성'과 '애플다움' 중에 무엇이 제대로 표현한 것일까? 나는 아이덴티티를 해석하는 단어로 '자기다움'이 가장 적절하다고 판단했다. 그때부터 브랜드 정체성을 브랜드다움, 또는 브랜드 자기다움이라고 했다.

1997년부터 브랜드 분야에서 일하며 내가 가장 힘들었던 것은 '브랜드란 무엇인가?'를 정의하고 설명하는 일이었다. 수많은 브랜드에 관한 책에서 각자 기준으로 브랜드를 정의하고 있기 때문이다. 애플이 말하는 브랜드와 코카콜라가 말하는 브랜드가 다르다. 브랜드를 전문용어로 각자가 설명할 수 있지만 모두가 인정할 수 있는 정의를 내리지 못하고 있다. 어쩌면 이것은 당연하다. 어떤 사람에게 애플은 미국의 고가 전자 제품이고, 또 다른 사람에게는 혁신의 아이콘이다. 어떤 사람에게 코카콜라는 설탕물이지만, 또 다른 사람에게는 자유와 미국을 상징하는 시대정신이다. 이렇게 다른 이유는 상품Commodity이 정체성Identity에서 사상Ideology으로까지 확장되기 때문이다. 애플의 'Think Different'와 나이키의 'Just do it'은 제품과 아무 상관 없다. 이것을 브랜드 만트라Brand Mantra라고 하는데 일종에 브랜드 신념이다.

브랜드 업계에 이런 말이 있다. **'비본질이 본질을 추월했을 때 브랜드가 된다.'** 본질적으로 전자기기인 애플의 제품이 'Think Different'가 되고, 나이키는 더 이상 신발이 아니라 'Just do it'이라는 메시지로 확장되는 것을 말한다. 이런 비본질 브랜드가 되면 소비자는 상품을 소비하는 것에 그치지 않고, 브랜드 신념에 동의하고 응원하는 것까지 이어진다. 이런 비본질 브랜드를 만들기 위해서 가장 중요한 것이 바로 브랜드 아이덴티티 구축이다. 이렇게 구축된 브랜드를 '아이덴티티 브랜드Identity Brand'라고 한다.

아이덴티티 카드Identity Card는 신분증으로 우리가 누구인지를 증명한다. 외국에 가서 여권이 없어지면 그 나라 경찰에게 자신을 어떻게 설명할 수 있을까? 아이덴티티 브랜드는 그것을 지닌 사람이 누구인지를 알려준다. 애플 노트북을 사용하는 중년 남성의 직업은 무엇일까? 비엠더블유BMW를 몰고 온 젊은 남자는? 볼보Volvo를 타고 온 젊은 여자는? 렉서스Lexus를 끌고 온 중년의 남자는? 이들의 직업은 무엇일까? 이들의 학력은? 이들의 성격은? 이런 질문을 사람들에게 했을 때, 대답이 비슷하다면 아이덴티티가 구축된 브랜드라 할 수 있다. 자기다움은 정체성이 구축된 브랜드다. 이렇게 자기다움 정체성Identity을 구축하는 것을 마케팅이 아니라 브랜딩Branding이라고 한다.

지금까지 말한 아이덴티티에 대해 정의해보면 확실하게 의미를 알 수 있다. '아이덴티티'Identity는 '동일하다'라는 뜻의 라틴어 '이뎀'Idem이 그 어원이다. 그래서 '아이덴티티'는 '동일성, 일치, 동일한 상태'를 의미한다. 그 의미뿐만 아니라 '반복된 실재'라는 의미도 있다. '실재하다'라는 의미의 라틴어 'essentitas'와 '반복적으로'를 뜻하는 'identidem'에서 파생된 말이다. 이런 단어를 한국어와 짝을 맞추기 어려웠고, 그래서 나는 정체성이라는 단어 대신에 '자기다움'으로 해석하여 다음과 같이 설명해왔다.

"브랜드 아이덴티티 구축은 자기다움으로 남과 다름을 구축하는 것입니다. 애플은 애플다워야 하고, 나이키는 나이키다워야 합니다. 페라리는 페라리가 되는 것이 브랜딩이고, 에르메스는 누구와

도 경쟁하지 않는 것입니다. 소비자가 필요로 구매하는 것이 아니라, 자신의 존재를 확인하고 드러내기 위해서 사는 것이 브랜드입니다. 상표는 상품commodity을 인식認識하는 것이라면, 브랜드는 정체성Identity을 인정認定하는 것입니다."

물론 이렇게 말한다고 모두가 이해하는 것은 아니다. 우리가 아이덴티티(자기다움)를 단어의 정의로만 알고 있지, 자기 삶으로 경험하지 못했기 때문이다. '자기다움으로 남과 다름'을 경험한 적이 있는가? 위장취업자로 살면서 '남과 다름'은 추구했지만, '자기다움'정체성, Identity은 나 자신도 경험할 수 없었다.

남과 다르기 위해서 자기다움을 추구하는 것, 즉 마케팅은 위장취업자의 목적이다. 반면에 브랜드는 '자기다움으로 남과 다름'이다. 따라서 마케팅의 대상은 경쟁자이고, 브랜딩의 대상은 자기 자신이다. 상품이 처음부터 브랜딩을 하는 것은 아니다. 모든 생명체가 태어나면서부터 경쟁에 노출되는 것처럼 상품도 런칭을 시작하면 생존을 위해 마케팅을 한다. 그 이후에 '브랜딩이냐' '마케팅이냐' 그 선택은 전적으로 경영자의 몫이다.

위장취업자로 살면서 내가 주변 사람들에게 듣고 싶었던 칭찬은 '저거 아주 물건이네'였다. 그래서 나 자신을 마케팅했고, 열심히 일을 배웠다. 하지만 여전히 남아 있는 질문이 있었다. '일을 하지 않을 때, 나는 누구인가?' 나는 마케팅이 아니라 브랜딩을 하고 싶었다. 일 자체를 배우는 것이 아니라 일을 통해서 나를 발견하고 싶었다. 그렇다면 더 이상 위장취업자로서 일하는 것이 아니라 자기답게 일하기 위해서 나만의 아이덴티티가 필요했다. 위장취업자는 더 이상 나의 아이덴티티가 아니었다. 그 아이덴티티로는 은퇴 이후를 살아낼 수가 없었다.

그렇다면 나의 아이덴티티를 대표할 수 있는, 나의 자기다움은 무엇일까? 마흔 살에 이 질문을 던지고, 마흔네 살에《자기다움》책을 출간하면서 답했다. 위장취업자처럼 일하는 것은 하루가 걸렸고, 자기답게 일하는 것은 4년이 걸렸다. 그동안 나는 브랜드를 소비자가 구매하도록 의미를 부여하는 일을 했지만, 내가 이 일을 하는 의미를 발견하지 못했다. 일을 잘하는 것과 의미 있게 하는 것은 다르다. 사진작가 앙리 까르띠에 브레송은 사진이라는 업에 대해서 자서전에 이렇게 말했다.

"나에게 카메라는 스케치북이자, 직관과 자생의 도구이며, 시각의 견지에서 묻고 동시에 결정하는 순간의 스승입니다. 세상을 '의미'하기 위해서는, 파인더를 통해 잘라내는 것 안의 우리 자신이 포함되어 있다고 느껴야 합니다. 이러한 태도는 집중, 정신훈련, 감수성, 기하학적 감각을 요구합니다. 표현의 간결함은 수단의 엄청난 절약을 통해 획득됩니다. 무엇보다도 주제와 자기 자신을 존중하며 사진을 찍어야 합니다."

내가 사진작가라는 직업을 위장취업자로서 일한다면 카메라에 이런 의미를 부여할 수 있을까? 또 사진의 가치를 이렇게 표현할 수 있을까? 브레송보다 사진을 더 잘 찍는 비결은 말할 수 있어도 사진으로 의미 있는 세상을 설명하지는 못할 것이다. 어떤 사진작가는 브레송이 갖고 있는 사진기보다 더 좋은 카메라로 웅장하고 장엄한 사진을 찍을 수 있다. 하지만 그가 브레송처럼 카메라를 정의할 수 있을까? 브레송이 사진의 의미를 알고 있어서 그는 카메라를 들고 가장 위험한 현장에서 사람들에게 진실을 전했다. 그리고 그것은 포토저널리즘으로 이어졌다. 나도 브레송이 사용했던 라이카 카메라를 구매했지만, 브레송이 사진에 부여한 의미를 경험하지 못했다.

의미는 가치에서 나온다. 내가 광고와 브랜드 직업에 의미를 부여하지 못한 이유는 그곳에 의미가 없는 것이 아니라 내가 추구하는 가치를 몰랐기 때문이다. 다시 말해 가치를 모르기 때문에 의미를 부여할 수 없었다. 그렇다면 나의 가치는 무엇일까? 어떤 가치로 의미 있게 살 것인가? 자기답게 사는 것은 어떻게 사는 것인가? 이런 질문도 4년이 지난 후, 모래 늪 같은 질문이라는 것을 알았다. 나에게는 의미를 부여할 만한 완성된 가치가 없었기 때문이다. 그래서 더 본질적인, 더 절실한 질문이 필요했다.

자기다움을 위한 질문

자기답게 죽는 것은 무엇일까? 자기답게 사는 것과 자기답게 죽는 것은 다른 이야기다. 대부분의 사람들은 자기답게 사는 것을 여유롭게 사는 것으로 생각한다. 그렇게 살기 위해서 어느 정도 넉넉한 돈과 시간이 필요하다고 여긴다. 만약 그것이 맞는다면 어떻게 잘 살아야 하는지에 대한 무수한 선택지가 생긴다. 반면에 어떻게 죽을 것인가를 결정하면 모든 것이 단순해진다. 앞으로 해야 할 일과 하지 말아야 할 일이 명확하게 구별된다. 시간을 어떻게 사용할지, 누구를 만나야 할지, 무엇을 해야 할지 등 남은 삶이 선명하게 그려진다. **삶을 생각하면 수많은 선택지가 놓이지만, 죽음을 떠올리면 삶은 단순한 본질만 남는다.** 그래서 다음의 두 질문은 본질적으로 같다.

'어떻게 죽을 것인가?' = '어떤 가치를 남길 것인가?'

'브랜드의 마지막 모습이 쓰레기통에 들어 있는 쓰레기라면 결국 우리는 쓰레기를 만든 것입니다.' 어느 명품 브랜드의 환경 브랜드 담당자가 한 말이다. 돌아가신 할아버지 집 차고에서 100년 된 BMW 자동차가 발견되었다는 해외 뉴스를 본 적이 있다. 그 BMW 자동차는 폐차장으로 가지 않고 경매장에서 수십억 원에 팔렸다고 한다. 기능을 위한 자동차로서 상품 가치는 사라졌지만, 전시품이라는 보존 가치가 새롭게 만들어진 덕분이었다.

우리 삶도 비슷하지 않을까? 내 죽음 뒤의 세상을 상상해보자. 내가 세상을 떠난 뒤에도 남아 있는 어떤 가치가 있을까? 사람들은 내 죽음에 어떤 가치를 잃었다고 아쉬워하게 될까? 나의 가치가 죽음 뒤에 나를 말한다. 그런데 자본주의 사회에서 가치의 천적은 돈이다. 돈이 가치를 결정하는 힘이기 때문에 돈 자체가 가치가되었다. 그래서 대부분의 사람들은 돈을 우선 가치로 여기며 살기때문에 자신이 추구하는 가치를 찾는 것을 어려워한다. 사람의 생명보다 돈을 더 가치 있게 여기는 세상이지만 그렇다고 부자로 죽고 싶은 사람은 아무도 없다. '브랜드는 마지막 모습이 무엇인가?'의 질문으로 브랜딩하는 것처럼 우리도 '어떻게 죽을 것인가?'라는 질문으로 살아간다면 자기만의 가치를 찾을 수 있다. 그래서 나는 이렇게 다짐한다.

'나는 위장취업자로 죽고 싶지 않다. 나는 나답게 죽고 싶다.'

자기답게 죽기로 결정한 후에는 모든 것이 명료하고 단순해졌다. 자기다움으로 삶의 본질을 최우선에 두었다. 위장취업자로 살면 일을 배우는 강점이 있었다. 그러나 자기다움을 통해서 나는 일이 아니라 나를 배웠다. 일에 나를 맞춘 것이 아니라 나에게 일을 맞추었다. 위장취업자는 직원이 보지 못한 것을 볼 수 있지만 자기답게 일하는 사람은 자신이 하는 일에서 자기를 본다. "이거 김 부장이 작성한 리포트죠?" "딱 봐도 강 차장이 한 거네." "박 부장님이 왔다가셨나요?" 이처럼 **자기답게 일하는 사람은 자신이 하는 일에 자신의 지문을 남긴다.**

나는 더 이상 타인의 지식을

맹목적으로 암기하거나 모방하지 않는다.

나는 나를 배우기 위해 내 안으로 파고 든다.

나에 대해 배울수록 내가 알았던 나보다

더 많은 것을 갖고 있는 나를 발견한다.

타인다움을 벗고
자기다움을 회복하는 법

Part 2

서머스쿨, 두 번째 나를 준비하기

> 내면의 본질이 깨어날 때,
> 나는 진정한 나로 다시 태어난다.
> 거울을 볼 때, 어제 보았던 그 얼굴이 더 이상 보이지 않는다.

나만의 브랜드 스토리

20년 동안 한 번도 만나지 않았던 친구가 명예퇴직 후, 가장 먼저 나를 찾아왔다. 페이스북 메신저를 통해 연락을 해온 친구는 내가 발행했던 〈유니타스 브랜드〉를 세 권이나 읽었다고 했다. 그러면서 문득 몇 가지 궁금한 점이 있어서 연락했다는 것이다.

나는 친구를 보자마자 카톡 프로필 사진과 너무 달라서 순간 당황했다. 그동안 얼마나 술을 많이 마셨을까. 얼굴빛이 어두운 적갈흙색(이런 색이 있을까?)으로 생기라곤 하나도 느껴지지 않았다.

"네가 말하는 것처럼 나도 브랜드 창업을 해보고 싶어서…."

친구는 인사를 하자마자 이렇게 말했다.

"어떤 브랜드를 만들고 싶은데?"

"떡볶이 브랜드야. 요즘 떡볶이가 K-FOOD로 세계적인 유행이 잖아. 분식 브랜드를 만들고 싶어. 미국에서 공부하는 우리 딸이 그러는데, 요즘 거기도 김밥과 떡볶이가 유행이라고 하던데."

친구는 김밥천국, 이삭토스트, 죠스떡볶이 같은 분식 프랜차이즈를 만들고 싶어 했다. 나는 친구가 작성한 사업계획서를 찬찬히 살펴보았다. 대기업 출신답게 전문용어와 도표를 활용하여 거미줄처럼 촘촘하게 작성한 투자 유치 보고서였다. 나는 50페이지가 넘는 사업계획서를 읽고 친구에게 이렇게 물었다.

"브랜드를 만들기 위해서 투자를 받고 싶은 거야? 투자를 받기 위해서 브랜드가 필요한 거야?"

친구는 순간 당황하는 듯 보였다. 그리고 잠시 머뭇거리다가 "글로벌한 한국의 분식 브랜드를 만들고 싶다"고 했다. 그러면서 자신이 초등학교 때 먹었던 떡볶이 맛이 너무 좋아서 '그 맛'으로 떡볶이를 만들면 꼭 성공할 것 같다고 했다. 먼저 열 개 정도 프랜차이즈를 늘린 후에는 자신의 비즈니스 네트워크를 통해 냉동식품으로 확장할 예정이라며 신나게 설명했다. 나는 브랜드를 만들기 위해 필요한 통상적인 브랜딩 스토리Branding Story에 관해 질문을 던졌다.

1 왜 그 떡볶이를 먹어야 하는가?

2 그 맛을 구현하기 위해서 해야 하는 것은 무엇인가?

3 떡볶이와 관련된 책은 몇 권을 읽었는가?

4 초등학교 때 입맛을 사로잡은 그 맛은 무엇인가?

5 그 맛을 위해서 사업계획서가 아니라 레시피를 연구했는가?

6 떡볶이 브랜드를 런칭해야 하는 이유 100가지를 지금 써볼 수 있
   는가?

7 만약 통장에 100억이 있어도 떡볶이 브랜드를 런칭하고 싶은가?
   하고 싶다면 그 이유는 무엇인가?

8 군이 그 옛 맛을 구현하기 위해서 억대 투자가 필요한가?

    친구는 이번에도 사업계획서 내용과 다른 질문에 어리둥절한 것
같았다. 사실 당황했던 것은 나였다. 내가 했던 질문은 이미 친구
가 읽었다는 〈유니타스 브랜드〉에 다 써놓았기 때문이다. 친구는
대기업 신입사원 면접 이후 이런 압박 인터뷰는 처음이라고 했다.
    내 질문에 잠깐 고민하던 친구는 '진짜' 떡볶이 맛의 회복이라고
말했다. 나는 왜 그 맛이 '진짜'의 기준이 되는지를 재차 물었다.
그리고 지금까지 친구가 한 번쯤 먹었을 법한 '진짜' 설렁탕, '진
짜' 돈가스 등 진짜 맛에 대해서 친구의 경험과 기준이 무엇인지를
물었다. 친구의 얼굴은 점점 하얗게 질려가고 있었다. 나도 오랜만
에 만난 친구에게 이런 압박 질문은 하고 싶지 않았다. 하지만 내
가 질문하지 않으면 친구는 투자회사로부터 같은 질문을 받게 될
것이다. 나는 친구가 왜 나를 찾아왔는지 진짜 이유를 확인하고 싶
었다. 브랜드를 만들고 싶은 건지, 아니면 나에게 투자를 받고 싶
은 건지 정확하게 알고 싶었다.

"현재 떡볶이 브랜드 창업자본은 얼마나 있니?"

"5천만 원 정도. 명퇴로 얼마를 받았는데, 이것저것 하다 보니 이 것만 남았어." 친구의 얼굴은 암담해 보였다.

"5천만 원이면 충분해."

"진짜? 5천으로 브랜드를 만들 수 있어?" 친구는 놀란 것 같았다.

"그런데, 처음부터 돈으로 브랜드를 만들면 안 돼."

"그럼 어떻게 브랜드를 만들어?" 친구는 노트를 펴고 받아 적을 준비를 했다.

"너만의 스토리로 브랜드를 만들어야 해. 일단 네가 초등학교 때 먹었던 그 떡볶이 맛을 기억하지? 지금이라도 먹어보면 알 것 같 아?"

"그럼, 아주 잘 알지."

"그런데 그 맛은 너만 알고 있지, 고객은 모른다는 거야. 네가 할 일은 그 맛을 재현하는 것이 아니라 그 맛을 재발견하도록 도와주 어야 해. 너의 기준이 아니라 고객의 기준으로 말이야."

친구의 얼굴은 점점 더 어려워하는 표정이었다. 뭔가를 쓰다가 멈추고, 내 눈만 물끄러미 쳐다보았다. 우리는 '브랜드란 무엇인 가?'라는 질문부터 다시 시작했다. 친구와 이야기를 나누면서 가장 인상 깊었던 것은 친구가 여행을 좋아한다는 점이다. 대학교 때 이 미 전세계 일주를 두 번이나 다녀왔을 정도로 친구는 여행에 진심 이었다. 창업 동아리에서 배낭여행 전문 스타트업도 세워서 운영 한 경험이 있었다. 친구는 자신의 연봉 중에 3분의 1은 여행비용으로 쓸 만큼 자신의 정체성은 '여행가'라고 했다. 나는 친구의 말을 듣고 이렇게 조언했다.

"내가 너라면 먼저 네가 기억하는 그 맛을 찾는 과정을 '스토리'로 만들 거야. 일단 5천만 원 중에서 1천만 원으로 전기 자전거를 한 대 사고, 그 자전거를 타고 우리나라 전 지역을 돌면서 네가 먹었던 그 떡볶이와 같은 맛을 내는 떡볶이집을 찾아다니는 거야. 어림잡아 1,000만 원어치 먹으면 되지 않을까? 대략 3천 번 정도 먹으면 되겠네. 네가 찾아다니는 떡볶이집 사장님과 인터뷰를 하고, 할 수 있다면 레시피도 받으면 완벽하지. 전국을 돌면서 야영하고, 저녁마다 오늘 다녀왔던 떡볶이집에서 받아온 레시피로 떡볶이를 만들 거야. 물론 지금까지 말한 것은 모두 유튜브를 통해서 업데이트해야겠지. 그렇게 3개월 정도 돌아다닌 후에 나는 '떡볶이집 성지순례'라는 책을 출판하겠어. 내가 다녀왔던 떡볶이집 지도도 들어 있고, 이 떡볶이 맛집들을 소개하는 글과 레시피도 있는 책을 만들 거야. 그런 다음에 떡볶이 브랜드를 만들 거야. 이것이 내가 말한 '맛의 재발견'이야. 너는 고객이 맛을 찾아가도록 도와주면 돼. 중년 남성이 초등학교 떡볶이 맛을 구현하기 위해서 '전국 떡볶이 일주'라는 스토리로 창업하는 것이 바로 브랜딩이지. 그렇게 되면 이런 사업계획서는 필요 없어. 이미 너에게 영상, 블로그, 그리고 책이라는 콘텐츠가 있어서 투자자에게 사업계획서를 보여줄 필요가 없다는 의미야. 그러니까 네가 좋아하는 자전거와 떡볶이를 연결해서 돈으로 만들 수 없는 너만의 이야기로 브랜드를 만들어봐."

친구는 들뜬 표정으로 당장 실행하겠다고 말했다. 그의 눈빛은 빛났고, 술에서 확실히 깬 얼굴이었다. 그러면서 지금까지 남의 인생을 살았지만, 지금부터 나만의 인생을 살고 싶다고 말했다. 그 말을 듣고 나는 친구에게 물었다.

"그런데 나답게 사는 것은 무엇이지?"

"뭐… 열심히 진정성 있게 그리고 비전을 따라 사는 것이지."

"그렇게 열심히 사는 사람은 주변에 많은데?"

"그러네." 친구는 쉽게 수긍했다.

"자기답게 떡볶이 브랜드를 만들면 무엇이 달라질까?"

"자기답게 떡볶이라… 내 취향대로 맵게 해야 하나?" 친구가 멋쩍게 웃었다.

"봉준호 감독이 아카데미 시상식에서 '가장 개인적이 것이 가장 창의적인 것이다'라고 말했잖아. 너도 너만 만들 수 있는 떡볶이를 찾아보고 만들어봐. 맛은 모방할 수 있어도 너를 모방할 수 없는 것으로 브랜드를 만드는 거야. 내가 아는 사람들 중에 네가 최고의 여행가야. 그러니 여행으로 떡볶이를 만들어봐."

그렇게 우리는 '자기다움으로 남과 다름'이라는 주제로 몇 시간 동안 이야기를 나누었다. 떡볶이의 옛 맛을 찾는 것이 중요하지만, 친구가 스스로 왜 그런 맛을 기억하는지, 그 기억이 마음을 움직이는 이유가 더 중요했다.

그렇게 한 달이 지났다. 나는 친구에게 전화로 진행 상황을 물어보았다. 친구는 자신이 지금까지 탔던 로드 자전거를 중고로 팔고, 전기 자전거를 중고로 찾고 있다고 했다. 그리고 지방마다 자신이 가야 할 떡볶이 지도를 만들었다고 했다. 또, 한 달이 지나서 친구에게 연락했더니 이번에는 전화를 받지 않았다. 나는 걱정이 되어서 지인을 통해 친구의 근황을 물어보았다. 그런데 친구는 훌쩍 미국으로 이민을 떠났다. 그동안 기러기 아빠로 살았는데, 이제 자녀가 대학을 졸업하면서 미국에서 취직했고, 친구의 아내도 한인 교회의 도움을 받아서 대형 찜질방 매니저가 되었다고 했다. 내가 두 번째 전화를 걸었을 때 친구는 가족과 함께 미국 대륙 횡단 여행 중이었다. 어느새 그의 떡볶이 브랜드 런칭에 대한 열정은 식은 듯했다.

친구가 계획대로 떡볶이 브랜드를 런칭했다면 지금쯤 어떻게 되었을까? 기행은 여행하는 동안 보고, 듣고, 느끼고, 겪은 것을 적은 기록이다. 친구는 인생의 변곡점에서 항상 여행으로 자기다움의 운율을 찾았다. 친구가 한 달 동안 자전거로 전국 떡볶이 기행을 다니며 자기다움을 경험할 수 있었을까? 물론 여행 자체가 자기다움은 아니다. 여행을 즐기는 그 마음의 근원이 바로 자기다움이다. 즉, 여행을 호기심, 탐구, 기쁨과 낯선 휴식 등으로 여기는 그 마음이 자기다움의 표현이 될 수 있다. 그렇다면 친구에게 여행은 어떤 의미였을까?

친구가 떡볶이 브랜드 이름을 추천해달라고 했다면 나는 친구의 자기다움을 설명할 수 있는 '떡볶기행'을 제안하려고 했다. 친구와 떡볶이 사업을 함께할 사람까지 알아보았다. 그리고 친구만의 떡볶이 메뉴판을 제안하려고 했다. 떡볶이 메뉴판은 매운맛과 순한맛이 있는 것이 아니라, 친구가 자전거 여행을 하면서 배웠던 떡볶이 레시피 콘셉트로 메뉴를 만들려고 했다. 고객이 지금 먹고 있는 떡볶이는 여행 스토리가 있는 떡볶이라는 점을 알려주고 싶었기 때문이다.

- 덕암리 장터 떡볶이 320킬로미터 박미자님 14년 - 3,500원
- 매지면 숙희네 집 떡볶이 243킬로미터 남금행님 18년 - 2,000원
- 백암리 명순초등학교 명순분식 129킬로미터 김복남 15년 - 4,000원

박미자 할머니의 떡볶이 맛은 어떨까? 남금행 아주머니가 자기 딸의 이름을 걸고 어떻게 장사를 시작했을까? 김복남 사장님의 즉석 떡볶이 맛은 어떨까? '떡볶기행' 분식집에서 떡볶이를 먹는 손님은 메뉴판에 있는 QR 코드를 찍으면, 아마도 친구가 여행에서 만난 박미자, 남금행 그리고 김복남 사장님의 떡볶이 이야기를 듣게 될 것이다. 세상에 떡볶이를 파는 맛집은 많지만, 나는 그런 흔한 맛집이 아니라 친구의 추억과 여행을 통해서 '떡볶이 여행'이라는 맛집을 상상했다.

〈유니타스 브랜드〉라는 잡지를 런칭하기 전에 나는 '편집장으로 한 달 살기'를 미리 경험해본 적이 있다. 〈유니타스 브랜드〉 편집장은 어떤 사람일까? 어떤 책을 좋아할까? 하루를 어떻게 보낼까? 우리나라에서 발행한 브랜드 책은 모두 읽었을까? 그가 가장 인터뷰하고 싶은 사람은 누구일까? 미래에 내가 될 그가 하루에 쓰는 글의 분량은 어느 정도일까? 그는 어떤 브랜드를 연구하고 있을까? 이 모든 것을 하나의 압축된 질문으로 만든다면 '나의 자기다움으로 잡지 편집장이 된다면 다른 편집장과 어떤 차이점이 있을까?'이다.

이런 질문을 하면서 나는 미래에 내가 될 〈유니타스 브랜드〉 편집장을 인터뷰했다. 그리고 두 번째 내가 되고 싶은 편집장을 나답게 미리 살아보았다. 지인들과 인터뷰를 하고 기사도 만들어보았다. 책을 읽기 전에 책 내용에 관한 질문지를 만들고, 책을 읽으면서 질문의 대답을 적었다. 같은 주제를 다르게 쓴 여러 책을 읽으면서 공통 주제를 뽑아서 특집을 만들기도 했다. 이런 일들을 처음 해보았지만 예전부터 해왔던 일처럼 자연스러웠다. 남의 일을 흉내내는 것이 아니라 나답게 그 일을 했기 때문이다. 놀랍게도 미래의 나는 지금의 나보다 더 '나'다웠다. 자기다움으로 살아보는 미래의 나는 그 어느 때보다 충만한 시간을 살았다. 나는 3개월, 6개월을 미래의 나로 살다가 마침내 〈유니타스 브랜드〉를 런칭했다.

자기다움 교육 과정에도 이런 미래의 나를 경험해볼 수 있는 프로그램이 있다. 말하자면 떡볶이 한 달 여행 같은 시간이다. 교육생들은 '자기다움으로 한 달 살기'를 통해서 미래의 나를 만난다. 그리고 한 달 과정을 마치고 나면 업그레이드 편으로 6개월 살기, 1년 살기, 그리고 최종 버전으로 평생 살기 과정도 참여할 수 있다. '자기다움으로 살기'는 에어비앤비Airbnb에서 살아보는 일상 체험과는 확연히 다르다. 비유로 설명하자면 정글에서 구조한 사자 새끼를 야생에서 훈련시키고 다시 정글로 내보내는 것과 같다. 즉, 자기다움으로 다시 태어나는 '존재의 변화'에 가깝다.

나는 자기다움으로 살아보는 경험을 기반으로 아이덴그램이라는 교육 프로그램을 만들었다. 아이덴그램Idendengram은 Identity와 Gram Gramma: 쓰다. 그리다의 고대 라틴어의 합성어로 그 뜻은 '아이덴티티를 글로 쓰다'이다. 처음 6개월은 교육비가 500만 원으로 고가였는데, 현재는 임시로 무료 교육으로 시행하고 있다. 이렇게 유료에서 무료로 바꾼 이유는 자기다움의 '유도분만과 제왕절개' 때문이다. 자기다움 교육은 주입식이나 강의식이 아니라 철저히 수강생의 자기 주도로 진행된다. 즉 교육의 99퍼센트가 자신이 자신에게 가르치고 배우는 방식이다. 교육 기간은 6개월이지만 이 기간 안에 끝나는 경우는 거의 없다. 어떤 사람은 9개월, 혹은 1년이 넘는 기간이 필요하다. 사람마다 학습 편차가 있어서 교육 시간이 조금씩 늘어나는 것은 당연하다. 유료 교육의 경우, 수강생들은 자신이 교육비를 냈다는 생각 때문인지 교육 기간 내에 극적인(?) 결과가 나오기를 기대한다. 그런데 자기다움은 편하게 즐길 수 있는 그런 꽃길

이 아니다. 출산의 고통이 있는 것처럼 자기다움도 존재 변화라는 고통의 과정을 견뎌내야 한다.

이런 자기다움 교육의 어려움으로 불가피하게 자기다움의 유도분만을 실시해야 했다. 사실 자기다움도 임신처럼 자기 안에서 기다리면서 충분히 자라나야 하지만 그 시간을 반강제로 재촉하는 것이다. 이런 유도분만도 어려운 경우에는 최후의 방법으로 자기다움의 제왕절개를 실시했다. 이것은 심장 수술을 하듯 수강생의 마음을 강제로 개복하여 몇 개의 단어로 자기다움을 확인해주는 식이다. 이처럼 자기다움의 유도분만과 제왕절개의 어려움 때문에 교육을 유료에서 무료로 바꾸게 되었다. 유료 교육과 달리 무료 교육에서는 교육 기간을 따로 정해놓지 않았다. 자기다움을 깨우칠 때까지 자신의 시간에 맞게 실행하도록 했다. 따라서 한 과정을 마치지 못하면 다음의 교육 과정으로 넘어가지 못한다.

그런데 잠시, 이런 질문을 생각해보자. 자기다움도 교육으로 가능할까? 자기다움은 직접적으로 가르칠 수 없다. 다시 말해 교육으로 자기다움이 가능한 것은 아니다. '교육education'이라는 말을 사용하지만, 자기다움은 교육의 대상이 될 수 없다. 그 이유를 교육Education의 어원에서 찾을 수 있다. 'Education'의 어원은 '밖으로 끌어내다'라는 단어에서 나왔다. 즉, 교육은 뭔가를 내 안에 넣는 것이 아니라, 내 안에 있는 것을 밖으로 꺼내는 것이다. 이런 의미에서 자기다움 교육도 내 안의 것, 즉 본능을 깨우는 것에 가깝다고 할 수 있다.

자기다움의 천적

수족관에서 살다가 바다로 돌아간 고래의 생존율은 얼마나 될까? 포유류, 조류, 어류에 따라 다르지만, 자신의 본능으로 야생에서 살아남을 확률은 5퍼센트를 넘지 않는다고 한다. 왜 이렇게 생존율이 낮을까? 바다와 비슷한 조건에서 적응훈련을 하고 바다로 내보내도 살아남지 못하는 이유는 환경이 아니라 천적 때문이다. 천적을 한 번도 보지 못하고 길들어진 동물이 야생에서 본능으로 살아남는 것은 그만큼 매우 힘들다.

그렇다면 우리가 자기답게 살지 못하는 이유, 즉 자기다움의 천적은 무엇일까? 교육 현장에서 관찰한 바에 따르면, 자기다움의 천적은 생계의 문제였다. 자기다움 교육은 혼자 먹이를 찾아서 바닷속을 헤매는 극한 훈련이다. 내가 적극적으로 말하고, 자료를 찾고, 생각하고, 움직이지 않으면 아무런 변화가 일어나지 않는다. 더욱이 무료 교육인 경우, 지금 당장 자기다움 과정을 포기해도 손해를 볼 게 없다고 판단하고, 더 절실하게 자기 자신을 찾지 않는다. 먹고살기도 힘든데, 자기다움으로 고민하는 것은 여유 있는 사람들의 이야기로 치부한다. 생존의 문제 앞에서 자기다움은 이렇듯 매번 힘을 잃어버린다. 그런데 정말 자기다움이 그저 여유 있는 선택일 뿐일까?

거북이의 인생을 보여주는 〈새미의 어드벤처〉라는 애니메이션 영화가 있다. 새미는 알에서 부화하고 수많은 위험을 겪어내며, 마침내 바다에 도착한다. 새끼 거북이 새미보다 몇 달 빠르게 태어난 세 마리의 선배 거북이들은 새미에게 앞으로 바다에서 당하게 될 끔찍한 상황에 대해서 알려준다. 먼저 첫 번째와 두 번째 거북이가 끔찍한 야생의 위험성을 경고하고, 마지막 세 번째 거북이는 새미에게 이렇게 말한다.

"신경 쓰지 말고 본능대로 하면 돼. 그럼 무서울 것 없어. 너의 본능에 맡기렴. 앞으로 행운을 빈다."

여기서 '본능'의 의미가 중요하다. 본능이란 이미 자신이 갖고 있는 능력으로 자기답게 사는 방법을 의미한다. 앞서 소개했듯이 나는 2007년부터 2016년까지 〈유니타스 브랜드〉 편집장을 나의 본능, 즉 자기다움으로 수행했다. 출판 선배들은 나처럼 잡지를 만들면 세 권도 발행하지 못할 것이라고 했지만, 9년 동안 마흔다섯 권이나 발행했다. 〈유니타스 브랜드〉는 잡지 같은 단행본이었고, 초기 네 권을 제외하고 광고도 받지 않고 정기 구독만으로 운영했다. 특집 주제에 따라서 독자를 위한 무료 세미나를 진행했으며, 브랜드 전문 잡지가 아니라 브랜드 컨설팅 회사 리포트처럼 만들었다. 특집의 방향은 사회 이슈보다는 예전부터 내가 고민했던 브랜드 문제와 주제를 다루었다. 다시 말해 철저히 '나의 본능'으로 '나'다운 잡지를 만들고자 노력했다.

알에서 부화한 거북이가 '본능적으로' 바다를 향하는 것처럼 지금의 나도 '본능적으로' 무엇인가를 향하고 있는가? **거북이가 거북이다워질 때, 가장 안전한 것처럼 나는 나 자신이 될 때 가장 익**

숙하고 안전하다. 물론 '본능대로' 살기 위해선 수많은 난관을 거쳐야 한다. 수만 개의 알에서 깨어난 새끼 거북이가 바다에 도착하기까지 갈매기와 게를 비롯해 수많은 포식자의 공격을 피해서 성체가 되는 확률은 1퍼센트라고 한다. 우리도 태어나면서부터 지금까지 복제인간을 만드는 사회·교육 시스템으로 인해 자기다움의 본능을 잃고 타인다움에 물들게 되었다. 그 결과, 자신이 누구인지도 모른 채 40이 되고 50을 맞는다. 그렇다면 이제라도 나의 본능을 어떻게 회복할 것인가. 이 시점에서 먼저 나의 본능이 무엇인지를 알아야 한다. 아이덴그램 첫 번째 수업은 다음 질문으로 시작한다.

가장 나다운 나를 위해서 꼭 필요한 것은 무엇인가? 그 리스트 100가지를 적어보라. (사건, 인물, 장소 등)

물론 내가 되기 위해 필요한 100개를 적는다고 자신의 본능과 자기다움을 알게 되는 것은 아니다. 아마 이런 질문에 100개 리스트를 작성하고, 한 달 뒤에 다시 써보면 이전에 썼던 내용과 90퍼센트 이상 다르거나 어쩌면 쓰지 못할 수 있다. 대부분은 즉흥적으로 썼기 때문이다. 자신이 어떻게 태어났는지 알 수는 있어도 어떻게 자신이 되어가는지 그 과정을 구체적으로 이해하기는 매우 어렵다. 다만 이런 작업을 경험해보면 100개 리스트가 어디로 향하고 있다는 것을 파악할 수 있다.

40과 50 사이, 인생의 서머스쿨

인디언서머Indian Summer는 북아메리카 대륙에서 발생하는 기상 현상인데, 늦가을에서 겨울로 넘어가기 직전에 몇 주간 계속되는 따뜻한 날들을 말한다. 인디언들은 인디언서머 기간에 다가올 겨울을 준비하기 위해 사냥과 채집에 나선다고 한다. 그래서 미국인에게 인디언서머는 비유적으로 절망 가운데 희망을 준비하는 의미로 쓰인다.

겨울이 오기 전에 잠시 따뜻한 인디안서머를 사는 중장년은 이때 착각하기 쉽다. 혹한의 겨울이 다가오고 있다는 것을 인지하지 못하기 때문이다. 아직은 뭔가 일이 잘되고 있으며, 뭐든 할 수 있을 것처럼 자신감이 살아 있다. 지금이 '한참 잘나갈 때'라고 말하지만 그것은 매우 일시적인 현상이다. 특히 대기업에서 일하고 있다면 자신의 직위 때문에 닥쳐오는 겨울의 감각이 떨어질 수 있다. 마침 '갑' 위에 올라탄 강쇠돌 중장년은 회사에서 받은 자신의 직급 때문에 인생 절정기에 올랐다고 생각하지만, 그것은 어디까지나 인디언서머 같은 겨울의 전조 현상일 뿐이다. 누구나 이 시기가 지나면 이제 퇴직이라는 냉혹한 겨울과 마주한다.

갱년기와 노안이 서서히 진행되는 것처럼 지금은 여름 같은 늦가을이지만, 이미 인생의 겨울은 코앞까지 다가오고 있다. 가을과 겨울 사이, 인생의 인디언서머를 살고 있는 중장년은 이제부터 자기다움으로 퇴직 이후를 준비해야 한다. 인디언서머가 겨울의 다른 모습인 것처럼 40, 50대는 60대의 젊은 모습일 뿐이다. 만약 인디언서머를 준비하지 않고, 곧바로 퇴직과 은퇴를 맞는다면 내 친구 강쇠돌들처럼 처음 경험하는 당혹과 불안으로 인생의 겨울에 갇히고 만다. 이 갑작스러운 인생의 겨울을 앞으로 어떻게 살아가야 할까? 이때, 이런 질문과 직면하게 된다.

'더 이상, 일하지 않을 때, 나는 누구인가?'
(이 질문이 막막하다면 다음 질문으로 바꿀 수 있다.)
'내가 다시 일을 한다면, 나는 어떤 존재로 일할 것인가?'

'최고의 은퇴 준비는 은퇴하지 않는 것'이라는 역설에 전적으로 동의한다. 자기다움으로 다시 일한다는 것은, 후배 세대와 경쟁하는 것이 아니다. 이제는 경쟁이 아니라 의미로 일하는 것이 중요하다. 일에서 봉사와 사회 환원이라는 인식의 전환이 뒤따르고, 이런 질문에도 대답할 수 있어야 한다.

'돈을 받지 않고도 하고 싶은 일은 무엇인가?'
'돈을 받지 않고도 일하는 나는 누구인가?'

자기다움의 목적은 안정된 직장이 아니라, 평생 직업을 찾는 것이다. 이는 남이 만든 직업이 아니라 나의 본능으로 만든 직업을 창조하기 위해서다. 돈을 받지 않고도 하고 싶은 일, 은퇴하지 않고도 나만 할 수 있는 일, 그리고 죽을 때까지 일하는 직업을 창조하기 위해서 우리는 자기다움에 대해 배워야 한다. 즉 자기 자신에게 배우는 교육이 필요하다.

인생의 서머스쿨은 두 번째 나를 준비하는 시간이다. 이 시간은 학위를 받기 위해서 학점을 채우는 교육과는 차원이 다르다. 봄과 여름에 첫 번째 나로 살았다면, 이제부터는 두 번째 나로서 다시 출발해야 한다. 그동안 우리는 자신의 머릿속에 주입하는 교육을 받아왔지만, 인생의 서머스쿨에서는 자기 자신에게 배우는 시간이다. 즉 자신이 살아왔던 삶의 교훈, 자신의 인간관계, 자신이 잘하는 것과 좋아하는 것이 무엇인지를 배워야 한다. 내 안의 본능을 깨우기 위해 다음의 질문을 생각해보자.

'자녀가 나를 닮고 싶다면 어떻게 교육할 것인가?'

'자녀를 나와 똑같은 인간으로 만들기 위해서 어떻게 교육할 것인가?'

(여기서 한 걸음 나아가 또 다른 질문이 필요하다.)

'자녀가 나처럼 되고 싶다면, 나의 장점과 특이점을 어떻게 설명할 것인가?'

'자녀가 나처럼 되고 싶지 않다면, 무엇을 조심하라고 말해줄 것인가?'

'자녀가 나처럼 되기 위해서 어떻게 생각하고, 판단하고, 결정하라고 말해줄 것인가?'

'자녀가 어떤 가치기준으로 우선순위를 선택하도록 가르칠 것인가?'

'자녀가 무엇에 즐거워하고 분노하라고 말해줄 것인가?'

이 질문들은 나 자신을 모른다면 대답하기 어렵다. 지금까지 나 자신으로 살았어도 정말 나 자신으로 살았던 것일까? 그렇다면 왜 여전히 나 자신을 모르는 것일까? 그 이유는 지금까지 내가 아닌 타인이 정해주는 기준과 목표를 향해서 살아왔기 때문이다. 그러나 지금 인생의 인디언서머에 서 있다면, 인생의 방향을 전면적으로 재수정해야 한다. 그리고 이 질문에 나만의 생각을 꺼내야 한다.

'나는 지금까지 무엇을 했을까?'

우리가 인생의 위험을 겪는 이유는 새끼 거북이 새미처럼 본능대로 살지 않았기 때문이다. 우리는 그동안 남처럼 살았다. 남들이 사는 만큼 살았고, 또 남들보다 더 잘 살려고 노력했다. 자기답게 사는 것이 무엇인지 상상하지 않았고, 갈망하지도 않았다. 모두가 원본으로 태어났지만 그 누구도 자신의 원본대로 살지 못했다. 그저 타인의 기준과 평가를 의식하고, 타인을 흉내 내며 타인처럼 살아왔다. 이것은 내 안의 본능을 억압해왔다는 의미다. 하지만 이대로 계속 살 것인가?

"떡볶이맨으로 하면 어떨까?"

앞서 떡볶이 브랜드를 만들고 싶어 했던 친구는 자신의 유튜브 채널 이름을 떡볶이맨으로 어떠냐고 물은 적이 있다.

"떡볶이맨?" 나는 처음에 친구의 의도를 이해하지 못했다.

"떡볶이 맛을 찾아 자전거 전국일주를 했다면 슈퍼맨처럼 떡볶이맨이 확실하지 않을까?" 친구의 표정은 진심이었다.

"너는 떡볶이맨으로 죽고 싶어?" 이렇게 묻는 나도 진심이었다.

"뭐? 왜? 아니!"

"만약에 떡볶이로 인생을 걸었다면 떡볶이맨도 좋지만 글로벌 브랜드를 만든다면 이름이 좀 그렇지 않을까?"

나는 친구에게 '어떻게 죽을 것인가를 결정하는 삶'에 대해서 다시 이야기했다. 친구는 다시 나에게 물었다.

"그럼 어떻게 이름을 지을까?"

"내가 보기에 너의 본능은 여행과 탐구인 것 같아. 그런데 네가 음식을 좋아하지만 떡볶이는 그중의 하나이고, 미술도 좋아하잖아. 내 생각에 너에게 잘 어울리는 이름은 '여행미식가'일 것 같은데. 그리고 미식가美食家에서 미는 아름다울 미美야."

"여행미식가? 근사해 보이는데?" 친구는 내가 붙여준 이름에 만족했다.

"그런데 네가 여행미식가가 되기 위해서는 여행미식가의 자기다움을 배워야 해."

"누구에게 배우지?" 친구는 물었다.

"여행미식가는 너잖아. 네가 너에게 배우는 거야."

"내가 나에게 뭘 배우지?"

"누군가가 너에게 당신은 어떤 여행미식가입니까? 여행미식가
는 어떤 사람이죠? 여행미식가가 되기 위한 교육과 단계가 있나
요? 여행미식가에 라이센스 교육이 있다면 무엇인가요? 미쉐린 가
이드와 여행미식가 가이드의 차별점이 무엇인가요? 이렇게 물어
보면 뭐라고 말할 거야? 이런 질문에 대답을 스스로 찾는 것이 곧
자기다움을 배우는 거야."

떡볶이맨이 되기 위해서는 어떤 교육을 받아야 할까? 여행미식
가는 어떤 교육을 받아야 할까? 떡볶이 맛을 복원하는 여행미식가
는 어떤 교육을 받아야 할까? 이제 자신이 여행미식가가 되기 위
해서는 자기 스스로 배워야 한다. 여기서 배움은 새로운 지식을 암
기하거나 습득하는, 외부에서 입력하는 식의 배움이 아니다. 말하
자면 내 안에서 나를 꺼내서 새롭게 경험하는 것이다.

먼저 자기만의 여행과 맛에 대한 기준에 대해 알아야 한다. 자신
이 여행미식가라고 말할 수 있는 근거를 자기 안에서 찾는 것이다.
누구의 지식을 배우는 것이 아니라, 자신의 본능이라 할 수 있는
여행과 음식에 대해서 탐색하고 정리하는 것이다. 이 세상에서 내
가 기억하는 추억의 떡볶이 맛을 복원할 수 있는 단 한 사람은 바

로 나 자신이다. 그렇다면 내가 여행미식가가 된 이유를 나에게서 찾는 것이 바로 자기다움 학습이다. 이처럼 자기다움 학습은 내가 되고 싶은 이름에서 시작할 수 있다.

1990년에 케빈 코스터가 주연을 맡은 〈늑대와 춤을〉이라는 영화가 있다. '늑대와 춤을'이라는 제목은 영화에서 존 던바 중위(케빈 코스터 분)에게 인디언이 지어준 새 이름이다. 이 영화에는 '주먹 쥐고 일어서' '발로 차는 새' '머릿속의 바람' '돌 송아지' '열 마리의 곰' '많이 웃다' 등 흥미로운 인디언 이름들이 등장한다. 인디언은 이름을 지을 때 다른 사람들에게는 없는 그 사람만의 특징으로 이름을 짓는다고 한다.

인디언 이름처럼 자신은 모르지만, 자기다운 이름을 내가 아닌 다른 누군가가 지어줄 수 있다. 내 친구가 떡볶이맨이 되고 싶어도, 떡볶이맨이라는 이름으로 기억 속에 남고 싶지 않다면, 그 이름은 자기다운 이름이 아니다. 자기다운 이름은 묘비명이 될 수 있다. 자신이 죽었을 때, 사람들이 기억하는 이름이 바로 자신의 진짜 이름, 즉 자기다운 이름이기 때문이다.

두 번째 이름을 짓는 법

사자는 자신이 '사자'라는 것을 어떻게 알까? 인간은 사자를 '사자'라고 부르지만, 사자는 자신을 뭐라고 부를까? 자기다움 질문도 똑같다. 내가 이름이 없다면 사람들은 나를 뭐라고 부를까? 나는 나를 뭐라고 부를까? 또 뭐라고 부르고 싶을까? 내가 원하는 이름은 무엇일까?

인디언식 이름은 자신의 본능(본질)에 충실한 이름이다. 사자가 자신이 사자라는 것을 모르는 것처럼 나는 나를 모른다. 내 이름은 내가 지은 이름이 아니라 부모님이 정해준 첫 번째 이름일 뿐이다. 그렇다면 진짜 내 이름은 무엇일까? 나와 가장 잘 어울리는 이름은 무엇일까?

인디언식 이름을 갖는다는 것은 자신이 누구인지 모르는 자신을 다시 찾아가는 방법 중의 하나이다. 인디언식 이름에서 자신이 어떻게 살아가는지를 한 줄로 설명할 수 있다. 나의 특징을 잘 살린 이름은 나의 본능에 충실한 이름이다. 그 이름이 두 번째 나의 이름이 될 수 있다.

My Second Name is …

나의 본능, 나의 특징, 나의 자기다움이 잘 느껴지는 이름을 상상하면서 다음의 물음에 답해보자.

1 먼저, 자신의 묘비명부터 지어보자.

2 나의 회고록에 제목을 붙인다면?

3 만약 지인들이 인디언식으로 내 이름을 지어준다면 어떤 이름이 나올까?

4 인디언식 이름처럼 살고 싶다면 나는 어떻게 살아야 할까?

5 이제 인디언식 이름으로 메일주소를 만들어보자. 그리고 그 메일로 나 자신에게 인사메일을 보내보자.

자가포식 : 내가 아닌 것은 버리기

내가 아니라면 할 수 없고, 나만 사랑하고,
나만 느끼는 그 무엇을 찾을 때까지
내 것이 아닌 것들은 모두 버려야 한다.

부장품과 자기다움

친구 강쇠돌4는 대기업에 다니다가 40대 초반에 명퇴했다. 그는 전 직장에서 배운 기술로 창업하여 10년 동안 회사를 경영하다가 최근 매각하고 은퇴했다. 지금은 주식 투자와 4층짜리 빌딩 두 개를 관리하면서 자기가 꿈꾸던 은퇴 이후의 삶을 살고 있다. 페이스북과 인스타그램에 나오는 친구의 모습은 모든 은퇴자들이 꿈처럼 그리는 삶의 모습이다. 여행, 와인, 맛집, 동창 만남, 스포츠 등 그의 SNS만 보면 자신의 노후를 천국처럼 누리며 살고 있는 듯했다. 나는 강쇠돌4에게 은퇴 이후를 멋지게 사는 노하우와 은퇴 이후에 아쉽고 불편한 점은 무엇인지 묻고 싶었다. 그래서 그에게 슬쩍 자기다운 삶에 관해 이야기를 꺼내자, 그가 이렇게 물었다.

"자기다움? 그거 돈이 되냐? 어디서 들어본 것 같은데, 혹시 냉장고 이름?"

아마도 그는 가전제품 브랜드가 사용하는 광고 슬로건을 떠올린 것 같았다. 나는 왜 자기다움을 돈이 되는 것으로 생각했는지 다시 물었다.

"아니… 뭐… 자기답게 살려면 돈이 넉넉하게 필요할 것 같아서. 자기답게 살면 돈을 벌 수 있을까? 은퇴 후에는 내가 돈을 쓰는 것이 아니라 돈이 나를 지켜주거든. 그래서 죽을 때까지 돈을 관리해야지."

강쇠돌4의 대답은 50대를 살고 있는 중장년들의 현실을 그대로 보여준다. 어쩌면 생존의 문제를 매일 당면하고 사는 사람에게 자기다움은 그저 광고 슬로건처럼 이상적으로 다가올지 모른다. 물론 자기다움의 목적이 돈은 아니다. 말하자면 자기다움은 돈을 벌기 위한 삶이 아니라 의미와 가치를 누리는 삶에 가깝다.

나는 지금까지 생존을 위해서 열심히 일하고 달려왔을 강쇠돌4에게 의미와 가치가 끌어가는 자기다움의 삶을 알려주고 싶었다. 그래서 지금까지 남들과 비슷하게 살아왔다면, 이제부터는 나만이 살아낼 수 있는 삶, 즉 자기다움으로 살아가는 삶의 전환이 필요하다고 말했다. 내 말을 듣고 강쇠돌4는 수채화 물감처럼 엷은 비웃음을 지어 보였다. 나는 개의치 않고 노트북을 열고 말을 이어갔다. 목적과 삶이 하나로 이어지는 삶, 자기다움을 통한 우리다움, 일자리가 아니라 일터를 세우는 프로젝트까지 나는 친구와 눈도 마주치지 않고 내가 만든 중장년 라이프 웹사이트를 보여주면서 열심히 설명했다. 친구는 입술을 오므리며 내 이야기에 시큰둥해하는 것 같았다. 나도 좀 지쳐서 이야기를 끝내려고 하는데, 강쇠돌4가 대뜸 이렇게 물었다.

"그래서 어떻게 자기다움을 아는데?" 이번에는 정말 궁금해하는 표정이었다.

"속성 과정과 숙성 과정 중에 어떤 것으로 할까?"

"숙성 과정으로 하자." 나는 속성 과정이라고 말할 줄 알았다.

"1년 과정인데 괜찮아?"

"1년? 뭐 그 정도야. 나 시간 많아. 그런데 일단 1년 맛보기 속성은 없냐?"

"좋아. 그럼, 일주일짜리로 시작하자. 먼저, 너의 무덤이 500년 뒤에 발굴되었다고 가정하는 거야. 그럼, 네가 누구인지를 알려주기 위해서 가방에 너를 설명할 수 있는 물건을 넣어봐. 너를 설명할 수 있는 브랜드, 제품, 책, 음악 등 뭐든 좋아. 열 개 정도를 네 가방에 넣는 거야."

"그게 끝이야?"

"일단 해봐. 그럼 자기다움이 뭔지 조금 느끼게 될 거야."

"그게 무슨 자기다움이냐?"

"열 개를 선택하는 과정에서 알게 돼. 가방 안을 채웠으면 지인들에게 가방 안에 들어 있는 물건만 보고 어떤 사람인지 맞혀보라고 해봐. 가방 주인이 너라는 건 말하지 말고."

"뭘 맞혀보라고 하지?"

"이 물건 주인의 가치, 철학, 존재이유, 기쁨, 그리고 그가 죽기까지 추구했던 목적 등."

다음 날 아침 일찍, 강쇠돌4에게 전화가 왔다.

"야, 이게 뭐야? 어제 가방을 싸다가 열 받아서 한잠도 못 잤어!"

강쇠돌4가 열 받은 이유가 있었다. 그는 가방 안에 들어 있는 물건으로 자신을 설명할 수 없다는 사실을 깨달았다. 만약 그의 왼손을 번적이게 하는 롤렉스 시계와 귀금속이 500년이 지나서 발굴되었다고 가정하자. 그것을 보고 후대 사람들은 그가 어떤 부자였는지 상상할 수는 있어도 그가 어떤 가치로 살았던 존재였는지는 알 수 없다. 자신의 존재 가치를 고가의 상품으로 설명할 수 없기 때문이다. 부장품 가방에 자신을 대변할 물건이 없다는 것은 지금껏 남의 물건으로 살아왔다는 것을 의미한다. 강쇠돌4는 짜증 나는 목소리로 말했다.

"그러면 너는 가방에 무엇을 넣었어?"

내 가방에 넣은 물건들은 명확했다. 나는 일기장과 회고록, 내 필체를 가장 잘 표현할 수 있는 5만 원짜리 만년필, 책 한 권과 아들과 딸이 용돈을 모아 내 생일선물로 사준 가방을 넣었다. 여기에 한 가지 더 플라스틱 상자 안에 보관한 반지가 있다. 이것은 결혼반지가 아니라 브랜드의 상징으로 내가 만든 반지다. 물론 이 물건들로 내가 누구인지 정확히 알지는 못할 것이다. 하지만 나는 이 물건들로 내 인생을 설명할 수 있다. 내가 소중히 여기는 것들에 내 마음이 있기 때문이다.

아이덴티티와 브랜드

우리가 상품을 구입하는 이유는 그것이 필요하기 때문이다. 그런데 특별히 필요한 기능이 없는데도 1,000만 원짜리 명품 가방은 왜 갖고 싶어 할까? 또, 그 명품 가방 안에 무엇을 담을 수 있을까? 샤워할 때 풀어놓은 2천만 원짜리 600미터 다이버용 방수시계를 구입하는 이유는 무엇일까? 이런 고가의 물건들이 정말 일상생활에서 필요할까?

인간에게 생존 필수품은 물이다. 생수 500밀리리터는 1,000원이면 살 수 있다. 그런데 똑같은 물이어도 독일 세인트 레온하르트St. Leonhard에서 채취한 물로 만든 아우룸79Aurum79의 가격은 무려 90만 달러, 자그마치 10억이 넘는 금액이다. 그렇다고 이 물에 특별한 성분이 들어 있는 것도 아니다. 생수병과 전용잔은 금과 113개 다이아몬드로 장식되어 있고, 생수에도 식용 24k 금 조각을 넣었다고 한다. 이런 물을 굳이 돈 주고 마시는 사람도 신기하지만, 그것을 만든 기업도 궁금하다. 왜 이런 10억이 넘는 물을 생산했을까?

명품 브랜드를 구매하는 이유는 제품 자체가 아니라 자신의 아이덴티티를 과시하기 위해서다. 자기표현, 만족, 충족 등 자신의 아이덴티티를 구축하는 데 가장 즉각적인 방법이 바로 브랜드를 구매하는 것이다. 사람마다 브랜드를 구매하는 기준은 다르지만 대략 아래 단계를 거쳐서 구매한다.

1단계   있어야 한다.(생존을 위한 목적)

2단계   있으면 좋다.

3단계   타인과 같은 것을 가지고 싶다.

4단계   타인보다 좋은 것을 가지고 싶다.

5단계   타인과 다른 것을 가지고 싶다.

6단계   자신이 좋아하는 것을 가지고 싶다.

7단계   자신만의 물건을 가지고 싶다.

8단계   자신을 표현할 수 있는 것을 가지고 싶다.

9단계   남들이 가질 수 없는 것을 가지고 싶다.

10단계 돈으로 가질 수 없는 것을 가지고 싶다.

오토바이를 타지 않는 사람들에게 '할리데이빈스 모터사이클'을 사람들이 왜 구입하는 것 같냐고 물어보면 대부분 7에서 8단계 이유를 말한다. 그러나 할리데이빈스 마니아들에게 물어보면 망설임 없이 1단계라고 말한다. 그들에게 할리데이빈스는 생존 필수품인 물과 동급의 가치가 있기 때문이다. 이처럼 사람마다 자신이 애착하는 이유는 다양하다. 명품 백, 억 단위 생수, 할리데이빈스 등 이런 상품들은 개인의 아이덴티티를 과시하고 증명하는 브랜드다.

사람들이 원하는 것은 제품이 아니라 아이덴티티다. 즉, 브랜드를 통해서 자신의 존재감을 사는 것이다. 이런 브랜드들의 공통점은 자기만의 이야기를 갖고 있으며, 이를 통해 우리는 자신의 본능과 자기다움의 증상을 발견할 수 있다.

상품을 구매하는 10단계 리스트를 통해 내가 소중하게 여기는 물건에 꼬리표를 달아볼 수 있다. 먼저 10단계 라벨이 붙은 브랜드는 무엇인가? 내가 가진 물건들 중에 돈으로 살 수 없는 것은 무엇인가? 우리는 물건을 통해서도 그 사람이 어떤 존재인지를 설명할 수 있다. 〈유니타스 브랜드〉 잡지에서 전세계 브랜드 관련 담당자들에게 설문조사를 실시한 적이 있다. 자신이 죽을 때, 부장품으로 가방 안에 넣고 싶은 브랜드가 무엇인지를 총 46명의 담당자들에게 물었다. 그런데 이들이 자신의 아이덴티티를 설명하기 위해서 고른 부장품은 명품이 아니라 항상 가지고 다니는 일상용품이었다. 직업과 취미에 따라서 다양했지만 비슷한 상품들도 많았다. 아이폰, 카메라, 부모님이 물려주신 반지, 일기장과 메모장, 향수, 연필, 티셔츠와 신발 등이었다. 이들은 자신의 생활습관, 가치를 설명할 수 있는 일상품을 부장품으로 선택했다. 이런 부장품은 납골당에서도 발견할 수 있다. 납골당에 가보면 고인의 유해를 담은 봉안함을 비롯하여 여러 물건들이 함께 놓여 있는 것을 쉽게 찾아볼 수 있다. 생전에 사용했던 핸드폰이나 고인의 종교를 알려주는 책과 소품 등도 있다. 이처럼 부장품 등 자신이 애착하는 물건을 통해서도 우리는 지금의 자신의 삶을 들여다볼 수 있다.

돌잡이는 돌잔치에서 아이가 집은 물건으로 그 아이의 장래를 예상해보는 전통오락 중 하나다. 아이가 집은 것으로 아이의 미래가 결정된다고 믿지 않아도 돌잡이를 그냥 넘어가는 경우는 드물다. 모두가 한 번씩 거쳐 가는 돌잡이. 어쩌면 복사본 인생은 돌잡이를 했던 그날부터 시작된 것은 아닐까? 돌잡이에 사용되는 소품들은 대체로 비슷하다. 이것은 거의 모든 부모가 자신의 아이에게 '비슷한 삶'을 원한다는 의미다. 자기 아이는 특별하다고 생각할지 모르지만, 아이에게 거는 기대는 부모 모두 너무나 비슷하다. 모두가 다른 아이지만 마치 한 부모에게서 태어난 것 같다. 여기에 아이의 본능이나 자기다움은 들어설 자리가 없다. 각자 다른 아이들이지만 모두가 비슷한 운명을 향해서 나아갈 뿐이다. 나 역시 돌잡이 때 뭔가를 잡았을 것이다. 그런데, 정말 내가 죽을 때까지 잡고 싶은 것은 만년필이다. 만년필을 손에 쥐고 죽고 싶은 것이 아니라 죽기 전까지 일기와 글을 쓰고 싶기 때문이다. 글을 쓰는 것은 나의 직업이 아니라 나의 본능에 가깝다. 말하자면 글쓰기는 내가 '나'라고 말할 수 있는 자기다움의 증거이다. 그래서 내 필체를 기억하는 16년이 된 만년필은 나에게는 10단계 물건에 해당한다.

강쇠돌4는 자신의 부장품으로 처음에는 4단계 명품을 선택했지만, 그것으로 자신을 설명할 수 없다는 것을 뒤늦게 깨달았다. 즉 지금껏 자신을 설명할 수 없는 삶을 살았다는 것을 알게 되었다. 그에게는 6단계에서 9단계 정도의 물품도 없었다. 강쇠돌4에게 삶의 가치는 오로지 '돈'이었다. 은퇴 이후에도 쇠똥구리처럼 돈을 굴리면서 남은 삶을 살고 싶었고, 그래서 남은 인생도 돈이 돈을 버는 구조를 만들기 위해서 지금도 열심히 일하고 있었다. 하지만 그 돈으로 자신을 설명할 수 없다는 것을 마침내 가방을 정리하면서 깨닫게 되었다.

오토파지, 내가 나를 먹는다

오토파지Autophagy란 세포가 생존을 위해 불필요한 세포 구성 성분을 스스로 잡아먹는 것을 말한다. 세포에 영양소가 결핍되면 우리 몸은 미토콘드리아, 독성 단백질 등을 이중 막으로 둘러싼 후에 리소좀으로 가수분해하여 단백질을 재활용한다. 이런 오토파지 활동으로 우리 몸은 자신을 보호하는 기능을 수행한다.

이런 '내가 나를 먹는다'의 의미로 오토파지를 '자가포식自家飽食'이라고 한다. 건강을 위해 내 몸에서 자가포식을 일어나게 하는 방법은 바로 단식이다. 음식을 먹지 않는 시간이 일정 정도 확보되면, 하이브리드 자동차처럼 내 몸이 스스로 알아서 손상된 세포를 잡아먹는 메커니즘이다. 세포에서 일어나는 이런 자가포식으로 우리 몸이 젊어질 수 있는 것처럼 정신도 자가포식으로 늙지 않고 젊어질 수 있을까? 방법이 한 가지 있다. 질문은 정신의 자가포식이다. 질문하면 우리의 정신도 젊어질 수 있다. 자신에게 던지는 질문은 자신을 허기지게 만든다. 나에 대해 채워지지 않는 뭔가가 느껴지기 때문이다. 이럴 때 정신적인 자가포식이 조금씩 일어난다. 정신의 자가포식이 활발하게 일어나는 때가 바로 어린아이 시절이다. 어린이의 대표적인 특징은 세상에 대한 호기심이다. 아이들은 세상 모든 것에 호기심을 갖고 질문한다. 반대로 나이가 들면서 질문이 사라지기 시작한다. 나이 듦의 대표적인 특징이 바로 호기심의 부재다. 왜 나이가 들면 질문하지 않고 궁금해하지 않을까? 나이가 들면서 자신과 상관이 없다고 느끼면, 더 이상 관심을 두지 않는다. 그래서 자신의 미래에도 특별한 관심이 없고 질문도 없다. 그렇다면 늙음의 반대는 젊음이 아니라 더 이상 호기심도 없고 배우지 않는 것이 아닐까. 특히 자기 자신에 대해 더 알고 싶어 하지 않는다면, 그것은 살아도 살아 있지 않은 상태가 아닐까? 더 이상 내가 나에 대해 질문하지 않는다는 것은 정신적인 죽음이다. 나에 대해 알기를 멈추었다는 것은 정신적인 활동이 멈춘 것이다.

우리가 자기다움에 관심을 갖는 이유는 나 자신을 알아가기 위해서다. 즉 자기다움의 목적은 '자신을 알아가는 배움'이다. 나에 관한 질문을 통해서 타인의 생각과 취향을 버리고, 자신을 더 명확히 알아가게 된다. 이처럼 나에게 불필요한 것들을 과감히 버린다는 점에서 자가포식과 자기다움은 공통점이 많다.

노래를 부르기는 쉽지만, 만드는 것은 어렵다. 생각을 말하기는 쉽지만 글로 쓰기는 어렵다. 마찬가지로 남의 지식을 배우기는 쉽지만, 자기 자신을 배우기는 더 어렵다. 자기 자신이 누구이며, 내가 무엇을 원하고, 또 무엇에 반응하는지, 그것을 깨닫기 매우 어렵다. 이처럼 자신을 배운다는 것은 어렵지만 이것만큼 내 존재 이유를 명확히 밝혀주는 것도 없다. 2,400년 전에 아리스토텔레스는 자기다움에 관해서 이런 말을 남겼다.

"당신의 진정한 모습은 당신이 반복적으로 행하는 행위의 축적물이다. 탁월함은 하나의 사건이 아니라 습성이다."

반복적인 행위는 내가 관심이 있는 것에서 나온다. 내가 관심 있고, 사랑하는 것이 내 자신이다. 그렇다면 스포츠카를 사랑한다면 내 자신이 스포츠카일까? 내가 스포츠카를 사랑하는 이유는 남들이 스포츠카를 사랑해서일까? 아니면 스포츠카의 그 무엇 때문에 내가 반응하는 것일까? 이렇게 끊임없이 자기 자신에게 질문하는 것은 자기다움을 위한 자가포식의 한 방법이다. 내 안의 것들에 대해 계속 질문을 하다 보면 주변의 것들은 조금씩 사라진다.

앞서 부장품을 통해 나의 반복적인 행위가 무엇인지 '물건'을 통해서 단적으로 드러났다. 이때 놓치지 않아야 할 것은 물건이 아니라 나의 행위이다. 내가 이 물건을 부장품으로 의미를 부여하게 된 이유를 알아야 한다. 오직 나만 볼 수 있고, 나만이 의미를 부여하는 이유가 자기다움을 배우는 첫 번째 단추이다. 자기다움을 위한 자가포식은 자신의 정체성과 맞지 않는 것들을 과감히 버리는 것이다. 내가 아니라면 할 수 없고, 나만 사랑하고, 나만 느끼는 그 무엇을 찾을 때까지 내 것으로 생각했지만, 사실은 타인의 것들은 모두 먹어버려야 한다.

《인간 욕구를 경영하라》의 저자 에이브러햄 H. 매슬로는 자기다움에 대해서 이렇게 말했다.

"자기 자신과 완전한 평화를 누리고자 한다면 음악가는 음악을 할 수밖에 없고, 화가는 그림을 그릴 수밖에 없으며, 시인은 시를 쓸 수밖에 없다. 인간은 자신이 될 수 있는 것, 바로 그것이 되어야만 한다. 이것이 바로 인간의 자기실현 욕구다. 다시 말해 이것은 인간이 자기 안에 잠재된 것들을 실제로 이루려는 경향, 자신이 될 수 있는 모든 것이 실제로 되려는 경향이다."

누구나 자신이 되고 싶은 욕구와 경향은 있다. 하지만 이런 본능을 인식하며 사는 사람은 매우 드물다. 사람들이 죽을 때 가장 후회하는 것은 남들처럼 살지 못한 것이 아니라 자기처럼 살지 못한 것이다. 죽기 직전에 자신이 헛살았다는 것, 아무것도 아니라는 것을 깨닫는다면 얼마나 비참할까? 이런 비참함에도 자기를 실현하려는 욕구를 억누르는 그 힘은 대체 무엇일까? 남들과 비슷해지려는 욕구가 자기를 실현할 수 없게 한다.

새끼 호랑이를 인간의 손에서 키워서 성체가 된 호랑이는 자기 몸 안에서 항상 갈등한다. 그것은 호랑이가 되려는 본능과 고양이로 살고 있는 익숙함이다. 우리도 자기다워지려는 본능과 타인다워지려는 익숙함이 동시에 자기 안에서 갈등한다. 자기다워지는 자기실현 욕구보다 남과 같아지려는 복사본의 욕구가 더 강력해지는 이유는 바로 브랜드 때문이다. 우리는 돈만 있으면 타인과 같거나 더 우월할 수 있다고 생각한다. 자기다워지는 것은 어렵지만, 남과 비슷하거나 우월해지기는 쉽고 빠르다고 생각한다. 그저 브랜드(2단계에서 9단계 정도)만 소유하면 얼마든지 가능하다고 여기기 때문이다.

우리는 스스로 소비자라고 생각한다. 자본주의 경제 체제에서 생산자의 건너편에는 소비자가 있다. 소비자는 물건을 사는 사람을 말한다. 우리는 모두 소비자의 한 명이다. 지금 내 방에 가득 찬 물건들은 내가 소비한 것이고, 내가 죽으면 모두 쓰레기가 된다. 어떤 것은 현금화나 재판매가 가능하지만, 그것도 소비되고 나면 결국에는 쓰레기로 남는다. 그렇다면 내가 가진 것 중에서 소비가 아니라 창조한 것은 무엇일까? 오직 나만 만들 수 있는 어떤 것이 있을까? 물론 없을 수도 있다. 그런데 내가 만든 것이 없다고 생각하는 이유는 무엇일까? 사실 누구도 그런 것이 있어야 한다고 말하지 않았다. 그런 질문을 받아본 적도 없고, 그런 생각도 하지 못했다. 소비자는 자신의 것을 스스로 만들 수 없다는 것일까?

이번에는 내가 가진 것들에서 10단계 상품을 찾아보자. 나에게 그런 것이 없을 수 있다. 만약 없다면 왜 없는지 자신에게 또 물어보자. 만약에 있다면 왜 그것이 10단계인지 자신에게 이유를 설명해보자. 타인이 아니라 나답게 살기 위한 방법은 자신에게 질문하는 것이다. 내가 좋아하는 이것을 나는 왜 좋아하는 것일까? 내가 진짜 좋아하는 것일까? 남들이 좋아해서 나도 좋아하는 것일까? 지금 나와 연결된 모든 것들은 어떤 의미가 있는 것일까? 그것은 내가 정한 의미일까? 남이 정한 의미일까? 이러한 자문은 자가 포식과 같아서 나에게 속하지 않은 것은 걸러내는 과정이라 할 수 있다.

자기다움은 소유하고 소비하는 것이 아니다. 우리는 자기다움을 통해 내 안에 존재하는 것을 유무형으로 창조할 수 있다. 손으로 만질 수 있는 것을 창조할 수 있고, 또 글처럼 손으로 만질 수 없는 것도 얼마든지 가능하다. 우리는 자기다움으로 자신이 누구인지를 증명할 수 있는 것을 얼마든지 창조할 수 있다. 바로 그것이 내가 누구인지 500년 후의 사람들이 말해줄지 모른다.

버려야 할 것과 남길 것

'당신이 사랑하는 것이 당신이다, 당신의 꿈이 당신이다.' 브랜드는 나 자신이 되기 위해서 구매하는 것도 있지만 타인에게 보여주고 타인과 닮기 위해서 구매하는 것도 있다. 내가 소유한 브랜드를 살펴보면 내가 누구인지 알 수 있다. 자기다움을 확인하기 위해서 아래 단계별 리스트로 내가 소유한 브랜드를 파악해보자.

1단계 있어야 한다.

2단계 있으면 좋다.

3단계 타인과 같은 것을 가지고 싶다.

4단계 타인보다 좋은 것을 가지고 싶다.

5단계 타인과 다른 것을 가지고 싶다.

6단계 자신이 좋아하는 것을 가지고 싶다.

7단계 자신만의 물건을 가지고 싶다.

8단계 자신을 표현할 수 있는 것을 가지고 싶다.

9단계 남들이 가질 수 없는 것을 가지고 싶다.

10단계 돈으로 가질 수 없는 것을 가지고 싶다.

1 나에게 10단계에 해당하는 브랜드나 물건이 있다면 무엇인가?

_____

2 한 달 뒤에 자신이 죽는다는 것을 알게 된다면 죽기 전에 해결해야 할 일이
너무나 많다. 예를 들어 옷과 책 등 다양한 물건을 정리해야 한다. 이처럼 자
신의 물건을 정리한다고 상상하면서 질문에 답해보자.

① 3개월 동안 한 번도 사용하지 않은 것은?

_____

② 비슷한 것들은 버린다. 버려야 할 것은?

_____

③ 버리지 못하는 것들이 있다면 버리지 않아야 하는 이유는?

_____

3 소중한 사람이 가까이 있는 것처럼, 자기다운 것도 내 주변 가까이 있다. 내
가 갖고 있는 물건들을 떠올리며 다음 질문에 답해보자.

① 유독 내가 애착하는 것은?

_____

② 내가 만든 것은?

_____

③ 내가 누구인지를 설명할 수 있는 것은?

_____

인생질문, 나를 향해서 질문하기

자신감은 모든 답을 갖고 있다고 나오는 것이 아니다.
그것은 모든 질문에 열려 있는 마음에서 나온다.

나에게 질문한다

내가 누구인지 아는 방법의 하나는 내가 나에게 질문하는 것이
다. 평소 나 자신에게 했던 질문을 떠올려보자. '오늘 뭐 먹지?' '오
늘 뭐 하지?' '어떻게 돈을 많이 벌지?' 이런 일상적 질문이 아니라
나에 대해서 항상 궁금했던 질문을 잠시 생각해보자. 또, 최근에
내가 타인에게 받았던 질문이 무엇인지를 떠올려보자. 나에게 질
문하는 것은 나를 더 명료하게 만든다. 모호했던 생각과 감정이 뚜
렷한 모습으로 드러나는 것은 바로 질문을 하면서부터다.

그런데 내가 나에게 질문하지 않고, 남도 나에게 질문하지 않는
다면, 나는 어떤 존재로 머물게 될까? 나에 관한 질문이 나를 불편

하게 한다면 아직 내 본능이 살아 있다는 증거이다. 반대로 질문 없는 상태가 나를 더 편안하게 한다면, 한 번쯤 나에 대해 숙고해 볼 필요가 있다. 왜 나는 자신에 대해 질문하지 않을까? 질문은 나를 자각하는 존재로 거듭나게 한다. '자는 사람은 깨울 수 있어도 자는 척하는 사람은 깨울 수 없다'라는 말처럼 질문하지 않고 아는 척하는 사람은 자기 자신을 알기 어렵다.

나에 관한 질문은 한 가지가 아니다. 적어도 수십 개의 질문이 내 안에 들어 있다. 그중에 어떤 질문에는 인생의 답이 들어 있다. 또, 질문 자체가 답이거나 질문이 답보다 중요한 때도 있다. 우리가 자신의 자기다움에 대해 별 관심이 없는 이유 중 하나는 누구도 나에게 질문하지 않았기 때문이다. 질문이 없으면 생각하지 않는다. 그것이 보편적 특성이다. 일상에서 나에게 던지는 질문은 대부분 일과 관련된 뻔한 내용이 많다. 그럴 수밖에 없는 것은 우리가 질문이 필요 없는 관계 속에서 살고 있기 때문이다. "나를 사랑해?" 연인과 부부 관계의 질문이다. "나는 누구인가?" 이런 질문을 하는 모임은 대체로 종교 관련 단체이다. 그렇다면 지금 나의 질문과 비슷한 질문을 품고 있는 사람들은 어디서 만날 수 있을까? 나는 나와 비슷한 질문이 있는 사람들의 모임을 '우리다움'이라고 말한다.

2001년부터 지금까지 내가 품고 있는 질문은 '브랜드란 무엇인가?'이다. 이 질문은 단순히 일과 관련된 질문이 아니라, 나의 관심, 나의 본능, 나의 느낌 등 나를 둘러싼 모든 것이 응축된, 말하자면 인생질문이다. 이 질문에 대답하기 위해서 직장을 선택했고, 비숫한 질문이 있는 사람들과 함께 일하기 위해서 창업했다. 2007년에는 〈유니타스 브랜드〉를 만들어 2016년까지 500명이 넘는 전문가들에게 이 질문을 건넸다. 그렇게 시간이 지나서 '브랜드란 무엇인가?'라는 나의 첫 질문은 이제 '진짜 브랜드는 무엇인가?'라고 바뀌었다. 〈유니타스 브랜드〉 잡지 인터뷰를 마칠 때마다 나는 항상 상대방에게 마지막 질문을 이렇게 던졌다.

"많은 질문에 답변을 해주서서 감사합니다. 끝으로 혹시 대표님께서 저에게 꼭 듣고 싶었던 질문이 있다면 어떤 질문일까요?"

대부분 인터뷰이들은 나의 질문에 당황해했다. 예상하지 못했던 질문이었기 때문이다. 그러면 나는 다시 질문했다.

"혹시, 대표님께서 생각하는 중요한 부분을 제가 질문하지 못해서 놓친 것이 있다면 어떤 것이 있나요?"

그제야 자신이 진짜 말하고 싶지만 하지 못했던 이야기를 한다. 어떤 인터뷰이는 질문의 의도가 무엇이냐고 되묻기도 했는데, 그러면 나는 이렇게 대답했다.

"대표님께서 정말 말해주고 싶은 대답을 듣고 싶습니다."

내가 이런 질문을 건넸던 이유는 인터뷰이에게서 진짜 중요한 것을 듣고 싶었기 때문이다. 자신이 말해주고 싶은 것과 진짜 중요한 것은 다를 때가 많다. 이 질문에 답변이 끝나면 나는 또 마지막 질문을 던졌다.

"대표님께서는 이 브랜드에 관해 미래의 자신에게 어떤 질문을 하고 싶은가요?"

평소 자신에게 질문하지 않았다면 이런 질문에 대답할 수 없다. 이 질문이 어떤 힘이 있는지는 다음 질문을 통해서 나 자신에게 확인할 수 있다.

'나는 미래의 나에게 어떤 질문을 하고 싶은가?'

질문하지 않으면 나를 알 수 없고, 질문하면 나에게 다가갈 수 있다. 내가 나에게 하고 싶은 질문으로 내가 누구인지 알 수 있다. 나만 대답할 수 있는 질문, 나만 관심이 있는 질문은 타인은 할 수 없고, 오직 내가 나에게만 던질 수 있다. 그렇다면 어떻게 나에게 질문할 것인가? 질문은 내가 묻고 싶은 것부터 시작하면 된다. 처음부터 질문의 강도를 올리는 것은 자칫 '귀찮음'의 그늘로 숨어버릴 수 있다. 자기다움 근육 없이 자신에 관한 질문은 자칫 우울감에 빠뜨릴 수 있어서다. 따라서 처음부터 나를 몰아붙이지 않는 질문이 적절하다.

피할 수 없는 절대질문

수학 분야에는 풀지 못한 난제들이 있다. 수학자들은 이 난제를 풀기 위해 평생 해답을 찾는다. 수학 문제에는 해답이 있다는 가정이 있어서 그나마 희망적이다. 그런데 인생 문제는 어떠한가. 인생을 살다 보면 명확하게 답할 수 없는 문제들이 불쑥 찾아온다. 특히 40, 50대가 되면서부터 어느 날 갑자기 이런 질문이 마음속에서 들리기 시작한다. '나는 누구지?' 물론 이 질문으로 끝나지 않는다. 더 강도 높은 질문이 나를 기다린다. '나는 그동안 뭐 했지?' 이런 질문을 자신에게 던지기 전까지 대부분은 자기 자신을 잘 알고 있다고 생각한다. 하지만 그것이 나의 착각이었다는 것을 곧 자각하게 된다.

왜 우리는 나 자신을 모르며 살았을까? 20대에서 40대까지 생존의 문제가 모든 이슈를 덮어버린다. 자신에게 어떤 의문이나 질문이 생겨도 아직은 때가 아니라며 관심을 꺼버린다. 그리고 자신의 정체성은 바쁘게 일하는 사람 정도로 정리할 뿐이다. 열심히 살아가는 것이 잘사는 것이라 믿으면서 말이다. 그러다가 직장과 조직에서 자기 역할이 작아지고 사회의 중력에서 벗어나는 시간이 찾아오면, 자신의 두 발이 마치 공중으로 올라오는 듯한 불안감을 느끼기 시작한다. 하지만 이미 늦었다. 내가 조정할 수 있다는 인생 자전력과 경력 공전력이 이미 소멸했기 때문이다. 이 순간, 나에게 향하는 질문은 이렇게 바뀐다.

'이제, 나는 뭐 하지?'

자본주의 시장경제 사회에서 일은 돈과 지위, 그리고 사회적 관계를 만들어내는 중심축이다. 그런데 퇴직과 은퇴 전후에 접어들면 그 중심축이 흔들리면서 지금까지 자신이 누려왔던 것들이 하나둘씩 붕괴하기 시작한다. 경제적 자유를 누리던 소수의 사람은 페이스북과 인스타그램에 먹고 놀고 쉬는 것을 올리며 자신의 존재감을 확인하지만, 그것도 얼마 못 가서 사라지고 만다. 결국 돈으로 버텼던 인생은 자신의 빈약한 노년과 마주할 수밖에 없다.

직장에서 맺은 관계 역시 직장을 그만두면서 대부분 정리된다. 옆자리에서 함께 일하고, 회식 자리에선 인생 이야기를 나누던 사이였지만 회사를 그만두면서 모두 로그아웃이다. '밥 한번 먹자'는 말은 그렇게 회사 집기 반납처럼 모두 회사에 두고 나온다. 직장인이라면 예외 없이 닥칠 이 차가운 운명을 타인의 일처럼 외면하는 사람도 있다. 다른 대안이 없기 때문이다. 그래서 대부분의 중장년 직장인은 '정년까지 버티자'로 눈앞의 현실을 회피한다. 미래를 준비하는 것보다 지금 당장 현실에 남아 있는 문제가 더 크게 느껴지기 때문이다. 자녀의 교육과 취업, 부모 노후, 주택 융자 등 고민만 한다고 해결되지 않는 현실 문제들이 산더미처럼 쌓여 있다. 이런 인생 문제를 계속 돌려막지만, 더 기형적인 형태로 불어나서 강하게 압박한다. 이 상황이 심해지면 가장 안정적이어야 할 가족 관계까지 휘청거린다.

앞으로 어떻게 살아야 할까? 계획 없이 퇴직이나 은퇴를 맞으면 불안과 두려움으로 돌이킬 수 없는 위험한 선택을 저지르기도 한다. 특히 과거 찬란한 영광을 누리던 40, 50대 강쇠돌들은 현실을 보는 눈이 매우 취약하다. 현실의 시력은 백내장에 걸려 있는 듯 초점을 잘 맞추지 못하고, 귀는 얇아져 팔랑거리고, 심장은 작아져 이성적인 판단을 내리지 못한다. 몇 번의 실수와 실패를 거듭하고, 인생의 중심축이었던 태양계에서 튕겨 나가고 나면, 그 어떤 중력도 미치지 않는 블랙홀 속으로 빠져버린다. 이런 은퇴 시나리오는 지금까지 내가 만난 강쇠돌의 이야기 종합판이었다. 자기다움으로 인생의 새로운 길은 찾지 않고, 자기다운 삶을 살지 않았던 강쇠돌은 은퇴 이후에 닥쳐오는 삶의 위기 앞에서 방황하고 휘청거리며 자조 섞인 질문만 늘어놓았다.

'도대체, 나는 누구지?'
'지금껏, 나는 뭐했지?'
'이제, 나는 뭐 하지?'

바로 대답할 수 없는 중장년 질문 3종 세트를 받게 되면, 그때부터 바닷가 모래성처럼 스르륵 무너지기 시작한다. 그리고 질문은 꼬리에 꼬리를 물면서 이렇게 변형되어 자신에게 돌아온다.

'나는 무엇을 잘하지?'
'나는 무엇을 좋아하지?'
'나는 진짜 무엇을 원하지?'

이런 질문에 대답하지 못하면 가장 대답하기 힘든 마지막 질문이 훅, 하며 밀고 들어온다.

'나는 왜 살아야 하지?'

인생 질문 100

자기다움 교육 중에 자기 자신에게 질문하고 답하는 '인생 질문 100개'를 적는 시간이 있다. 이 교육의 목적은 100개 답을 쓰기 위한 것이 아니라, '나는 왜 살아야 하는가?'에 대답하기 위한 생각 훈련이다. 참가자 대부분은 질문노트에 쓰인 100개 질문에 자신이 답을 안다고 생각하지만, 막상 글로 써보면 내 생각이 아니었다는 것을 알게 된다. 바로 어제 쓴 대답을 기억하지 못하는 경우도 많은데, 이는 누군가 말했던 내용이 내 머릿속에 탄산음료의 가스처럼 남아 있기 때문이다. 질문에 대한 첫 대답이 그럴듯해 보여도 어딘지 김빠진 맛이 나는 경우가 있다. 그렇다고 멋진 답을 쓰기 위해 유명인의 말을 인용해서는 안 된다. 필요하다면 질문 관련 책을 '통째로' 읽을 수 있다. 그 책에서 발췌하여 적어도 되지만, 사실 그것은 진짜 내 대답이 아니다. 나만의 대답을 쓰기 위해서는 자신이 쓴 글을 생각하고 또 생각하고, 자신에게 질문하고 대답을 기다려야 한다. 한 달, 혹은 3개월이 지나면 질문노트에 또 하나의 새로운 질문을 쓰게 된다. 새롭게 쓰는 질문의 유형은 다음의

'죽기 전에 꼭 만나보고 싶은 사람은 누구인가?'

'과거의 나에게 하고 싶은 질문은 무엇인가?'

'미래의 나에게 하고 싶은 질문은 무엇인가?'

'가장 나다운 결정을 한 순간은 언제인가?'

'가장 나답지 않은 결정을 한 순간은 언제인가?'

'앞으로 나답게 결정을 내려야 할 순간은 언제인가?'

'더 이상 돈을 벌지 못할 때를 대비해 나는 무엇을 준비해야 하는가?'

'더 이상 돈벌이 때문에 일하지 않아도 된다면, 나는 무엇을 하고 싶은가?'

'인생질문 100' 중에서

두 가지다. 첫 번째는 처음 100개를 적었던 질문과 완전히 다른 질문이다. 새로운 질문은 100개 질문에 대답을 쓰면서 생긴 질문이다. 두 번째는 100개 중에서 선택한 하나의 질문이다. 이 질문은 나머지 99개의 질문에 대답할 필요가 없을 만큼 강력하고 새롭다.

언젠가 나만 대답할 수 있는 질문을 던져야 할 순간이 찾아온다. 그 질문은 인생의 답을 가지고 있다. 언제, 누구에게 던지느냐에 따라 질문은 인생을 끌고 갈 만큼 강력한 힘이 있다. 내 경우 1995년부터 지금까지 품고 있는 질문은 앞서 말한 '브랜드란 무엇인가?'이다. 인공지능에 물어보면 두세 줄로 대답할 수 있는 질문처럼 단순하게 보일지 모르지만, 실제로 그렇지 않다. 브랜드에 관한 모든 책에서 '브랜드란 무엇인가?'의 정의는 각기 다르다. 100권이 있다면 100권 모두 다른 정의를 내린다. 나이키가 말하는 브랜드와 티파니가 정의하는 브랜드가 다르다. 제품으로 본다면 하나는 소모품이고, 또 하나는 귀중품이다. 애플 제품을 한 번도 사용하지 않은 소비자와 애플 마니아가 생각하는 애플은 같은 애플일까? 분명히 같지 않다. 이처럼 '브랜드란 무엇인가?'라는 질문은 나의 인생 질문 100개 중에서 가장 강력하다. 이 질문에 대해 지금까지 나는 노트에 이렇게 대답했다.

'브랜드란 자기다움으로 남과 다름이다.'
'브랜드란 비제품이 제품을 초월하는 것이다.'

브랜드에 대한 내 정의는 이 두 가지다. 물론 완성된 대답은 아니다. 지난 30년 동안 '브랜드란 무엇인가?' 이 질문은 나를 앞으로 나아가게 했다. 이제는 '진짜 브랜드란 무엇인가?'에 대한 답을 찾아가고 있으며, 현재까지 내가 찾은 대답은 이것이다.

'좋은(진짜) 브랜드는 좋은 생태계이다.'

아마도 나는 죽을 때까지 이 대답을 증명하는 삶을 살게 될 것 같다. 그렇다고 '브랜드란 무엇인가?'라는 질문이 내가 누구인지를 단번에 알려주는 것은 아니다. 다만 새끼 거북이가 부화하자마자 본능적으로 바다를 향하는 것처럼 이 질문은 나를 본능적으로 끌어가고 있다. 새끼 거북이에게 바다가 중요한 것이 아니라, 자신이 거북이라는 점을 아는 것이 더 중요하다. 그렇다면 이 질문의 본질은 '왜 나는 브랜드에 관심이 있을까?'이다. 나의 무엇이 브랜드에 반응하게 만드는지, 그 이유가 궁금하다. 영화 〈이상한 나라의 수학자〉에서 정답을 찾지만, 풀지 못하는 학생에게 장경철 경비 아저씨(리학성 탈북 천재)는 이렇게 조언한다.

"네가 답을 맞히는 데만 욕심을 내기 때문에, 눈에 아무것도 안 보이는 거야. 답을 내는 것도 중요하지만 질문이 뭐인지를 아는 게 더 중요한 거다. 왜냐하면 틀린 질문에선 옳은 답이 나올 수가 없기 때문이지. 답을 맞히는 것보다 답을 찾는 과정이 중요하다."

리학성의 말을 나에게도 적용하면 '브랜드를 통해 나를 찾는 과정'이 더 중요하다. 이 과정은 죽을 때까지 계속될 것이고, 죽기 직전에도 나에게 다시 질문할 것이다. 그때 나는 브랜드에 대해서 뭐라고 말하게 될까? 이 질문과 함께 나의 자기다움은 지금도 계속 진화하고 있다. 그리고 내 삶을 끌어가는 또 다른 질문은 바로 '자기다움은 무엇인가?'이다. 이 질문에 대해 지금 당장 대답할 생각은 없다. '브랜드란 무엇인가?'라는 질문이 30년 동안 나를 이끌었던 것처럼 이 질문도 끝까지 안고 갈 것이다. 이렇게 질문에 바로 답을 하지 않음으로써 더 많은 것을 배우고, 경험할 수 있기 때문이다.

어떤 질문에는 성급하게 답을 하지 않아야 한다. 건강하게 살려면 몸을 운동으로 괴롭히라는 말처럼 자기답게 살기 위해서는 질문으로 나를 끊임없이 고민하게 해야 한다. 100개의 인생질문을 만들게 되면 자기다움의 본능이 조금씩 살아난다. 질문에 답하면서 나의 야성이 깨어난다. 어떤 질문은 대답을 쓰다가 호기심이 휘발되어 답이 없어지는 일도 있다. 반대로 또 다른 질문은 지금까지 생각하지 못했던 나에 대한 새로운 질문을 만들기도 한다. 그렇게 버려지고 또 새롭게 만들어지면서 인생질문을 통해 자신이 무엇을 향해 궁금해하는지를 알 수 있다. 질문이 나를 나답게 만든다. 질문한다, 고로 내가 되어간다.

내 인생을 정의하는 법

'인생은 무엇과 같다'에 관한 정의는 자기 자신을 향한 해설 답안지와 같은 역할을 한다. 그리고 내가 왜 그 답을 적었는지를 나중에 깨닫게 된다. 다음을 예시로 나에 대한 정의를 표현하면 다음과 같다.

1 인생은 (브랜드)와 같다.

사람이 유아기, 아동기, 청년기, 성년기, 장년기가 있는 것처럼, 브랜드도 마크, 라벨, 상표 등으로 성장한다. 그럴 뿐만 아니라 브랜드는 인간처럼 관계를 통해 성장한다.

2 인생은 (자전거 타기)와 같다.

인생도 넘어지지 않기 위해서는 앞으로 나아가야만 한다.

3 인생은 (종이비행기)와 같다.

종이비행기는 일단 하늘 위로 날아가면 그때부터는 바람의 힘으로 움직인다. 인생도 하루를 시작하면 그때부터 운명과 우연에 의해 방향이 바뀐다.

이제 '인생은 무엇과 같다'라는 것을 자신에게 적용하여 그 이유와 함께 적어보자.

1 인생은 _____과/와 같다.

2 인생은 _____과/와 같다.

3 인생은 _____과/와 같다.

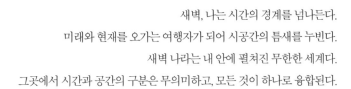

Morning Calling,
내 안의 목소리 듣기

새벽, 나는 시간의 경계를 넘나든다.
미래와 현재를 오가는 여행자가 되어 시공간의 틈새를 누빈다.
새벽 나라는 내 안에 펼쳐진 무한한 세계다.
그곳에서 시간과 공간의 구분은 무의미하고, 모든 것이 하나로 융합된다.

Morning Call? Morning Calling!

1995년, 당시 나는 패션 회사의 의류 매장을 관리하는 영업부에 근무했다. 내가 관리하는 매장은 세 개로 밤 10시에 문을 닫았다. 매장주는 문을 닫고 결산한 후에 매출과 판매 상품을 팩스로 영업부에 보냈는데, 그러면 영업사원은 아침에 출근해서 팩스를 보고 컴퓨터에 매출과 판매 상품을 입력했다. 그런데 회사에는 컴퓨터가 열 명당 한 대로 배정되어 있어서 9시부터 바로 일을 할 수가 없었다. 더 큰 문제는 대부분의 매장주가 저녁에 팩스를 보내지 않고, 다음 날 오전 10시가 되어서야 보내와서 영업부의 기본 업무를 처리하고 나면 보통 오후 3시가 넘는 날이 많았다. 이에 따라 일은 늘 밀리고 자주 야근할 수밖에 없었다.

내가 새벽 출근을 시작한 것은 위장취업자 마인드로 일하면서부터였다. 나는 영업부 직원으로서 일하지 않고, 매장 세 개를 운영하는 매장주처럼 일했다. 그러자 일을 대하는 태도가 확연히 달라졌다. 일을 효율적으로 하기 위해서 매장주에게 이렇게 제안했다. 매출 입금을 저녁에 보내주면 다음 날 가장 먼저 어제 팔린 상품을 보충해주고, 또 매장으로 출근해서 판매를 도와주는 방식이었다. 매장주 입장에서는 잘 팔리는 물건을 빨리 받을 수 있고, 별도로 아르바이트를 쓰지 않아서 좋은 일이었다. 이후 매장주는 저녁에 매출과 상품 전표를 보내왔고, 나는 새벽에 출근해서 다른 사람이 출근하는 9시까지 내가 해야 할 일을 모두 끝내고, 매장으로 가서 판매일을 도왔다. 사실 판매를 도왔다기보다는 내가 이런 의류 매장을 갖게 될 경우를 상상하면서 일했다는 쪽이 더 정확하다.

영업부에서 본사 마케팅 부서로 옮긴 후에도 나의 새벽 출근은 계속 이어졌다. 그러던 어느 날, 새벽에 출근해서 다섯 개 신문을 탐독하고 있는데, 직장 선배가 나에게 말을 걸어왔다.

"새벽에 신문을 보는 것보다 자신을 위한 책을 읽으면 어떨까요?"

선배는 새벽에 휘발성 정보보다는 평소 읽고 싶었던 책을 읽으라고 조언했다. 이후부터 본격적인 나의 '새벽 책 읽기'가 시작됐다. 그렇게 새벽 책 읽기에 익숙해질 때쯤, 내가 읽고 있는 책의 저자들이 대부분 새벽형 인간이라는 것을 알게 되었다. 이때부터 나는 새벽에 왜 책을 읽어야 하는지를 탐구하며 《새벽 나라에 사는 거인》을 쓰기도 했다.

"새벽은 신께 나아가는 구별된 제사의 시간이었으며, 시인에게는 내면의 노래를 외부의 호흡으로 만들어 표현하는 창조의 시간이었고, 사회 정의를 위해서 투쟁하는 운동가에게는 의를 위해서 하나가 되는 단합의 시간이었다. 그들이 노래했던 그리고 찬미했던 새벽은 그들에게는 시간 이상의 존재였다. 그들은 시간을 공간으로 느꼈고, 시간을 감정으로 받아들였으며 그리고 시간을 또 하나의 세계로 받아들였다. 이렇게 새벽은 영적이며 시적이며 그리고 감성적이다. 그들도 새벽의 양육을 통하여 종교인으로, 시인으로 그리고 혁명가로 성장과 성숙을 하고 있었다. 꿈은 저녁에 꾸지만, 비전은 새벽에 꾼다. 꿈을 깨면 아침이 되지만, 비전을 열면 새벽이 된다."

서른한 살에 발견한 '새벽'은 나에게 시간이 아니라 공간이었다. 달라진 새벽은 남들보다 더 빨리 성장하고 싶은 위장취업자의 조기 출근이 아니었다. 그것은 진짜 나를 만날 수 있는 장소이고, 내가 앞으로 자기답게 살아갈 수 있는 특별한 무대였다. 나는 새로운 새벽을 만난 나에게 '늑대와 춤을'과 같은 인디언식 이름으로 '새벽 나라에 사는 거인'이라고 지어주었다. 그렇게 2000년도부터 지금까지 새벽이라는 나만의 공간에서 내 안의 소리 Morning Calling를 듣고 있다.

나의 성장판이 열리는 시간

나의 하루는 완전히 비어 있는 새벽에 시작한다. 나에게 새벽 두 시간은 타인의 정보가 전혀 들어오지 않는 심리적 공복 상태이다. 외부의 어떤 정보도 들어오지 않을 때, 내 안에서 자가포식이 활발히 일어난다. 물론 모든 사람에게 새벽이 같은 질감으로 다가오지 않을 것이다. 어떤 사람에게는 새벽 4시가 자신의 새벽이고, 또 다른 누군가에게는 늦은 저녁이 자신의 새벽이다. 어느 것에도 방해받지 않는 시간을 찾으면 그것이 나만의 새벽이 된다. 새벽에 온전히 나를 만나기 위해서 한 가지 조건이 있다. 그것은 매일 새벽을 살아야 한다는 것이다. 일주일에 세 번만 찾아오는 새벽은 진짜 새벽이 아니다. 매일 새벽의 시간에 깨어나고, 매일 자기 자신을 만나야 한다.

새벽에 심리적 공복 상태를 만들기 위해서는 메일, 문자, 뉴스와 같은 외부 정보는 모두 차단해야 한다. 누구나 새벽을 맞을 수는 있어도, 아무나 새벽에 자신을 만나지는 못한다. 내 안의 목소리를 듣기 위해 그 어떤 것도 방해해서는 안 된다. 새벽 나라의 입장은 오직 나 자신만을 허락해야 한다.

맛있는 음식의 핵심에는 '숙성'이 있고, 탁월한 상품의 핵심에는 '완성'이 있다. 그리고 자기다움을 추구하는 사람에게는 '반성'이 있다. 새벽의 반성은 잘못에 대해 용서를 구하는 것이 아니다. 말 그대로 반성反省/self-reflection은 자신의 내면 상태를 돌아보면서 과거

타인다움을 벗고 자기다움을 회복하는 법

171

와 현재, 그리고 미래의 나 자신이 서로의 얼굴을 바라보는 시간이다. 이처럼 나에게 새벽은 자기다움의 성장판이 열리는 시간이다.

C. S. 루이스는 "돌아가서 시작을 바꿀 수는 없지만, 지금 있는 곳에서 시작해서 마지막을 바꿀 수 있다"라고 했다. 중장년에게 새벽은 자신의 노년을 자기답게 만들 수 있는 최적의 시간이다. 나에게도 새벽은 나의 마지막을 바꿀 수 있는 최적의 시간이다. 평소에 나는 70대의 나를 위해 질문노트를 쓰고 있다. 앞으로 일흔 살이 될 나에게 보내는 질문들은 다음과 같다.

'내 가족은 모두 건강하고 행복한가?'
'이제 나의 소명이 무엇인지 이야기할 수 있는가?'
'나는 어른이 되었는가? 노인이 되었는가?'
'죽기 전에 쓰려고 했던 [인내]는 완성했는가?'
'나는 무엇을 유적으로 남겼는가?'
'여든 살의 나를 위해서 어떤 질문을 하고 있는가?'
'나의 죽음에 대한 준비는 모두 마쳤는가?'

일흔 살, 생일을 맞이하게 될 미래의 나는 50대에 썼던 100개 질문에 대답할 것이다. 그리고 질문에 대답한 일흔 살의 나는 여든 살이 될 나를 위해 다시 100개 질문을 작성할 계획이다. 이렇게 죽을 때까지 계속 질문하면서 나이 들어가고 싶다. 예상 수명보다 빨리 죽을 수도 있다. 그런 경우를 대비하여 항상 마지막 질문을 가지고 있다. 나는 죽을 때 후회하거나 과거를 회상하면서 죽고 싶지 않다. 지금의 내가 죽어가는 나를 위해 준비했던 질문에 대답하면서 죽고 싶다. 그것은 나의 소명에 따라 살고 싶기 때문이다.

'나의 자기다움은 무엇인가?'
'나의 소명은 무엇인가?'
'나는 누구인가?'

소명召命의 사전 정의는 임금이 신하를 부르는 명령이다. 영어의 'Vocation'(소명)의 어원은 라틴어로 목소리Voice다. 단어의 원뜻으로 본다면 소명이란 개인의 재능, 특기, 특성, 관심, 취향이 아니다. 소명은 목소리다. 나는 그 목소리를 내 안에서 듣는다. 내 안의 목소리는 명령하는 소리가 아니라 질문하는 속삭임이다. 나이 들어서도 나에게 질문하는 것은 내 목소리를 듣고, 그 대답으로 삶을 마치고 싶기 때문이다.

사람들이 원하는 소명은 확실한 방향성과 탁월한 결과물을 얻기 위한 가이드 정도이다. 이런 소명에 따라서 살면 성공적인 삶을 살거라고 믿는다. 물론 이 또한 자신의 목소리다. 남들과 비교해서 더 잘 살고 싶고, 성공하고 싶은 자신의 외침이다. 하지만 이런 것만이 소명의 삶을 온전히 살았다고 말할 수 있을까?

내가 들었던 소명의 목소리를 '지금' 시점에서는 다 이해할 수 없다. 소명인지 자기 최면인지 확인할 수 없다. 지금은 소명이라고 확신하지만, 시간이 지나면 불신할 수도 있다. 소명의 증명은 소명대로 살다가 시간이 지나야만 비로소 실체가 드러난다. 결국, 소명은 죽을 때 깨달을 수 있다. 그래서 소명은 증거가 아니라 증명이다.

노년의 나와 죽을 때 나를 떠올리며 질문을 만든다. 내가 지금 갖고 있는 소명이 증명되었는지 확인하기 위해서 질문지를 미리 작성한다. 만약 내가 2004년도에 2024년을 살아가는 나에게 이런 질문을 미리 했더라면 무엇이 바뀌었을까? 분명 지금부터 나답게 살아가고 있지 않았을까?

우리는 마하의 속도로 태양을 돌고 있는 지구의 자전과 공전을 잘 느끼지 못한다. 마찬가지로 이런 질문이 지금 나를 어떻게 바꾸고 있는지 생생하게 알지 못한다. 하지만 매일 새벽에 깨어나 이 질문에 대답을 쓰면서 나는 조금씩 나다운 나를 향해 움직인다. 새벽에 나를 마주하면서 내가 어떻게 죽고 싶은지를 깨닫는다. 그렇다. 내가 새벽에 일어나는 이유는 내 목소리에 응답하며 살아가다 이 세상을 잘 떠나기 위해서다. 이런 의미에서 새벽에 쓰는 질문노트와 일기는 내가 누구인지를 알려주는 내 안의 콜링calling이라 할 수 있다.

소명을 듣다

나는 소명의 목소리를 듣기 위해서 새벽에 일어나 책상에 앉는다. 내가 경험한 소명은 달팽이관을 울리는 소리가 아니라, 마음의 떨림으로 다가오는 목소리다. 그래서 나는 질문노트를 읽고, 내 마음의 울림과 떨림을 지켜보면서 소명의 목소리를 기다린다. 마치 사슴을 풀숲에서 바짝 엎드려 숨어보는 사자처럼 이런 내 모습은 온통 나에게 향해 있다. 아무 소리도 들리지 않는 공간에서 질문하는 나와 대답하려는 내가 서로를 바라보고 있다. 나의 새벽은 이렇게 소명을 기다리는 나를 바라보면서 시작한다. 새벽에 떠올린 질문이 저녁에 답으로 나오는 건 아니지만, 질문은 그 자체로 숙고하는 시간을 선사한다. 그래서 질문노트는 일정한 간격을 두고 다시 들여다보고 또 읽는다.

나는 질문노트에 작성한 내용을 매주 한꺼번에 몰아서 다시 읽는다. 그리고 한 달 후에 또다시 살펴보고, 분기에도 다시 읽는다. 마지막으로 노트를 바꿀 때 내가 던졌던 질문을 다시 읽는다. 하지만 대답을 쓰려고 애써 고민하지는 않는다. 질문은 답을 하기 위한 질문이 아니다.

새벽에 질문으로 시작하는 하루는 아침에 글쓰기로 이어진다. 이런 아침 글쓰기는 마치 심해잠수deep dive를 하는 것과 같다. 글을 쓰려고 앉아 있으며 잠수하는 것처럼 아무 생각과 소리도 들리지 않는다. 울림으로 오는 마음의 지진계를 기다려 보지만 전혀 움직임도 없다. 생각은 무중력 상태에 이른다. 숨을 참는 것처럼 앉아 있는 것도 고통스럽다. 하지만 내가 쓸 수 있는 글의 밑바닥을 알기 위해서 그 충동을 참으며 깊이 생각(잠수)한다.

나는 숨을 참으며 내가 어디까지 쓸 수 있는지 확인하기 위해 내 마음의 바닥으로 잠수(상상과 생각)하여 들어간다. 그리고 흰 종이 앞에 펜을 들고 글을 쓴다. 질문하는 것은 크게 숨을 한 번 들이마시고 물에 들어가는 것과 같다. 질문의 대답을 찾기 위해 심해 밑까지 내려간다. 어느 새벽은 쓰레기만 굴러다니는 내 마음의 바닥을 뒤지다가 나오지만, 운 좋은 날은 진주를 품은 조개를 보는 일도 있다.

흰 종이가 바다의 바닥에 깔린 모랫바닥처럼 보인다. 바다의 바닥을 손으로 뒤적이면 먼지가 일어나는 것처럼 낙서하면서 생각을 뒤적이다 보면 기대하지 않았던 단어들을 만난다. 그렇게 질문에 대한 대답을 찾는다. 질문노트는 내가 알고 있는 것을 적는 자문자답 주관식 리포트이다. 알고 있는 것과 알고 있는 것을 쓰는 것은 완전히 다르다. 그래서 나는 질문에 대해 뭔가를 알고 있다고 생각할 때 무조건 글을 쓴다. 그러면 대부분은 내가 알고 있는 것은 알고 있다는 착각일 때가 많다. 이런 착각은 나중에 '편견과 선입견'이라는 생각의 고름으로 변하기도 한다. 이런 가짜 지식은 자신을 스스로 속이면서 결국에는 '교만과 독선'으로 변질된다.

답을 알고 있다고 생각하는 것과 알고 있는 답을 써서 보는 것에는 큰 차이가 있다. 알고 있다는 생각을 글로 써보면 무엇을 모르고 있는지를 알게 된다. 내가 지금 알고 있는 것은 기껏 한 줄도 안되는 지식이라는 것을 질문노트를 쓰면서 깨닫는다. 그래서 아침에 질문으로 시작한 나의 노트는 저녁이 되면 반성문에 가까운 고

해성사(解聖事)가 된다. 최근에 나의 질문은 이런 것이다.

'믿는다는 것은 무엇일까?'
'나이가 들면 나다워질 수 있을까?'

쉽게 대답할 수 없는 질문은 나를 불편하게 만든다. 나는 글쓰기를 심해잠수라고 상상하면서 질문에 답하지 못하는 공허함과 답답함을 해소하려고 노력한다. 이 방법은 지금까지 효과적이다. 이런 방법으로 글 쓰는 답답함을 피하려고 하는 것은 아니다. 오히려그 반대. 내가 대답할 수 없는 질문으로 나를 불편하게 하는 이유는 내가 원하는 것이 무엇인지 알고 싶기 때문이다. 나를 불편하게 하는 질문은 나를 성장시킨다는 것을 믿고 있다. 철도 안전관리작업자 휠 태퍼(Wheel tapper)라고 부르는 사람이 있었다. 휠 태퍼는 망치로 열차 바퀴를 두드리면서 구조적 무결성과 차축 박스가 과열되지 않았는지 확인하는 일을 했다. 내가 새벽에 일어나서 질문을보는 것은 휠 태퍼처럼 내 마음을 질문으로 때리면서 소명의 소리를 듣기 위해서다. 새벽마다 나는 이런 소리를 듣는다.

"아직 모르겠다.""알 것 같은데.""전혀 모르겠다.""이것인가?"

2000년부터 시작했지만 뭔가 특별한 소리가 나는 경우는 지금까지 두세 번 정도였다. 그렇다고 이런 방법이 의미 없거나 효용가치가 떨어지는 것은 아니다. 적어도 기차처럼 인생 목적지를 향해서 가는 나에게 균열이 없다는 것을 알려주었다. 무엇보다도 이런 자극으로 소명을 들을 수 있는 귀가 퇴화하지 않게 한다.

　나는 소명의 소리를 밖에서 듣지 않는다. 소명의 소리를 다른 사람에게서 들으려고 하지도 않는다. 소명이 내 안에 있다면 질문으로 나를 나답게 하는 소명의 목소리를 듣게 될 것이다. 그런데도 소명을 듣지 못하는 이유는 질문하지 않기 때문이다.

소명이란

나를 나답게 하고,
나만 들을 수 있는 목소리,
내가 귀 기울이지 않으면
들을 수 없는
내 안의 목소리.

내 안의 목소리를 듣는 법

나에게 하는 질문의 실체는 모닝 콜링Morning Calling이다. 질문을 파고, 또 파고 들어가면 어떤 목소리가 들리기 때문이다. 모닝 콜링은 내 안에서 들리는 자기다움의 목소리다. 이 목소리를 듣기 위해서는 섬세한 자기 질문이 필요하다. 이 질문은 대리석 안에 있는 나 자신을 꺼내기 위한 조각칼과 같다. 처음부터 모든 질문에 답하지 못해도 된다. 질문 자체로 나의 목소리를 조금씩 들을 수 있다. 다음은 내 안의 목소리를 듣는 순서이다.

1 외부 자극이 없는 시간대에 혼자만의 시간을 갖는다.
2 노트를 꺼내고 잠시 10분 정도 묵상 시간을 갖는다.
3 아무런 판단 없이 마음에서 울리는 소리를 그대로 적는다.
4 나에게 질문하고 그 대답을 쓴다.
5 대답을 억지로 쓰지 않는다.
6 질문을 읽고 고민하는 것만으로도 충분하다.
7 대답하지 않고 질문만 쓰는 것도 좋다.
8 내 목소리가 들릴 때 대답을 쓴다.

My morning calling is ...

오늘 아침, 내 안에서 들리는 목소리는 무엇인가? 내가 나에게 말하는 이야기를 써보자.

오늘, 내 안의 목소리는

일기, 하루 3번 나를 만나기

일기는 하루를 나에게 초점을 맞추는 렌즈와 같다.
오늘 하루가 나에게서 멀어질 때
일기를 쓰면서 다시 나에게 돌아올 수 있다.

하루에 세 번 쓰는 일기

오케스트라는 연주 전에 항상 오보에의 A 음으로 음을 맞춘다. 중간에 쉬는 시간을 갖고 다시 연주를 시작하기 전에도 음을 맞춘다. 곡을 연주하는 과정에서 악기의 음이 틀어질 수 있기 때문이다. 연주자는 최고의 음을 맞추기 위해서 음악이 끝나면 이렇게 다시 음을 맞춘다.

나는 하루 세 번 일기를 쓰면서 자기다움의 음을 나에게 맞춘다. 나의 일기 쓰기는 새벽일기로 시작하여 점심일기와 저녁일기로 끝난다. 이처럼 하루에 세 번 쓰는 일기는 기록을 위한 하루일지가 아니다. 나에게 일기는 하루를 인생처럼 살고 인생을 하루처럼 사는 일종의 다큐멘터리에 가깝다.

먼저 새벽일기는 어제 꾸었던 꿈을 쓰는 것이 아니라, 어제 자기 전에 오늘 할 일을 확인하고, 어떻게 자기답게 결정할 것인지를 적는다. 자기다움의 가치 기준에 따라 어제저녁에 기록한 오늘 할 일에 대해서 어떻게 처리할 것인지를 확인하는 것이다. 이것은 마치 자전거 타이어 공기압 체크라고 할 수 있다. 어제 적었던 항목이 수면으로 리셋된 후에도 확인한다. 오늘 내가 할 일에 대해 나의 예상과 반응을 상상하며 그것이 자기다운 결정과 행동인지를 일기를 통해 하루의 음을 맞춘다.

"왜 내가 이렇게 해야 하지?"

나에게 물어보면서 내 마음의 끝이라고 할 수 있는 영혼의 소리에 귀 기울인다. 여전히 마음의 갈등으로 이상한 소리가 나면 전체적으로 계획을 다시 선택한다. 특히 중요한 안건에 대해서는 '이것을 이렇게 해야 하는 이유 10가지, 이것을 이렇게 하지 않아야 하는 이유 10가지'를 적는다. 경험상 5개 이상을 써보면 자기다움의 으뜸음을 다시 잡을 수 있다.

새벽에 쓰는 자기다움 일기 30분은 하루 16시간을 미리 살아보는 것과 같다. 말하자면 '인생 미리 보기'다. 그래서 새벽일기日記는 출근 전에 확인하는 일기예보日氣像報처럼 하루를 미리 살아보는 일기예보日記像步 : 날 일日, 기록할 기記, 미리 예像, 걸음 보步에 가깝다. 이것은 스마트폰에 있는 일정 체크나 일기예보日記像步와 다르다. 이처럼 일기를 통해서 자기다움 키워드를 마음속으로 음미하면서 나의 하루 인생을 튜닝하고, 점심을 먹고 잠깐 다시 살펴본다.

　자기다움 점심일기는 새벽에 적었던 내용을 읽어보고 체크박스를 확인한다. 무엇을 놓쳤는지를 살펴보고, 오후에 해야 할 일에 대해 자기다움 가치 키워드로 다시 선택한다. 그리고 잠자리에 들기 두 시간 전에 저녁일기를 보면서 오늘 했던 일에 대해서 점검하고, 내일 할 일을 기록한다. 이렇게 점심 먹고 자기다움으로 오늘의 일들을 튜닝하고, 저녁 먹고 공기압을 확인하는 하루는 자기다움으로 충만한 인생과 같다. 다큐멘터리의 핵심은 관찰과 기록이다. 자기다움 일기 역시 나의 자기다움을 관찰하고, 그 시간을 기록하는 압축된 인생 다큐멘터리라 할 수 있다.

자기다움의 지문 남기기

　자기다움 일기의 가장 큰 특징은 시나리오 대본에 지문^{地文 글월 문}처럼 오늘 하루 일정에 지문이 있다는 점이다. 지문은 장면에서 벌어지는 상황이나 필요한 소품 설명, 배우에게 동선과 현재 심리 등을 가르쳐준다. 이런 지문은 연기자의 취향이 아니라 작가와 감독의 방향이다. 일기에도 자기다움의 지문을 남길 수 있다. 자기다움 일기에 쓰인 모든 일정 옆에는 자기답게 행동하기 위한 지문이 있다.

- 브랜드 창업, 세미나 기획 회의(소수 의견에 대해서 경청하자. 웃으면서)

위에서 괄호 안에 내용이 자기답게 행동하기 위한 지문이다. '소수 의견에 대해서 경청하자. 웃으면서'라는 말은 그렇게 행동하지 않기 때문이다. 우리는 반사적으로 다수 의견에만 귀 기울이고, 또 토의로 시작했다가 싸움으로 끝나는 경우도 많다. 회의에 들어갈 때는 그렇게 하지 않기로 결심하지만 5분이 지나기도 전에 원하지 않는 방향으로 흘러간다. 지문 내용에 충실하려고 노력하지만, 번번이 실패한다. 하지만 저녁에 새벽일기를 읽으면서 지문과 다른 행동에 반성할 기회를 갖는다. 점심시간에 지문을 보면서 다시 한번 내가 누구인지, 무엇을 해야 하는지 점검한다. 지문地文은 영어로 'Action'이라고 한다. 그렇다면 자기다움의 지문은 내가 어떻게 행동해야 할지를 알려주는 감독의 사인과 같다.

또한 지문에 충실한 자기다움 일기는 자기다움의 지문指紋, Finger-print이다. 손을 대는 모든 곳에 자신의 지문이 남는 것처럼 자기다움 일기는 나의 오늘에 지문을 남기는 것이다. 이런 의미에서 자기다움 일기는 오늘 내가 나처럼 살았다는 증거가 되는 인생 지문指紋이라 할 수 있다. 사람의 지문처럼 자기다움 일기는 모두 다르다. 내가 질문과 지문을 중심으로 일기를 쓰는 이유는 나의 자기다움을 유지하는 데 적합하기 때문이다. 질문은 악기 음을 맞추는 것처럼 나의 자기다움에 나를 맞춘다. 일정마다 시나리오로 사용하는 대사의 지문을 넣어서 내가 어떻게 행동해야 할지를 적고, 나를 훈련시키고 모니터링한다. 처음에는 자연스럽지 않아서 힘들었지만, 지금은 많이 자연스러워졌다. 덕분에 내가 쓴 대본에 몰입하여 나의 하루 인생에 충실하게 되었다.

수영을 처음 배울 때, 물 밖에서 호흡법을 연습하며 손동작을 배우듯 자기다움 일기 쓰기는 허공에 헛손질하는 것처럼 어색할 수 있다. 하지만 하루를 자기답게 사는 훈련을 익히면 인생을 사는 것이 무엇인지 깨닫는다. 진짜 나답게 사는 가치가 무엇인지 스스로 경험하게 된다. 이렇게 쓴 자기다움 일기는 분기 혹은 일 년이 지나면 한 권의 회고록이 된다. 1년 치 일기를 읽으면 내가 왜 현재의 인생에 와 있는지를 깨닫게 된다.

나의 오늘을 기록하는 것은 일기다. 오늘의 나를 관찰하는 것은 자기다움 일기다. 일기는 저녁에 쓰지만, 자기다움 일기는 새벽에 쓰고 저녁에 읽는다. 그래서 **자기다움 일기의 목적은 자기다움 읽기다.** 자기다움 일기는 자기답게 오늘 하루를 살기 위한 일일 사용 설명서와 같다. 자기반성과 자기다움의 관점으로 일기를 쓸 때 우리는 성장할 수 있다. 한 달 전에 쓴 일기를 읽어보면 그때는 보지 못했던 나의 부족함이 적나라하게 보여서 부끄럽다. 부끄러움을 인식한다는 것은 한 달 동안 성장했다는 의미다. 일주일 전에 쓴 일기를 다시 읽을 때도 달라진 나를 느낄 수 있다. 어제 일기를 읽으면서 부끄러운 적도 많았다. 나는 일기를 통해 내가 매일 성장하는 것을 생생하게 경험한다.

아침에 식물에 물을 주면, 다음 날은 알 수 없지만 한 주가 지나면 성장한 모습을 확인할 수 있다. 식물은 물만 먹고 성장하는 것이 아니라 흙과 햇빛이 필요하다. 나 자신도 매일 자기다움 일기를 쓰면서 조금씩 서서히 자란다. 식물은 잎사귀와 가지도 자라지만 보이지 않는 뿌리도 자라고 있다. 자기다움 일기는 자기다움이 일상에 뿌리를 깊이 내릴 수 있도록 도와준다.

일요일에는 일주일을 반성하는 주기(週記)를 쓴다. 일주일 동안 있었던 일에 대해 반성하는 시간이다. 한 달이 지나면 4~5개 주기를 정리하는 월기(月記)를 쓴다. 자기답게 행동한 것과 질문에 대한 대답을 정리하는 시간이며, 월기도 분기별로 정리한다. 1년이 되는 12월에는 주기를 다시 읽으면서 자기다움과 질문의 대답을 정리한다. 자기다움에 대한 인식 없이 살아온 사람에게 매일 쓰는 일기는 어렵다. 특히 직업이 없는 사람이라면 더욱 힘들 것이다. 할 일이 없는 자신의 하루를 점검할 도구(직업)가 없기 때문이다. 그럼에도 자기다움 일기를 써야 하는 이유는 우리가 자신의 인생을 살기 위해서다.

나에게 초점을 맞추기

안경에는 오목 렌즈와 볼록 렌즈가 있다. 볼록 렌즈는 가까이 있는 것을 보지 못하는 원시 눈에 사용하고, 멀리 있는 것을 보지 못하는 근시 눈에는 오목 렌즈를 사용한다. 우리가 하루를 잘 살아가기 위해서도 두 개의 자기다움 렌즈가 필요하다. 나에게는 새벽에 쓰는 질문노트와 자기다움 일기가 바로 그 두 개의 렌즈이다. 질문노트는 인생을 멀리 보기 위한 오목 렌즈이고, 자기다움 일기는 하루를 인생에 초점을 맞추기 위한 볼록 렌즈이다. 두 개 렌즈를 조합하여 현미경과 망원경을 만드는 것처럼 질문노트와 일기 쓰기를 통해서 오늘 하루를 현미경으로, 그리고 나의 미래를 망원경으로 바라볼 수 있다.

오늘 하루를 내가 살고 싶은 인생에 초점을 맞추기 위해서 나는 새벽에 질문노트와 자기다움 일기를 번갈아 쓰고 있다. 그런데 바쁘게 일상을 살다 보면 간혹 나에게 초점을 맞추는 하루를 살지 못할 때가 있다. 여전히 흐릿한 초점으로 '나'라는 원본이 아니라 타인의 복사본으로 살고 있는 나를 발견한다. 이처럼 자기다움의 초점을 잃어버리면 일상의 모든 것이 흐려지기 시작한다. 계획했던 일들, 챙겨야 할 관계들, 무엇보다 매일매일 지켜야 할 일상의 루틴들이 조금씩 흔들린다. 그러면 다시 질문노트와 일기를 쓰면서 흐려진 자기다움의 초점을 맞추고 있다.

나는 자전거를 타기 전에 항상 65psi 공기압을 점검한 후에 공기를 넣는다. 이렇게 자전거 타이어에 한 번 공기를 넣으면 일주일 정도는 다시 공기를 주입할 필요가 없다고 하지만, 나는 자전거를 탈 때마다 매번 공기를 다시 체크하고 주입한다. 공기압을 확인하지 않고 자전거를 끌고 나갔다가 타이어에 펑크를 낸 적이 있기 때문이다. 이후부터 더 꼼꼼히 공기압을 점검한다. 공기압은 엄지손가락으로 타이어를 눌러 공기가 빠지지 않은 상태인지를 쉽게 확인할 수 있다. 몇 번을 확인해도 안심할 수는 없다. 주행 중에도 타이어에 작은 구멍이라도 생기면 순간적으로 펑크가 날 수 있기 때문이다. 이런 이유에서 타이어 상태가 안전한지를 확인하기 위해 매번 공기압을 체크하고 또 점검한다.

매일 일기를 쓰는 목적도 타이어의 안전 상태를 점검하는 것과 같다. **자기다움 일기는 기록이 아니라 자기다움의 확인이다.** 간혹 일기를 쓰고 싶지 않을 때가 있는데, 그런 날은 내 마음 어딘가에 펑크가 났을 확률이 높다. 그러면 다시 일기를 쓴다. 왜 내가 일기를 쓰고 싶지 않은지 그 이유를 예민하게 들여다보면서 나를 점검한다. 이렇듯 일기는 나에게서 멀어진 나를 다시 나에게로 초점을 맞추는 렌즈와 같다.

하루 회고록

일기는 하루를 반성, 숙성, 완성으로 인생을 다시 살게 한다. 그래서 오늘 속에서 나를 찾는 자기다움 지도와 같다. 하루를 시작하는 새벽일기는 계시록, 하루의 중간을 점검하는 점심일기는 다큐멘터리, 그리고 하루를 정리하는 저녁일기는 기도문이다. 이렇게 하루 세 번 쓰는 일기는 하루의 회고록이 된다.

'열 길 물속은 알아도 한 길 사람 속은 모른다'라는 말이 있다. 열 길이면 열 명의 사람이 서 있는 꽤 깊은 수심이다. 수심측정기는 초음파를 발사하면 약 초당 1,500미터 속도로 해저 밑에 이른 뒤에 반사되어 같은 경로로 되돌아온다. 이런 성질을 이용하여 열 길 물속을 측정한다. 그렇다면 열 길보다 깊은 사람의 한 길은 어떻게 측량할 수 있을까? 나도 모르는 내 마음의 한 길은 어떻게 측정할 수 있을까? 나의 한 길을 측정하기 위해서 나는 먼저 '새벽일기'를 쓴다. 새벽일기는 음향측심기의 초음파처럼 하루를 향해서 쏘아 보내는 것과 비슷하다. 저녁에 새벽에 쓴 일기를 보면서 다시 돌아온 감정과 생각을 정리하며 선형적인 하루의 시간을 입체적으로 구상한다. 이렇게 새벽일기와 저녁일기를 비교하면서 어두운 내 감정의 밑바닥을 확인할 수 있다.

마지막 측정은 새벽부터 아침까지 일주일 동안 쏘아 보냈던 일기들을 정리하면서 마무리한다. 일주일 동안 모은 것으로 인생 지도가 완성되는 것은 아니다. 한 달 일기, 분기 일기를 쓰면서 렌즈를 통해 빛을 모아 초점을 맞추고, 초음파로 자기다움을 살펴봐야 한다. 이렇게 1년마다 다시 한번 1년 동안의 일기를 살펴보면서 내 마음의 자기다움이라는 탐험 지도를 완성할 수 있다. 이런 작업을 하는 이유는 갈팡질팡하는 마음 안에서 길을 잃지 않기 위해서다.

한 달 전 일기를 읽으면 사진 연사 촬영처럼 미세한 변화는 읽을 수 있지만 특별한 변화는 없다. 하지만 해가 바뀌고 작년 일기를 읽으면 확연히 달라진 나를 발견할 수 있다. "미친놈, 완전히 미쳤네. 제발 좀, 미친 거 아냐!"오래전 일기를 읽으며 과거의 나에게 심하게 말하는 때도 있다. 조금만 인내했다면, 잠깐 생각만 했다면, 자기답게 결정했다면, 주변 사람의 조언을 들었다면, 사람에게 덜 의지했다면, 돈을 포기했다면 지금의 나는 어떤 사람이 되었을까? 과거의 일기를 읽는 것은 후회하거나 추억하기 위해서가 아니라 인생에서 반복되는 수렁의 늪에 빠지지 않기 위해서다. 그래서 자기다움을 위한 일기는 과거일기를 보면서 미래일기를 쓰는 것과 같다.

미래일기는 타임캡슐처럼 한 번 쓰고 나중에 읽어보는 일기가 아니다. 질문노트처럼 일기장 앞에 리스트를 만들어 매일 업데이트하며 써야 한다. 한 달 전에 쓴 미래일기를 읽어보면 자신이 낯설게 느껴지기도 한다. 그것은 내가 계속 변하고 있다는 증거이다. 내가 성장과 성숙을 하고 있거나, 혹은 그 반대인 경우도 있다. 매일 일기를 쓰다 보면 내 안에 있는 과거, 현재 그리고 미래를 여행할 수 있다. 과거로 돌아가고 싶거나 미래를 알고 싶으면 일기장을 펼치면 된다. 일기를 쓰는 손끝에서 흘러나오는 이야기는 나를 더 분명하게 보여준다. 과거일기는 오늘을 통역해주고, 미래일기는 오늘을 해석해준다.

만약 우리 각자에게 인생 지도가 있다면 어떤 모습으로 생겼을까? 자동차 내비게이션처럼 생겼을까? 비행사가 보는 지도, 항해사가 보는 지도, 잠수 승무원이 보는 지도, 우주 비행사가 보는 지도가 모두 다른 것처럼 어떤 인생을 사느냐에 따라서 자신의 인생

지도는 달라진다. 자신이 어떤 인생을 살고 있는지 모르는 사람은 자신의 인생 지도를 그릴 수 없다. 그런 사람은 어쩌면 타인의 인생 지도를 보면서 자기 인생을 살고 있다고 착각하고 있을지도 모른다.

인생은 다큐멘터리

"작년 이맘때 당신이 살아 있었다는 증거를 보여주세요!"

자기다움 교육 중에 이런 질문을 받으면 참가자들은 어쩔 줄 몰라 한다. 동공이 확장되고 요샛말로 뇌가 정지된 듯한 표정을 보인다. 그럼 다시 질문한다.

"1년 전이 생각나지 않는다면 한 달 전에 살아 있었다는 증거를 보여주세요."

그러면 잠깐 생각하다가 핸드폰 사진첩에서 한 달 전에 찍은 사진을 찾는다. 그것도 없는 사람은 이렇게 말한다.

"살아 있으니까 여기에 있잖아요?"

그리고 역으로 질문한다.

"그럼, 당신은 1년 전에 살아 있다는 증거를 제시할 수 있나요?"

그러면 나는 기다렸다는 듯이 준비한 자기다움 일기를 꺼내어 보여준다. 물론 한 달 전 일기도 준비되어 있다. 이렇게 자기다움 일기는 내가 존재했다는 증거가 된다.

기록 및 사실적 영화라는 의미를 지닌 '다큐멘터리^{Documentary}'는 '다큐멘트^{Document}'라는 단어에서 나왔다. 다큐멘트는 '증거나 정보를 제공하기 위해 기록된 것'이라는 뜻으로 일반적으로 '서류'의 의미로 사용된다. 다큐멘트의 어원인 '다큐멘텀^{documentum}'은 중세 말에 '권리 또는 특권을 증명하는 행위'라는 뜻으로 '뮤니멘트^{muniment}'를 대신하여 사용하던 말이다. 그래서 다큐멘트는 어원이 갖고 있는 '증거'라는 의미를 근간으로 계속 확장되었다. 이처럼 다큐멘트를 '사실에 대한 증거'라고 사용하는 것은 기록 영상인 다큐멘터리의 정의와 결이 비슷하다.

'사실'이라는 의미에서 인생도 한 편의 '다큐멘터리'라 할 수 있다. 한 사람의 인생은 허구의 영화가 아니라 내가 살아 있었다는 실제 이야기이기 때문이다. 그리고 일기는 이런 내가 살아서 존재했다는 증거 자료와 같다. 그렇다면 자기다움이 아닌 타인의 복사본으로 살고 있는 사람의 인생도 '다큐멘터리'라고 할 수 있을까? 그것은 다큐가 아니라 허구의 영화에 가깝다. 타인의 대본을 가지고 감독 사인을 받으며 자신의 인생을 영화배우처럼 살기 때문이다. 많은 사람이 영화배우처럼 사는 삶을 꿈꾼다. 배역이 아니라 스타로 사는 화려한 삶을 동경하기 때문이다.

그렇다면 누구나 동경하는 영화배우는 누구처럼 살고 싶을까? 영화배우는 자신이 맡은 극 중 인물에 최선을 다하지만, 정말 그 인물처럼 살고 싶은 사람이 과연 몇 명이나 있을까? 인생은 영화가 아니라 실화의 세상이다. 즉, 허구로 만들어진 영화처럼 살 수 없고, 힘들어도 내가 살아내야 한다. 따라서 내 삶을 잘 살아내기 위해서는 남이 써준 대본이 아니라 내가 살고 있다는 생생한 증거가 필요하다. 방송국 창사 특집으로 다큐멘터리 〈곰〉을 흥미롭게 본 적이 있다. 총 제작비 15억, 제작 기간 2년이 걸린 대작으로 지리산, 북극, 시베리아, 캄차카, 알프스, 쓰촨 등 열두 개 지역에서 촬영했다. 이 다큐멘터리 제작 인터뷰에 이런 내용이 나온다.

"기다림은 어렵다. 곰이 연어를 잡는 거라던가, 동면 굴에서 나와 새끼를 보여주는 게 굉장히 포착하기 힘든데, 계속 기다려가면서 촬영하려고 노력한다. 곰의 위치를 확인하러 올라가서 베이스캠프를 설치하고, 보름 동안 아무 짓도 안 하고 계속 있으니까, 한번 얼굴 보여주더라. 보름 후에 살짝 새끼 얼굴을 보여주고, 한 달 후에는 바닥에 내려왔다. 굉장히 기분이 좋았다. 기다렸던 친구를 만난 거니까. 어떻게든 저 아이를 찍고 싶은 간절한 바람이 있었는데, 그래서 희열이 있었다."

기록 영상 다큐멘터리에서 카메라는 항상 켜져 있다. '쉬었다 가겠습니다.' 혹은 '컷'이라는 단어가 없다. 곰을 잘 찍기 위해서는 지금이라도 불쑥 튀어나올지 모르는 순간을 기다려야 한다. 우리의 삶을 찍는 다큐멘터리도 몇 분 안 되는 시퀀스를 찍기 위해서 카메라는 24시간 내내 켜져 있다. 자기다움 일기로 기록하는 인생 다큐멘터리는 영화 〈트루먼 쇼〉가 아니다. 자신이 매일 일기를 쓰면서 어떻게 살고 있는지를 기록하는 것이 '살아 있다는 증거'가 될 수 없다. 이것은 일기가 뉴스와 다르지 않다. 그렇다면 일기는 어떤 기록이어야 할까? 게일 무니 〈내셔널지오그래픽〉 사진작가는 다큐멘터리를 찍기 위해서 이렇게 조언한다.

"삶을 관찰하라. 기다리며 지켜보라. 그리고 그들 자체를 잡아낼 순간을 준비하라."

실제로 우리 인생에도 24시간 내내 나를 관찰하고 쫓아다니는 카메라가 있다면 무엇을 중점적으로 촬영해야 할까? 그것은 바로 '자기다움'이다. 자신이 살아 있음을 증명하는 것은 '자기답게 살았다'라는 것을 말한다. 이럴 때 자기다움 일기는 내 삶을 관찰하고 기다리고 지켜보면서 자기다움이 무엇인지 찾아준다. 자기다움 일기를 쓰다 보면 어느 순간 자신의 운명과 소명을 발견할 때가 반드시 찾아온다. 이런 의미에서 자기다움 일기는 하루를 기록하는 다이어리가 아니라, 일생을 기록하고 주제를 전달하는 인생 다큐멘터리에 가깝다.

미래일기를 쓰는 법

지금까지 일기를 쓰지 않았던 사람도 과거로 돌아갈 수 있다. 바로 미래일기를 쓰면 된다. 미래일기는 반드시 일어날 일에 대해서 지금의 내가 미래의 나에게 들려주는 이야기다. 반드시 일어날 일에 대해서 미리 과거의 내가 알려주는 메시지다.

미래일기 샘플

날짜 : 2030년 5월 2일

상황 : 새로운 프로젝트들

#선택 #실수 #자기다운결정

권민아. 지금 네가 이 글을 읽고 있다면 새로운 프로젝트 때문에 갈등하고 있는 거지.

2000.12.3, 2004.5.6, 2014.11.10., 2015.8.17 일기를 먼저 읽어봐.

이때 일어난 일을 기억해 봐. 선택 기준, 주변 관계 그리고 가족 관계에 대해

고려해야지. 또 바보 같은 선택을 하면 안 되지. 선택 조건을 점검해 보자.

어차피 일주일 안에 결정해도 상관없다면 잠깐 핸드폰을 내려놔.

기억 못 하겠지만 이런 결정이 있을 때 꼭 읽어야 할 책이 있잖아.

아래 두 권 중에 한 권만 읽어보자. 제발 바보처럼 같은 실수를 하지 말자.

그리고 옛 일기를 다 보았다면 네가 2021년 3월 4일에 쓴 미래일기를 다시 읽어봐.

그때와 지금과 비슷한 문제로 갈등하고 있다면 너의 가치에 문제가 있는 거야.

권민아. 네가 너를 속이고 있다는 것, 그리고 네가 너를 가장 속이기 쉬운 상대라는

것을 잊지 말자. 그 선택이 너를 너답게 하는 것일까? 자기다운 이유 10개를 써봐.

My future Journal is …

다음의 상황처럼 인생에서 나에게 '반드시' 일어날 일들에 대비하여 미래
일기를 써보자. (예 : 더 이상 일자리를 찾지 못할 때, 사람들과 갈등에 놓였을
때, 퇴사나 퇴직을 준비할 때 등)

미래의 날자 :
미래의 상황 :

페르소나, 소설의 주인공으로 상상하기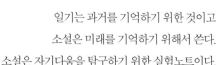

일기는 과거를 기억하기 위한 것이고
소설은 미래를 기억하기 위해서 쓴다.
소설은 자기다움을 탐구하기 위한 실험노트이다.

내 안에 있는 수많은 '나'

자신의 자기다움을 모르는 이유는 내 안에 수많은 캐릭터가 있기 때문이다. 소설을 써보면 내 안에 수많은 사람이 있다는 것을 단번에 알 수 있다. 나 혼자서 주인공과 조연들의 성격을 모두 만들어낼 수 있다. 자신이 쓴 소설이 아니어도 우리는 하루에도 여러 번 다양한 가면을 쓰고 타인처럼 살고 있다.

페르소나Persona란 '가면'이라는 뜻으로 실제 성격이 아닌 다른 사람들에게 비친 외적으로 드러난 성격을 말한다. 우리는 다양한 페르소나를 지니고 있는데, 특히 직장과 같은 사회생활에서 페르소나는 더 강력하게 작동한다. 그것은 실체로서 '나'가 아니라 타인에게 보여주는 '페르소나'로서 '나'로 평가받고 있다는 의미다.

이런 페르소나 개념을 잘 활용하고 있는 분야가 브랜드 영역이다. 흔히 우리가 말하는 브랜드 이미지는 브랜드 페르소나Brand Persona를 의미한다. 애플 직원과 테슬라 직원을 한번 떠올려보자. 두 브랜드는 어떤 점이 비슷하고, 또 다른 점은 무엇일까? 분명히 다른 점이 있다고 생각한다면 바로 그 지점이 브랜드가 사람처럼 느껴지는 지점이다. 만약에 나이키와 아디다스를 사람으로 표현한다면 어떻게 설명할 수 있을까? '백인' '스포츠광' '근육질' '몸매' '반바지' '모험심 강한' 등 이런 단어에 어울리는 브랜드는 무엇인가? 나이키일까? 아니면 아디다스일까? 이처럼 브랜드를 사람처럼 설명할 수 있다면 그것은 페르소나가 구축된 브랜드라 할 수 있다.

브랜드를 런칭할 때, 먼저 소비자가 좋아할 만한 브랜드 페르소나 이미지를 유명인의 얼굴로 창조한다. 그렇게 만들어진 페르소나를 각종 광고와 홍보를 통해서 소비자들에게 각인시킨다. 우리가 광고를 통해서 보는 대부분의 브랜드 이미지는 이런 과정에서 나온 결과물이다. 브랜드가 사람의 페르소나를 흉내 내는 것은 우리의 관심이 사람의 페르소나에게 끌리기 때문이다. 우리는 페르소나가 있는 브랜드에 소속감과 친밀감을 느끼고, 그래서 깊은 관계를 유지하기 위해 브랜드를 소비한다. 이런 방법을 사람에게 적용한 것이 바로 퍼스널브랜드다. 퍼스널브랜드는 자기다움보다는 명품 페르소나를 구축하여 남들보다 압도적인 차별화를 핵심 전략으로 삼는다.

우리 각자도 브랜드처럼 자신의 페르소나 이미지를 확인할 수 있다. 대부분의 사람은 의도하지 않아도 다양한 인간관계와 일에서 자신의 페르소나를 구축한다. 내가 자주 만나는 사람들은 나를 어떻게 느끼고 있을까? 이를 확인하기 위해 나의 페르소나 이미지를 지인들로부터 단어나 문장으로 살펴볼 수 있다. 물론 이런 방법도 신뢰도가 좀 떨어질 수 있다. 대부분은 솔직하게 말해주지 않기 때문이다. 그렇다면 나의 페르소나(외적 성격)는 어떻게 알 수 있을까? 페르소나는 자신의 이익을 위해 수시로 변한다. 직위, 나이, 관계, 기간, 프로젝트 등에 따라 내 안의 페르소나는 그때그때 다른 모습을 보인다. 요즘에는 성격 테스트에 나온 결과를 자신의 성격이라고 여기지만, 그것은 복제품 주물 틀에 자신을 꿰맞추는 것과 같다. 이런 페르소나의 가변성으로 자기다움이 쉽게 왜곡되기도 한다.

내 안의 다양한 페르소나도 자기다움의 하나다. 그 수많은 페르소나를 관찰하면서 나와 가장 잘 맞는 페르소나를 현명하게 선택해야 한다. 그렇다면 나의 원본은 존재하지 않는다는 의미일까? 나는 원본은 존재하지 않다고 생각한다. 우리는 내 안의 수많은 페르소나 중에서 자신에게 가장 잘 어울리고 편안한 페르소나를 쓰며 살고 있다. 이것이 '나'라고 믿고 선택했기 때문이다.

나에게 최적화된 페르소나를 확인하는 방법 중에 '소설 쓰기'가 있다. 나를 중심으로 소설을 써보면 내 안에 수많은 페르소나 중에서 현재 내가 쓰고 있는 페르소나를 찾을 수 있다. 주인공의 캐

Apple

애플 : 세상을 변화시키는 혁신가

Nike

나이키 : 경쟁적이고 승리 지향적인 운동가

Tesla

테슬라 : 다른 세상을 창조하는 미래 혁신가

Starbucks

스타벅스 : 도심의 안식처

'당신'이라는 브랜드 페르소나는 무엇인가?

럭터를 정하고, 감정이입을 하면서 진짜 나의 감정과 본능을 경험할 수 있다. 물론 자기다운 페르소나를 확인하기 위해 소설을 쓰는 것은 아니다. 소설 쓰기보다 더 중요한 것은 자기다움이다. 소설을 쓰는 과정에서 내가 자각하는 자기다움의 확인이 더 중요하다. 즉, 소설 쓰기의 목적도 내가 되어가는 것이다.

아직 태어나지 못한 나

드라마 〈미생〉은 바둑 프로 입단에 실패한 장그래가 직장인으로서 새로운 나를 찾아가는 사회 초년생의 성장 이야기다. 〈미생〉에 이런 대사가 나온다.

"바둑에 이런 말이 있어. 미생, 완생. 우리는 아직 다 미생이다."

직장에 다니면서 미생으로 살았지만, 퇴직이나 은퇴 이후에도 여전히 미생에 머물러 있는 자신과 마주한다면 어떤 심정일까? 많은 사람이 은퇴 이후에 완생完生을 꿈꾸지만, 대부분 미생未生으로 살아간다. 타인 같은 나, 타인과 비슷한 삶을 살고 있다면 여전히 나는 '나'로서 태어나지 못한 미생이다.

바둑을 배우기 위해서 제일 먼저 하는 것은 바둑 고수의 기보棋譜 학습이다. 기보란 바둑을 두었던 순서를 기록한 도면이다. 세계 최초의 기보는 중국 삼국시대 강동의 손책孫策, AD 175~200과 그의 보좌관 여범呂範, ?~228의 대국을 기록한 것이다. 전통적으로 바둑 기사는 후대에 좋은 기보를 남기는 것을 최고 명예로 여긴다. 알파고는 이세돌과 바둑을 두기 전에 프로 바둑기사의 기보 16만 개를 5주 동안 학습했다고 한다. 보통 프로 바둑기사가 하루에 세 개 기보를 연구하는 과정을 1년 동안 지속하면 바둑의 승리 패턴 1,000가지를 익힐 수 있다.

이런 바둑에도 자기다움이 있다. 자기만의 바둑 두는 스타일을 기풍棋風이라고 한다. 자기다움이 고유하듯이 기풍도 쉽게 변하지 않는다. 기풍에서 그 바둑기사만의 성격과 철학이 배어 있기 때문이다. 바둑도 자기 자신을 아는 것이 중요하다. 만약 자신을 잘 알지 못하면 남의 전략을 그대로 베껴 쓰거나 자신의 강점을 살리지 못하면 승패에서 불리할 수 있다. 결국 바둑도, 직장 일도, 우리의 삶도 정석은 자기답게 사는 것이다. 우리는 자기만의 철학이 없으면 남의 인생을 따라 하면서 살아야 한다. 그동안 만나왔던 대기업 출신 강쇠돌들은 남들이 원하고 부러워하는 삶을 살았지만, 그것은 자기다운 삶과는 거리가 멀었다. 비교적 젊은 나이에 은퇴와 경제적 자유는 얻었을지는 몰라도 인생이라는 바둑판에서 자기만의 기풍은 찾아볼 수 없었다.

드라마 〈미생〉에서 장그래가 제일 먼저 깨달은 것은 '바둑은 혼자 하는 것이지만 직장생활은 혼자 하는 것이 아니다'였다. 한 번도 직장생활을 경험하지 못했던 장그래는 좌충우돌 다양한 경험을 쌓으면서 바둑과 직장의 차이를 알아갔다. 그런 장그래가 빛나는 점은 어려움이 닥칠 때마다 다른 직원들처럼 숨거나 피하지 않고, 자기만의 방식으로 대처했다는 것이다. 장그래는 바둑을 배우면서 기록했던 기보를 직장생활에 대입하면서 자기답게 정면으로 마주했다. 미생에서 완생으로 그가 나아갈 수 있었던 힘도 기보를 기억하며 자기를 잃지 않았기 때문이다.

장그래가 치열한 직장생활에서 자기답게 살아남기 위해 바둑의 기보를 활용했다면, 나는 직장에서 자기답게 일하기 위해 자기다움 소설을 쓴다. 우리는 소설의 주인공으로 얼마든지 오늘 하루를 살 수 있다. 내가 쓰는 자기다움 소설은 남의 이야기가 아니라 내가 만든 이야기다. 소설 속의 이야기는 지금 현실의 삶 속에 바로 적용할 수 있는 나만의 인생 기보가 될 수 있다.

소설 속에서 다시 태어나는 나

바둑에 복기가 있다면 스포츠에는 복기와는 반대로 '상상 훈련'이 있다. 흔히 이미지 트레이닝Image Training라고 불리는 상상 훈련은 자신이 생각하는 목표와 과정을 상상하면서 그 이미지를 실전에 적용하는 훈련법이다. 이 훈련법을 사용하면 모든 감각을 활용하여 앞으로 벌어질 게임에서 자신이 승리하는 모습을 그려낼 수 있다. 초능력자들이 나오는 마블 영화에서나 나올 법한 이 훈련법은 이미 백 년 이상의 역사를 가진 스포츠의 심리기술이다.

그렇다면 자기답게 사는 모습을 이미지 트레이닝으로 상상할 수 있을까? 여기서 소설 속의 나를 대입해볼 수 있다. 드라마 〈미생〉에서 완벽한 완생完生으로 살아남는 것은 현실에선 어렵지만, 소설에서는 100퍼센트 가능한 이야기다. 즉, 현실에서는 불가능하지만, 소설의 상상 속에서 자기다움으로 완생하는 나를 경험할 수 있다.

소설小說은 한자 의미 그대로 '작은 이야기'다. 영어 'novel'의 어원은 라틴어 'novus'로 의미는 'new'이다. '작은 이야기'보다 '새로운 이야기'라는 정의가 더 소설에 가깝다. 만약 나를 주인공으로 자기다움에 관한 소설을 쓴다면 어떤 이야기가 펼쳐질까? 현실에서 내가 되지 못한 나를 소설에서는 어떻게 만나게 될까? 은퇴 이후, 나의 완성에 관한 모든 상상력이 자기다움 소설에서는 얼마든지 가능하다. 내가 주인공이 되어 전지적 작가 시점으로 나의 중장년을 '무조건' 해피엔딩으로 그려낼 수 있다. 이처럼 새로운 나에 관한 이야기, 그것이 바로 자기다움 소설 쓰기라 할 수 있다.

로또의 당첨 확률은 814만 5,060분의 1이라고 한다. 이런 치열한 확률에도 매주 1등은 반드시 나온다. 복권 당첨은 불가능한 목표처럼 보이지만, 혹시라도 당첨될지 모른다는 막연한 희망으로 사람들은 복권을 산다. 일단 복권을 지갑에 넣고 있으면 당첨이 되는 상상을 하고, 일주일 동안 기대에 부푼다. 현실에서 복권에 당첨될 확률은 희박하지만, 소설 속에서는 얼마든지 가능하다. 여기서 복권은 돈만을 의미하는 것이 아니다. 자기답게 사는 것, 자기답게 일하는 것, 자기답게 사랑하는 것 등 자기다움에 관한 모든 것이 가능하다. 현실에서는 불가능하지만 소설 속에서 자신이 진짜 되어보고 싶은 사람으로 살 수 있다. 우주 비행사, CSI 출신 잡지 편집장, 미제 사건을 해결하는 형사가 바로 내가 될 수 있다. 로또 같은 두 번째 인생의 주인공을 경험하는 것이다. 이런 의미에서 일기는 사실을 기반으로 하는 역사 다큐멘터리에 가깝다면, 자기다움 소설은 공상 판타지 소설에 가깝다.

자기다움 소설에는 '절대' 비극이 없다. 어차피 현실도 비극인데, 소설까지 비극으로 끝날 필요가 있을까? 교육 현장에서 자기다움 소설 쓰기를 실시하면, 자아도취에 빠져 자전적 소설로 쓰거나 거의 무협지 수준이 되는 일도 있는데, 그것도 괜찮다. 자기다움 소설 쓰기의 목적은 '소설'이 아니라 '관찰'이기 때문이다. 소설가가 되기 위해서 쓰는 것이 아니라, 내가 어떤 페르소나에 반응하는지 알아가는 과정으로써 소설을 쓴다.

자기 이야기의 시작

기억은 정체성이다. 내가 누구인지를 결정하는 것은 나의 기억이다. 과거의 기억은 현재의 나를 행동하게 한다. 자기다움은 내 안에 있는 수많은 페르소나 중에 하나를 결정하는 것이다. 자기다운 페르소나를 선택할 때, 경험하지 않았거나 기억에 없는 것은 인식할 수 없다.

나는 브랜드 컨설팅 대표와 잡지 편집장이 되기 전에 먼저 소설을 써보면서 경험해보았다. 소설은 '미래 기억'이다. 경험하지 않은 것을 경험하게 해주기 때문이다. 나는 소설의 주인공이 되어서 나의 자기다움을 미래 기억을 통해 결정하고 만들었다. 이처럼 소설 쓰기를 통해서 누구나 자기다움을 경험할 수 있다. 다음은 자기다움 소설을 쓰기 위한 세 가지 설정이다.

첫 번째는 나의 패턴을 파악한다.

질문노트와 일기에서 발견한 나의 패턴을 파악해야 한다. 내가 어려워하는 것, 내가 힘들어하는 것, 내가 갈등하는 사람, 내가 실패하는 지점과 이유, 반복되는 나의 문제, 나의 가치관, 나만 보는 것들, 내가 중요하다고 생각하는 것 등 이런 모든 부분이 정리되어야 자기다움 소설을 쓸 수 있다.

두 번째는 장르를 설정한다.

첫 번째에 말했던 내용이 가장 극적으로 나타날 수 있는 장르를 설정해야 한다. 소설은 주제에 따라 성장소설, 역사소설, 사회소설, 로맨스소설, 추리소설, 공포소설, 과학소설 등 다양한 장르를 만들 수 있다. 내가 자기다움 소설로 쓴 《새벽 나라에 사는 거인》은 《미생》(2014년)처럼 직장을 무대로 펼쳐지는 이야기로 복사본을 거부하는 어느 위장취업 직장인이 어떻게 자기다움을 찾아가는지를 썼다. 2006년에는 《마음 사냥꾼》이라는 세 권의 자기다움 소설을 썼는데, 1998년 IMF로 기업사냥이 시작되었을 때 마케터가 회사에 위장 취업하여 산업 스파이를 어떻게 붙잡는지에 관한 이야기가 펼쳐진다.

세 번째는 나를 주인공으로 만든다.

자신의 자기다움을 완성할 수 있는 주인공을 만들어야 한다. 물론 주인공은 원본으로서 자신을 구현하는 것이 중요하다. 가치관, 판단기준, 세계관, 약점, 강점 등을 비롯한 100여 개의 특징을 만들어보는 것을 추천한다. 소설에서 앞으로 살아갈 자신의 아바타로서 자기다움이 극대화된 모습을 갖추어야 한다. 이것이 중요한 이유는 내가 만든 주인공, 곧 나 자신이 소설에서 어려움에 맞서 싸워가는 자기다움의 모습을 말해주기 때문이다. 이를 통해 내 안에 있는 내가 말하는 것을 들을 수 있다.

이렇게 자기다움 소설의 3가지 설정을 그린 후, 소설을 위한 글쓰기를 계획한다. 소설 작법은 크게 '즉흥적 글쓰기'와 '계획적 글쓰기'가 있다. 계획적 글쓰기는 주로 드라마 작가들이 모든 캐릭터를 결정하고, 사건과 상황을 계획적으로 끌고 가는 것이다. 즉흥적 글쓰기는 글을 쓸 때 사전에 계획하지 않고 순간적인 영감이나 아이디어를 받아서 쓰는 글이다. 자기다움 소설은 누군가에게 보여주는 글이 아니기 때문에 즉흥적 글쓰기로 한다. 소설을 잘 쓰는 것이 중요한 것이 아니라 내가 드러나는 것이 핵심이기 때문이다.

즉흥적 글쓰기라고 허구에 기반한 소설이나 판타지 장르가 아니다. 과거 자신의 팩트를 기반으로 미래의 일을 과학적 사실과 가정을 바탕으로 상상하여 쓰는 사이언스 픽션^{Science Fiction}과 비슷하다. 이런 자기다움 소설을 분류한다면 다큐멘터리 픽션^{Documentary Fiction}이라고 말할 수 있다.

나의 얼굴로 사는 나

일기나 회고록을 써보면 자신의 인생에서 일어났던 사건의 원인이 결국 '돈'이라는 것을 깨닫게 된다. 인간관계 문제도 결국은 돈이고, 인생에서 중요한 선택 기준도 대부분 '돈이 되느냐'이다. 우리 인생이 돈의 중력에서 벗어나지 못하고 있다는 방증이다. 이런 세상에 살고 있는 우리 역시 일이든 관계든 돈이 기준이 되는 것을 피할 수 없다. 그렇다면 돈의 위력 앞에서 자기다움은 어떤 모습을 보이게 될까? 자기다움 교육에서는 이런 질문과 마주하게 된다.

"통장에 100억 원이 있어도 지금 하는 일을 계속할 것인가?

거의 대다수가 이 질문에 '아니다'라고 답한다. 그러면서 만약 100억 원이 있으면 자신이 진짜 하고 싶은 일을 하고 싶다고 말한다. 그럼, 당신이 정말 하고 싶은 것이 무엇이냐고 물어보면 의외로 잘 대답하지 못한다.

우리는 정말 100억 원이 있다면 자신이 하고 싶은 일을 할 수 있을까? 자기 인생을 사실에 기반하여 쓰는 회고록에는 중력이 작용하지만, 자기다움 소설에는 돈의 중력이 미치지 않는다. 돈의 중력 없이 내가 살고 싶은 대로 얼마든지 살아갈 수 있다. 100억 원을 소유한 주인공으로서 나는 자기답게 결정하고, 자기답게 행동하고, 자기답게 생각할 수 있다. 현실에서 불가능하지만, 소설에서는 얼마든지 내 삶을 주도할 수 있다.

앞서 말했듯이 즉흥적 글쓰기를 통해 소설에서 일어나는 다양한 상황에 반응하는 나를 관찰할 수 있다. 내가 어떤 일에 기뻐하는지, 또 슬퍼하거나 분노하는지 등 특정 사건에 반응하는 나를 객관적으로 들여다볼 수 있다. 자기다움 소설이 완성되면 다시 읽는 시간을 가져야 한다. 내가 무슨 말을 하고 있는지를 관찰하기 위해서다. 내가 나의 말을 하는지, 아니면 여전히 타인의 말을 하는지 소설 속에서 나의 진짜 모습을 관찰할 수 있다. 이런 의미에서 자기다움 소설은 미래 회고록이자 나에 관한 '미래 실험보고서'라 할 수 있다. "나는 나답게 이렇게 판단하고 행동할 것이다!"라며 자신의 미래에 대한 방향과 행동을 소설 속에서 그릴 수 있기 때문이다. 물론 실제 현실은 소설처럼 낭만적이지 않다. 냉혹한 현실 속에서 퇴직이나 은퇴 이후 자기 앞에 닥친 삶을 감당해야 한다. 다행히 장그래처럼 자기만의 기보와 기풍이 있다면 희망은 있다. 하지만 현실에서 만난 강쇠돌들은 장그래와 같은 자기다움 근육을 쌓아오지 않았다. 그렇다면 어떻게 강쇠돌은 자기다운 나로서 다시 태어날 수 있을까? 이런 질문을 자신에게 해보자.

'나는 어떤 얼굴로 죽을까?'
'죽을 때 나는 누구의 얼굴일까?'

자기다움이 없다면 나의 페르소나는 중국 연극의 변검^{變臉}처럼 매 순간 바뀌게 될 것이다. 그래서 아직 자기 얼굴을 찾지 못한 사람은 예전 직장생활 직함을 붙들고 여전히 강쇠돌의 페르소나로 살게 될 것이다. 하지만 자기다움의 페르소나는 다른 얼굴로 자신을 숨길 필요가 없다. 그것이 진짜 자기 얼굴로 사는 것이기 때문이다. 그래서 자기다움은 나의 얼굴로 사는 것이다.

소설의 주인공처럼 일하는 법

소설의 주인공이 되어서 자기다움으로 일하는 나를 상상해보자. 그 소설 속 주인공에게 몰입하여 복사본이 아닌 원본으로서 나를 만끽해보자. 현실이 아닌 소설 속에서 나는 얼마든지 자기답게 일할 수 있다. 중요한 안건 앞에서 나는 어떤 선택과 결정을 하게 될까? 나는 이럴 때 어떻게 나답게 말해야 할까? 이번 회사의 결정에 대해서 나는 어떤 반응을 보여야 할까?' 등 회사에서 자기다움을 잃지 않는 나의 모습을 펼쳐보자.

1 주요 안건과 등장인물, 그리고 자신에게 벌어질 일들에 대해서 이미지 트레이닝을 한다.

2 직장에서 일어날 모든 일들에 대해서 자기다운 결정과 행동을 만들어본다.

3 소설 속에서 내가 하는 말들을 정리해보자. 나다운 생각, 나다운 선택, 나다운 소통, 나다운 행동 등 이것이 정말 나다운 것이라면, 자연스럽게 나에게 스며들 것이다. 만약 그렇지 않다면 타인의 눈치를 보는 나에게서 겉돌 것이다.

다음의 글은 Chat GPT에게 회사에서 중요 안건을 놓고 회의하는 내용을 카프카처럼 써달라고 요청한 것이다.

회의실 안은 무거운 침묵과 긴장감으로 가득 차 있었다. 창백한 형광등 아래, 회의 테이블 주위에는 무력한 인간의 얼굴들이 둘러앉아 있었다. 그들의 목소리는 고개 위로 떠오르는 연기처럼 맴돌았다. 한 사람이 자신의 의견을 내놓자, 그것은 싸늘한 수술칼 같았다. "우리는 이 프로젝트를 진행할 수 없어. 기술적인 한계가 있어." 다른 이는 이에 반박했다. "하지만 우리는 이미 약속했잖아! 시장의 기회를 놓치면 안 돼." 말이 갈등으로 번졌고, 더는 소용없는 토론의 연속이었다. 마지막 결정이 필요했지만, 그들은 결코 서로의 시선을 만나지 않았다. 갈등은 끝없이 이어져 갔고, 회의실 안은 어두운 비극의 공간으로 변해갔다.

내일 아침, 회사에서 일어날 일들을 중심으로 한 단락 소설을 써보자.

우리다움, 이해관계에서
협력관계로 나아가기

우리는 서로의 차이 속에서 아름다움을 발견하고,
관계의 거울을 통해 진정한 자아를 찾아가며,
함께 나누는 순간들 속에서 가장 소중한 기억을 만들어간다.

우리, 내가 혼자가 아니라는 감각

죽음 직전까지 가봤던 경험은 삶에 어떤 영향을 미칠까? 도스토
엡스키는 황제의 처형을 연출했다는 이유로 죽음의 문턱까지 갔
다가 다시 살아났다. 처형 직전에 그는 이런 생각이 들었다고 고백
했다.

"만약 내가 죽지 않는다면, 그래서 다시 산다면 나의 삶은 끊임
없는 영원처럼 느껴지며 1분이 백년과 같으리라. 만약 내가 살아
남는다면 인생의 단 1초도 소홀히 하지 않을 것이다."

이런 비슷한 경험을 나도 겪은 적이 있다. 창업 5년 차에 갑자기
얼굴에 홍반이 생기고, 몸이 너무 아파서 병원에 갔는데, 전혀 예

상하지 못한 진단을 받았다. 내가 자가면역질환이라는 루푸스에 걸렸다는 것이다. 믿어지지 않는 현실 앞에서 한동안 멍하니 병원 앞을 서성였다. 정신을 차리고 아내에게 내 상태를 이야기하자, 당장 회사를 그만두라고 했다. 의사도 현재 상태로는 무조건 안정을 취해야 한다고 했다. 당시 나는 세 개의 브랜드를 컨설팅하고 있었는데, 이 사실을 급하게 파트너들에게도 알렸다. 그런데 이들의 반응이 뜻밖이었다. 나를 걱정하며 위로를 전하면서도 이어진 다음 말은 좀 놀라웠다.

"그러면 컨설팅을 어떻게 진행하죠?"

이들이 정작 걱정하는 것은 컨설팅의 진행이었다. 그래서일까. 나에게 일을 멈추고 쉬어야 한다고 말하는 파트너는 단 한 명도 없었다. 다행히 몇 달이 지나서 루푸스가 아닌 면역성 저하로 인한 일시적인 바이러스 감염이라는 통보를 받았지만, 마음은 씁쓸했다. 사람보다 일이 먼저인 관계에서 '우리'는 없는 것 같았다.

상처받은 나를 위로해준 사람들은 뜻밖에도 루푸스 환자들이었다. 최종 진단을 받기 전까지 나는 루푸스 카페에 가입하여 한동안 루푸스 환자로 살았다. 그 기간 카페에 모인 루푸스 환자와 가족은 나를 진심으로 환대했다. 하루에 한 번씩 안부를 묻는 메일을 보내며 서로의 일상을 나누고, 핀란드와 스웨덴 왕립 병원에서 발표한 루푸스 보고서를 어떻게 구했는지, 카페 환우들에게 나눠주기도 했다. 어떤 사람은 미국 병원에서 치료받은 루푸스 진료 정보를 공유해주었다. 루푸스 회원들은 살기 위해서 서로를 의지하며 격려

했다. 그 모습은 마치 참호 속에서 죽음에 맞서는 전우들 같았다.

나중에 오진이라고 밝혀졌지만 바로 루푸스 카페를 탈퇴할 수가 없었다. 그들에게 나의 오진을 알린다는 것이 어쩐지 미안하고 부끄러웠다. 그런데 내가 그 카페를 나오지 못했던 더 큰 이유가 있었다. 그것은 나를 대하는 이들의 진심과 관심이었다. 지금까지 나는 그런 지극한 관심과 사랑을 받아보지 못했다. 난파된 배 위에서 서로의 온기로 생명을 지켜가는 것처럼 루푸스 카페 환우들은 서로를 의지하며 보호해주고 있었다. 이들의 관심을 더 받고 싶었지만, 양심의 가책을 느껴서 결국 탈퇴할 수밖에 없었다. 이후에도 카페지기는 계속 메일을 보내주면서 나의 안부를 묻고, 50페이지 넘는 자료를 매주 보내주기도 했다. 그는 비전과 가치로 함께 창업한 회사 파트너들보다 나의 루푸스에 대해 진심으로 걱정해주었다.

내가 루푸스 카페에서 느낀 위로의 실체는 무엇이었을까? 그것은 내가 처음으로 느낀 '우리'라는 연결감이었다. 그때 루푸스 오진 사건(?)으로 내가 가지고 있었던 커뮤니티에 대한 관점이 전면적으로 바뀌었다. 그리고 앞으로 내가 추구해야 하는 커뮤니티가 어떤 모습이어야 하는지를 구체적으로 상상할 수 있었다.

나의 우리다움은 무엇인가?

우리는 그동안 우리다움에 대해 다양한 경험을 해왔다. 우리다움은 공동체의 결집력을 표현하기 위해서 많이 사용한다. 정치, 군대, NGO, 기업, 종교 단체, 학교 등을 비롯하여 수많은 커뮤니티에서 다른 커뮤니티와 차별화하기 위하여 우리다움을 보여주고 있다. 브랜드에서 대표적인 사례를 든다면 모터사이클 브랜드 할리데이비슨이 우리다움에서 독보적이다.

그런데 내가 강조하는 우리다움은 다른 공동체와 차별화하기 위한 부족주의가 아니다. 그보다는 나를 나답게 하는 공동체, 각 개인의 자기다움이 연합되어 우리다움으로 표현되는 공동체를 의미한다. 우리는 나를 중심으로 둘러싼 다양한 사람들 속에서 살고 있지만, 이들이 나와 어떻게 관계 맺고, 내 삶에 어떻게 연결되어 있는지는 잘 모른다. 다음의 여섯 유형의 사람을 살펴보고, 나에게 우리다움이 무엇인지를 한번 생각해보자.

1 나와 같은 질문을 가진 사람

2 나와 같은 가치를 가진 사람

3 나와 같은 목적을 가진 사람

4 나와 같은 관심을 가진 사람

5 나와 같은 일을 할 수 있는 사람

6 나와 같은 분노를 가진 사람

질문 1 여섯 유형의 사람 중에서 죽을 때까지 함께하고 싶은 한 사람은 누구인가?

질문 2 여섯 유형의 사람 중에서 나의 자기다움에 도움을 주고, 우리다움을 함께 이룰 수 있는 사람은 누구인가?

질문 3 그렇다면 어떤 사람과 함께 있어야 나의 자기다움을 확인할 수 있을까?

세 질문에 떠오른 사람이 있는가? 먼저 '질문 1'에 대한 대답으로 두세 명 정도 생각날 수 있다. 하지만 '질문 2'에는 선뜻 대답하기 막막할 수 있다. 우리다움을 충분히 경험하지 못했다면 더 어려울 것이다. 만약 하루 중 가장 많은 시간을 함께 보내는 관계를 공동체라고 한다면 대체로 직장을 떠올릴 수 있다. 하지만 직장에서 여섯 유형의 사람들을 만나기는 매우 어렵다.

이번에는 '질문 3'에 대답해보자. 가족과 친구라고 대답할 것 같지만, 그렇게 말하는 사람은 의외로 드물다. 이처럼 우리가 세 질문에 선뜻 대답할 수 없는 이유는 나의 자기다움을 잘 모르기 때문이다. 나를 모르면 나와 함께할 우리가 누군지 알기 어렵다. 그래서 먼저 나를 알아야(자기다움) 우리(우리다움)도 찾을 수 있다.

브랜드와 우리다움

브랜드에서는 '우리다움'이 독특한 모습의 비즈니스 생태계로 만들어지고 있다. 미국의 워터 브랜드 아테나Athena는 유방암과 싸우기 위해서 만들어졌는데, 판매 수익의 전액을 유방암 연구에 기부한다. 영화배우 폴 뉴먼이 만든 뉴먼스오운New man's Own 식품 브랜드도 100퍼센트 자선사업을 위해서 만들어졌다. 앞서 소개한 TONY'S 초콜릿은 아프리카 아동들의 노동 문제를 해결하기 위해서 태어난 브랜드다. 이곳에서 일하는 사람들은 어떤 목적과 가치로 서로 함께하는 것일까? 이들을 함께 일하게 하는 원동력은 무엇일까?

가치를 지향하는 브랜드는 대량생산, 대량소비, 대량파괴라는 자본주의 경제 시스템에 반대하며 지금도 끊임없이 태어나고 있다. 이들 가치 지향의 브랜드는 인간의 필요와 욕구를 해결하기 위한 것보다는 건강한 지구 공동체의 지속을 주목적으로 한다. 사실 50년 전만 해도 이런 브랜드는 시장에서 찾기 어려웠지만 앞으로는 계속 증가할 것이다. 기후변화, 환경오염, 인권 탄압 등의 이슈로 모인 '우리'라는 공동체 덕분이다. 이런 브랜드에서 일하는 사람들이 생각하는 '우리'는 생산자와 소비자뿐만 아니라, 브랜드와 관계없는 지구 반대편에 있는 사람들까지 모두 포함한다. 어떤 브랜드는 남극의 북극곰까지도 '우리'로서 함께 연결되어 있다.

자기다움도 잘 모르는데, 우리다움을 추구한다는 것이 이상적인 이야기처럼 들릴 수 있다. 하지만 우리다움은 자기다움 다음에 찾아오는 그런 순차적인 것이 아니다. 자기다움의 완성을 위해서는 우리다움의 뒷받침이 필요하고, 특히 퇴직과 은퇴 전후를 맞고 있는 4050 중장년에게는 더더욱 우리다움의 공동체가 필요하다. 다가올 노년의 시간이 불안하지 않은 중장년은 없다. 고령화 문제를 다루는 거의 모든 책과 리포트를 살펴보면 그 해결책으로 내세운 항목 중에는 항상 공동체가 포함되어 있다. 그만큼 공동체는 노년뿐만 아니라 중장년에게도 자기답게 살아갈 힘을 공급해준다. 우리는 소속감과 연결감 없이 온전하게 살아가기 힘들다. 문제는 우리다움에 힘을 공급해줄 공동체를 어디서 어떻게 찾아야 하는지, 그리고 어떤 공동체에 들어가고, 그곳에서 무엇을 해야 하는지 잘 모른다는 것이다. 즉, 절실히 필요하지만 어디서부터 어떻게 접근해야 할지 모른다.

그렇다면 자기다움이 완성되는 공동체가 무엇인지부터 살펴보자. 자기다움에서 정의하는 우리다움은 나 자신이 '우리' 안에서 나답게 살고, 죽을 수 있는 공동체를 말한다. 누구나 공동체가 필요하다. 그것은 우리가 죽을 때까지 나답게 일하며 살아가기 위해서다. 여기서 일이란 돈을 받기 위한 노동을 의미하는 것이 아니라, 내가 나다워지는 모든 행위를 말한다. 내가 죽을 때까지 나의 질문이 있고, 나의 가치를 추구하며, 나의 목적을 이루며 일하기 위해서는 나 혼자가 아닌 공동체가 필요하다. 이처럼 서로의 자기다움이 일치되어 하나가 되는 것을 '우리다움'이라고 한다.

자기다움의 총합은
우리다움이다!

"우리 없이 내가 없고,
나 없이 우리도 없다."

천직과 천성 사이

　사람은 본능적으로 천직天職, 소명을 찾고 싶어 한다. 그러나 자신의 소명을 직職으로 찾는다면 타인의 길에서 방황할 수 있다. 직업은 계속 만들어지고 사라지기 때문이다. 천직(소명)은 천성天性, 곧 자기다움에서 찾는 것이 더 정확하다. 나는 여러 비영리단체에서 자원봉사를 하며 일반 직장에서 경험할 수 없는 나의 천성을 확인할 수 있었다. 특히 남에게는 '일'이지만 나에게는 쉽고, 즐겁고, 자연스러운 그 무엇을 발견했다. 이것이 바로 나의 천성이자 자기다움의 증거이다. 우리가 직장에서 천성(자기다움)을 찾기 어려운 이유는 돈을 받고 하는 일이기 때문이다. 대체로 돈을 벌기 위해서 일하고, 나보다는 상사나 고객을 우선으로 일한다. 그러는 사이 자신도 모르게 족쇄를 찬 코끼리처럼 나 자신보다는 직장인이라는 프레임에서 벗어나지 못하게 된다.

　하지만 자원봉사는 직장에서 경험하는 일과 다르다. 자원봉사는 돈을 받지 않아도 자기만이 갖는 의미와 가치로 일하는 과정에서 자기 존재를 확인할 수 있다. 소명으로 하는 일은 내면에 흐르는 순수한 기쁨이다. '내가 이런 일을 하면서 행복하구나' '나와 비슷한 사람들과 함께 일하는 기쁨이 이런 거구나' 하며 자기다움에서 시작한 자원봉사에서 특별함을 경험하게 된다. 일반적으로 자원봉사를 통해서 얻는 변화는 다음처럼 다양하다.

- 자부심이 생긴다.
- 새로운 관계를 경험한다.
- 사람들 속에서 새로운 나를 경험한다.
- 전에는 경험하지 못한 가치를 깨닫는다.
- 누군가를 도와주면서 새로운 지식을 배운다.
- 나의 정체성과 자기다움의 방향을 경험한다.
- 일에 나의 영혼을 불어넣는다. (개인차가 있다)

이외에도 자원봉사가 주는 수많은 변화가 있지만 내 경우에 딱한 가지 자신 있게 말할 수 있다. 바로 자기다움이라는 소명을 경험할 수 있다. 일이 아닌 봉사하는 과정에서 일이, 일처럼 느껴지지 않는다면, 그것은 '소명'이라는 특별한 선물을 얻은 것이다. 평범한 일도 감사와 기쁨으로 봉사하고 있다면, 그것은 분명 소명으로 하는 일이다. 내가 지금 실천하는 봉사가 세상에서 오직 나만이 창조할 수 있는 가치이며, 내가 정의하지 않으면 다른 누구도 표현할 수 없는 그 무엇이라면, 분명 나는 소명을 실천하고 있다고 할 수 있다.

퇴직이나 은퇴 이후, 삶을 의미 있게 살고 싶어 하는 사람들이 있다. 이들은 생존이 아니라 소명으로 일하며 자기다움과 우리다움을 찾고 싶어 한다. 그런데 현실의 여건은 어떠한가. 안타깝게도 이들이 봉사활동을 하고 싶어도 나이로 인해 일할 수 있는 자리가 쉽게 보이지 않고, 또 봉사 단체와 어떻게 협력해야 하는지도 잘 모른다. 아무리 선한 의지로 일하고 싶어도 현실은 여러모로 열악한 상태다. 이런 상황에서 끝까지 자기답게 일하며 살기 위해서는 '선행 학습'이 필요하다. 봉사활동을 위한 준비는 빠르면 빠를수록 좋다. 봉사 팀원을 모으고, 자신의 봉사 분야도 찾아보고, 공동체에 소속되어 자신의 소명과 목적을 실행해봐야 한다. 실행은 구체적이면 좋다. 목적, 소명, 가치, 재능, 경험, 경력 등에 따라서 수많은 자원봉사 팀을 만들 수 있다. 팀 단위 자원봉사를 하면 새로운 관계를 맺을 수 있고, 경력이 다른 사람들의 재능이 결합하여 새로운 경험과 지식이 창출될 수 있다. 그뿐만 아니라 다른 경험을 가진 사람들과 함께 학습하면서 성장할 수 있다.

무엇보다 자원봉사의 가장 큰 기쁨은 '나와 비슷한 사람'과의 만남이다. 나와 같은 질문을 가진 사람, 나와 같은 가치를 가진 사람, 나와 같은 목적을 가진 사람, 나와 같은 관심을 가진 사람, 나와 같은 일을 할 수 있는 사람, 그리고 나와 같은 분노를 가진 사람과 만나서 진정한 '우리다움'을 경험할 수 있다.

가장 어려운 건, 인간관계

중장년에 관한 책을 읽어보면 대부분 비슷한 결론으로 끝난다. '나이 들어도 배우고, 일하고, 취미를 갖고, 새로운 인간관계를 가져라. 그리고 건강한 음식 섭취와 운동은 필수다.' 중요한 내용이지만 뭔가 허전한 느낌이다. '어떻게How to'가 비어 있기 때문이다. 언제부터 무엇을 배우고, 어떻게 일하고, 어떤 취미를 갖고, 누구와 만나야 하는지 등 세부적인 내용은 없고 큰 방향만 제시한다. 특히 부족한 것이 '인간관계'에 대한 내용이다. 사실 나머지 내용은 개인이 어느 정도 노력하며 관리할 수 있지만, 인간관계는 그것이 매우 어렵고 조금 위험한 측면도 있다. 톰 마샬Tom Marshall은 자신의 저서 《관계》에서 이렇게 말했다.

"인간 간의 관계를 세우는 데 사랑, 신뢰, 존중, 그리고 이해의 네 가지 원칙이 필요하다. 사랑은 관계를 가장 지속하게 하고, 신뢰는 가장 깨어지기 쉬우며, 존중은 가장 소홀히 취급되기 쉽고, 이해는 가장 오래 걸린다."

관계를 경험하기 위해서는 대상이 필요하고, 더 중요한 것은 대상도 이 부분에 대해서 공감하고 지향하는 사람이어야 한다. 이런 이유로 인간관계는 항상 어려운 항목이다. 패스트푸드는 영양가는 없고 칼로리만 높은 가짜 음식이다. 심지어 패스트푸드에 들어 있는 식품 첨가물은 몸의 대사를 교란하고, 발암물질로 작용한다. 맛을 내기 위해 화학 첨가제를 첨가한 가짜 음식이 있는 것처럼, 인간관계에도 자기 이익을 위해 구축한 가짜 관계, 즉 패스트 관계가 있다. 특히 디지털 기술의 발달과 SNS 등장으로 인공 감미료 같은 디지털 관계는 다른 관계에서는 맛볼 수 없는 단맛을 제공한다. 가짜 음식의 목적이 '맛'이라고 한다면 가짜 관계의 목적은 '돈'이다.

퇴직과 은퇴 전후 이런 관계의 민낯이 여실히 드러난다. 오래된 직장생활을 정리하고 나면 함께 일했던 동료 관계가 계속 이어지는 경우는 극히 드물다. 1년에 한 번 만날 수는 있어도 인생을 함께할 관계로 발전하는 경우는 희박하다. 학교 친구들은 또 어떤가. 학교 친구는 말 그대로 반 친구다. 이런 관계도 직장처럼 일정한 과정이 끝나면 사라져버린다. 운 좋게 좋은 친구 관계를 유지하는 경우도 있지만, 대체로 학교와 직장에서 만난 인간관계는 일정한 과정이 끝나면 대부분 관계의 유효기간도 끝나버린다.

이런 관계의 어려움 속에서 중장년에 자기다움과 우리다움을 경험할 수 있는 인간관계를 찾기란 쉽지 않다. 접근성이 수월한 동호회가 있지만, 같은 것을 좋아한다고 자기다움 관계로 이어지는 것은 아니다. 이런 분위기에서 중장년의 인간관계는 지인의 추천이나 지인의 지인 정도로 빈약한 편이다. 그래서 퇴직이나 은퇴 이후에 온전한 관계나 공동체, 그리고 자기다움으로 함께하는 우리다움 커뮤니티를 만난다는 것은 현실적으로 너무 먼 이야기다. 그렇다면 자기다움을 함께 나눌 우리다움을 어떻게 경험할 수 있을까?

우리다움이라는 유산

우리다움에는 두 가지가 있다. 바로 '동시대 우리다움'과 '다음 세대와 우리다움'이다. 지금까지 말한 것은 같이 일하고, 같이 늙고, 같이 죽어가는 '동시대 우리다움'이다. 반면에 '다음 세대와 우리다움'은 무엇일까? 그것은 나의 자기다움을 중심으로 다음 세대와 연합하는 것을 의미한다. '미키7'이었던 내가 '미키8'을 통해서 나에 대해 배우면서 자기다움을 이해했던 것처럼 내 경험을 통해서 다음 세대가 나보다 한층 더 성장할 수 있다. 또한 나의 자기다움을 다음 세대에게 전해주는 과정에서 나 역시 배우고 성장할 수 있다. 이런 우리다움의 경험으로 나의 자기다움은 더 섬세해지고 명확해진다. 스티브 잡스가 죽기 전에 월터 아이작슨과 인터뷰에서 했던 말은 이런 우리다움의 가치를 엿볼 수 있다.

> "죽은 후에도 나의 무언가는 살아남는다고 생각하고 싶군요. 그렇게 많은 경험을 쌓았는데, 어쩌면 약간의 지혜까지 쌓았는데 그 모든 게 그냥 없어진다고 생각하면 기분이 묘해집니다. 그래서 뭔가는 살아남는다고, 어쩌면 나의 의식은 영속하는 거라고 믿고 싶은 겁니다."

스티브 잡스는 죽기 직전에 비로소 자기다움을 경험했다. 즉, 자신이 디자인을 결정할 때 무엇을 좋아했는지, 그리고 왜 싫어했는지 그 이유를 명확히 깨달았다. 만약 그가 죽기 10년 전에 좀 더 일찍 '죽기 직전에 깨달은 것'을 알았더라면 지금의 애플은 어떻게 변했을까? 스티브 잡스는 비록 세상을 떠났지만, 그는 보이지 않는 가치로서 브랜드가 되었다. 애플이라는 기업이 사라지지 않는다면 스티브 잡스는 영원히 애플의 기준과 가치로 살아 있을 것이다.

1980년대 매킨토시 개발팀을 독려하며 스티브 잡스는 자주 이런 말을 했다.

We're here to puts a dent in the universe,
(I want to put a ding in the universe.)
Otherwise, why else even be here?
우리는 우주에 흔적을 남기기 위해 여기에 있다.
(나는 우주에 충격을 남기고 싶다.)
그렇지 않다면, 도대체 여기 살고 있을 이유가 무엇인가?

스티브 잡스는 살면서 특별한 뭔가를 남기고 싶었다. 그의 바람대로 그가 우리에게 남긴 것은 무엇일까? 우리 주변을 살펴보면 바로 알 수 있다. 만약 지금 당신이 애플 제품을 쓰고 있다면 자신에게 물어보자. '나는 왜 이 제품을 쓰고 있을까?' 그래도 잘 모르겠다면 지인 중에 애플 마니아에게 물어보자. 그들에게 스티브 잡스가 남긴 것이 무엇이냐고 물어보면 자신이 생각한 것과 다를 수 있다. 2017년 애플의 팀 쿡 CEO는 신제품 설명회 당시, 스티브 잡스가 남긴 것에 대해서 이렇게 증언했다.

"스티브 잡스의 철학은 애플 DNA에 있다."

부자로 죽고 싶은 사람은 과연 몇 명이나 있을까? 돈과 빌딩을 남기고 죽는 것이 자기다움이라고 여기는 사람이 정말 있을까? 이집트 피라미드를 보면 그런 사람들도 어딘가에 있을 것 같다. 우리는 고대에 살았던 화려한 무덤의 주인공들에 대해서 아는 것이 희박하다. 반면에 작은 비석 하나가 세워져 있는 위인들의 무덤을 보면서 이들이 사람들의 마음속에 여전히 살아 있다고 느낀다. 거대한 무덤의 화려함보다는 자신의 자기다움, 곧 자기만의 가치를 남겼기 때문이다. 우리가 이들을 기억하는 이유도 여기에 있다. 우리가 죽어서 남게 되는 것은 눈에 보이는 것이 아니라, 보이지 않는 그 사람만의 의미와 가치다. 따라서 영원히 죽지 않고 살아 있는 길은 후대에 스티브 잡스의 말대로 내가 배우고 경험한 것을 다음 세대에 전해주는 것이다. 생텍쥐페리는 이런 말을 남겼다.

"우리는 지구를 조상에게 물려받은 것이 아니라 후손에게 빌려 쓰고 있다."

자기답게 죽는다는 것은 한 줌의 재가 되는 것이 아니라 무형의 존재로서 지금까지 빌려 쓴 것들을 후대에 원금과 이자까지 돌려주는 것이다. 다음 질문을 생각해보자.

"내가 지금 알고 있는 것을 다음 세대가 미리 알고 있다면 세상은 어떻게 변할까?"

자기다움이 다음 세대에게 어떤 가치로 어떻게 전달될지. 그리고 다음 세대는 그것을 어떻게 누리게 될지 나이키의 두스앤돈츠 Do's & Don'ts 원칙으로 한 번 살펴보자.

1 혁신하는 것이 우리의 본성이다. It is our nature to innovate.

2 나이키는 회사다. Nike is a company.

3 나이키는 브랜드다. Nike is a brand.

4 단순화하고 실천하라. Simplify and go.

5 소비자가 결정한다. The consumer decides.

6 스펀지가 되라(학습하라) Be a sponge.

7 즉시 진화하라. Evolve immediately.

8 옳은 일을 하라. Do the right thing.

9 기본을 마스터하라. Master the fundamentals.

10 우리는 항상 공격의 편에 선다. We are on the offense-always.

11 그 남자(나이키 공동창업자 빌 바우어만)를 기억하라. Remember the man.(Bill Bowerman, Nike co- founder)

1번부터 10번까지만 보면 아디다스, 푸마, 뉴발스의 원칙이라고 말해도 그럴듯해 보인다. 신발 브랜드가 아니라 사무용품, 전자제품, 심지어 식료품 브랜드라고 해도 어색하지 않다. 그런데 눈에 띄는 항목이 있다. 바로 11번 '그 사람을 기억하라'이다. 그 사람은 누구일까? 11번 원칙이 처음부터 만들어진 것은 아니다. 나이키 초기 디자이너인 마크 파커Mark Parker가 2006년 대표이사로 취임한 이후 새롭게 만든 원칙이다. '그 사람을 기억하라'에서 그 사람은 나이키 공동 창업자인 빌 바우어만Bill Bowerman이다. 나이키가 나이키가 되기 위해서 중요한 원칙은 빌 바우어만을 기억하는 것이다. 나이키에 대한 빌 바우어만의 철학, 빌 바우어만이 생각하는 방법, 빌 바우어만이 나이키를 통해 세상에 말하고 싶은 메시지, 빌 바우어만의 가치와 의미부여 등 나이키의 브랜딩 원칙은 빌 바우어만의 자기다움을 기억하고, 이와 함께 나이키라는 우리다움을 만드는 것이다.

마크 파커는 애플의 팀 쿡처럼 나이키 안에 1999년에 세상을 떠난 빌 바우어만의 DNA를 결합하고 싶었다. 그렇다면 나이키 직원들은 그 사람을 어떻게 기억할까? 무엇을 할 때 그를 더 기억할까? 그리고 어떤 결정을 할 때 기억할까? 그는 나이키 직원들이 하는 모든 일에 참여하면서 나이키만의 영혼을 불어넣는 존재로서 이들과 함께하고 있다. 이처럼 우리가 분명히 알고 있는 '그 사람'이 다른 브랜드에는 없어서 나이키는 나이키가 되었다.

우리가 죽은 후에 남겨야 할 것은 '자기다움'이다. 자신이 생각하는 방법, 자신의 가치를 정하는 것, 자신의 의미를 부여하는 것을 다음 세대에 전해주고, 우리다움으로 이어져야 한다. 물론 모든 사람이 스티브 잡스나 빌 바우어만처럼 될 수 없다. 또, 어떤 사람은 자신의 자취를 한 줌의 재로 남기고 떠나고 싶은 사람도 있다. 그렇지만 살아 있는 동안에 자기답게 살고, 자기답게 일하고, 자기답게 죽고 싶다면 자기다움의 DNA를 세상에 남겨놓아야 한다.

마이네임 클래스 MY NAME CLASS

한번 상상해보자. 나이키에서 빌 바우어만 클래스를 오픈한다면 무엇을 배울 수 있을까? 또, 애플에서 스티브 잡스 클래스가 만들어진다면 무엇을 배울 수 있을까? 실제로 애플은 사내 대학을 만들고 직원들 대상으로 네 개의 교육 과정을 운영하고 있다.

1 애플에서 커뮤니케이션 Communication at Apple

2 프로젝트 관리 Project Management

3 공급업체 관리 Vendor Management

4 애플을 애플답게 하는 것 What Makes Apple, Apple

애플은 늘 그랬듯이 이 모든 강좌를 비공개로 운영한다. 강좌를 살펴보면 1, 2, 3의 경우는 다른 기업에서 가르치는 것과 별 차이가 없는 듯하다. 그런데 4번 '애플을 애플답게 하는 것'은 나이키의 11번째 원칙 'Remember the man'처럼 우리다움에 해당하고, 이를 중요하게 지키고 있음을 확인할 수 있다. 나이키는 나이키만의 원칙을 통해서 다음 세대에게 자신의 유산을 전달하고, 애플은 애플다운 것을 학습함으로써 자신의 유산을 전달한다.

오래전에 나이키와 애플을 벤치마킹하여 '권민 클래스'를 만든 적이 있다. 브랜드 교육 과정을 만들었는데, 다른 곳에서 배울 수 있는 브랜드 개론, 브랜드 전략, 브랜드 관리 등은 추가하지 않았다. '권민 클래스'에는 오직 나만 경험했고, 나만 이야기하고, 나만 중요하게 생각하는 브랜드 과목을 만들었다. '좋은 브랜드는 좋은 생태계이다' '브랜드 인문학과 인문학적 브랜드' '휴먼브랜드'

'브랜드십' 등이 권민 클래스에서 배울 수 있는 내용이다. 생소하고 낯설지 모르지만, 이것은 나만의 브랜드 경험과 지식의 결합체라고 자부한다. '휴먼브랜드'와 '브랜드십'은 현장에서 배운 것을 기존 언어로 정의할 수 없어서 브랜드십과 헬퍼십처럼 새로운 신조어를 만들었다. 마이네임 클래스(권민 클래스)는 지난 30년 동안 브랜드 분야에서 배웠던 경험과 지식을 나만 보았고, 나만 느꼈고, 나만 설명할 수 있으며, 내가 추구하는 지식으로 구성했다. 그리고 이를 유튜브 동영상과 블로그도 만들었다. 이처럼 나의 무형유산을 남기는 과정에서 나 스스로 '자기다움'을 깨닫고 성장을 경험했다. 지금까지 질문, 일기, 그리고 소설 등을 활용했던 것처럼 자기 이름으로 교육 과정을 만드는 것은 모두 자기다움을 확인하고 깨닫기 위해서다.

마임네임 클래스는 우리다움을 위한 첫 단추이다. 마이네임 클래스를 디지털로 오픈하여 공개하면 나의 자기다움과 같은 방향을 가진 사람들이 모이고, 우리다움에 기반하는 공동체를 형성할 수 있다. 앞서 강조했던 자기다움의 관계가 실현되는 것이다. 이처럼 우리는 마이네임 클래스라는 자기만의 경험 DNA를 통해서 자기다움과 우리다움을 동시에 실현할 수 있다.

본래의 대학은 계급과 특권을 위한 학벌이 아니었다. 중세 시기, 사용했던 스투디움 게네랄레studium generale는 '누구나 공부할 수 있는 곳'이라는 뜻이다. 유니버시티university의 어원인 우니벨시타스universitas는 라틴어로 '하나'의 의미를 가진 우눔unum과 '방향'을 뜻하는 베르토verto의 합성어다. 말 그대로 '하나의 목적을 향해 나아가는 공동체'를 의미한다.

이제 우리는 마이네임 클래스를 통해서 '우리다움을 향해 나아가는 공동체'를 형성할 수 있다. 내가 우리다움으로 함께 하고 싶은 지식 생태계는 '자신의 목적과 우리의 목적을 위해서 함께 공부하는 공동체'이다. 학위가 없어도 자신의 자기다움과 성장을 위해서 같은 목적을 가진 사람들이 함께 배우는 곳이다. 실제로 2015년에 이런 우리다움 공동체를 연남동에서 실험해본 적이 있다. 연남동 소상공인을 위한 골목 대학을 만들고, 마이네임 클래스를 2년 동안 실시했다. 60여 명의 골목 가게 대표님들도 적극적으로 참여하여 자기만의 브랜드를 만들고자 노력했다. 처음부터 힘들고 어려운 일이었지만, 그곳에서 나는 어떤 가능성을 보았다. 이후로도 브랜드 창업 및 자기다움 강좌를 열고 자원봉사 차원에서 지금까지 돕고 있다. 앞으로는 골목 가게를 골목 브랜드로 만들어서 브랜드 마을 공동체를 만들고자 하는 꿈을 갖고 있다.

마이네임 클래스는 경력과 혁신을 요구하지 않는다. 대신에 학습 과정에서 맺는 관계를 중요하게 여긴다. 특히 나 자신과의 관계가 중요하다. 나의 모든 것이 클래스의 콘텐츠가 되기 때문이다. 따라서 나의 과거, 현재 그리고 미래에 대해 더 깊고 넓게 배우고 익히는 경험이 필요하다. 과거에 자신이 경험했던 지식, 현재 자신이 전해줄 수 있는 지식, 그리고 미래에 자신이 알게 될 지식을 학습해야 한다. '자기다움은 무형유산이다.' 이 정의가 현학적 구호처럼 들릴 수 있지만, 우리는 과거 위인들의 자기다움을 배우며 지금까지 성장해왔다. 지금 우리의 사고, 세계관, 문화취향, 정치색, 가치판단 등도 내가 스스로 만든 것이 아니라, 과거 누군가의 자기다움을 학습하고 경험하며 낳은 결과물이다. 이런 의미에서 내 이름으로 클래스(강좌)를 만든다는 것은 누군가의 자기다움이 낳은 부산물이라고 할 수 있다.

마이네임 클래스에는 나와 같은 질문을 가진 사람, 같은 가치를 가진 사람, 같은 목적을 가진 사람, 같은 관심을 가진 사람 그리고 같은 일을 할 수 있는 사람들이 모인다. 무엇보다 나만의 자기다움에서 확장된 우리다움을 마이네임 클래스에서 경험할 수 있다.

마이네임 클래스 만드는 법

나만의 경험과 지식을 바탕으로 만든 세상의 하나뿐인 클래스를 상상해보
자. 처음에는 비교적 가벼운 주제로 시작한다. 예를 들어 '권민의 라미 만
년필촉 길들이기' '권민의 좋은 브랜드 고르는 노하우' '권민이 추천하는
브랜드 30가지'와 같은 접근성이 좋은 클래스가 적합하다. 다음으로 자기
경험과 지식에 기반하는 전문 과정을 만든다. '권민의 브랜드십' '권민의
브랜드 창조' '권민의 브랜드 창업'와 같은 과정이다.

마이네임 클래스를 만드는 1차 목적은 내가 무엇을 좋아하는지, 어떤 것에
흥미를 느끼는지, 무엇을 할 때 집중하는지, 그리고 지금까지 어떤 것에 관
심이 있는지 등을 확인하는 것이다. 여기서 나아가 2차 목적은 내가 알고
있는 것이 얼마나 빈약하고 부족한가를 인식하는 데 있다. 그리고 3차 목적
은 내가 진짜 하고 싶은 것을 확인하는 것이다.

마이네임 클래스를 유튜브와 블로그를 통해서 공개하면 나의 자기다움과
연결될 수 있는 사람들을 만날 수 있다. 나와 같은 질문을 가진 사람, 나와
같은 가치를 가진 사람, 나와 같은 목적을 가진 사람, 나와 같은 관심을 가
진 사람, 나와 같은 일을 할 수 있는 사람, 나와 같은 분노를 가진 사람, 그리
고 나를 필요로 하는 사람 등 마이네임 클래스로 연결된 우리다움을 경험
할 수 있다.

My name class is ···

마이네임 클래스는 만드는 과정에서 자기다움의 밀도가 명확히 드러난다. 만약 자기다움이 미진하다면 잠시 클래스를 멈추고 보완해야 한다. 반대로 자기다움이 더 명확해지면 성장과 몰입을 경험할 수 있다. 다음 주제에 따라 자신의 마이네임 클래스를 떠올려보고 수업명을 적어보자.

1 유독 나만 잘 보는 것으로 만든 My Name Class는?

(예 : 김미진의 책 표지를 예술처럼 즐기는 법)

2 오직 나의 경험과 지식으로 만든 My Name Class는?

(예 : 김미진의 나의 첫 책을 쓰는 법)

3 돈을 받지 않고도 나누고 싶은 My Name Class는?

(예 : 김미진의 유기 동물과 친밀감을 나누는 법)

자기답게 사는 것은 자기 이름처럼 산다는 뜻이다.

자기답게 사는 사람은 더 이상 다른 사람과 비교할 필요가 없다.

그에게는 삶의 기준이 자신의 '이름'이다.

자신의 이름처럼 살 때, 자신의 이름이 되었을 때

비로소 자신의 존재 이유를 알게 된다.

내가 나로 충만함을 느낄 때 느끼는 만족감이

바로 나만이 누리는 행복이다.

무엇을 할 때,
나는 가장 행복한가?

Part 3

타인이 되지 않을 결심

많은 일을 하는 것보다
하지 않아야 할 일을 하지 않음으로써
나는 더 나다워질 수 있다.

하지 않아야 할 것들

어느 날, 함께 신입사원 교육을 받았던 동기들이 모였다. 수년 만에 어렵게 만난 동기들이지만, 너무도 다른 인생을 살아왔기에 서로 공통된 주제를 찾기 어려웠다. 서로가 하나도 변하지 않았다는 거짓말(?)을 시작으로 모처럼 즐거운 시간을 보내고 있었다. 신변잡기 이야기를 늘어놓다가 자연스럽게 골프 이야기로 넘어갔다. 자신들이 어떻게 골프를 시작했는지를 시작으로 마무리는 '인생은 골프다'로 끝났다. 잠시 정적이 흘렀을 때, 명예퇴직을 앞둔 한 동기가 자신의 버킷 리스트로 산티아고 순례길 이야기를 꺼냈다. 종교인도 아닌 친구는 52일간 순례길을 걸으면서 많은 사람을 만났고, 인생의 중요한 것을 배웠다고 말했다.

"거기서 네가 배운 것은 어떤 거야?"

800킬로미터를 걸으면서 그는 무엇을 배웠을까? 나는 정말 궁금해서 질문했다. 친구는 구체적으로 설명하기 어렵지만, 자신이 누구인지, 또 앞으로 어떤 길을 가야 할지에 대해 자신에게 끊임없이 질문했다고 말했다. 그러면서 이번 산티아고 순례길은 40대에 자신이 작성한 버킷 리스트 열 개 항목 중 하나였는데, 그것을 실현했으니 이제 아홉 개가 남았다고 했다. 그러자 동기들은 너나없이 자신의 버킷 리스트를 이야기하기 시작했다. 그중에 똑같은 버킷 리스트는 함께 해보자며 서로 분위기를 띄웠다.

동기들의 버킷 리스트는 대략 이런 것들이었다. 싱글 골퍼 되기, 주식으로 자산 3배 불리기, 경제 유튜버 되기, 1,000개 맛집 여행하기, 제주도 한 달 살기 등 대부분 그동안 직장생활을 하느라 하지 못했던 것들이었다. 그런데 정말 이런 버킷 리스트를 자신이 모두 해낼 수 있다고 믿고 있을까? 동기들은 진짜 자신의 버킷 리스트를 말한 것일까? 아니면 누군가의 버킷 리스트를 자신의 것이라고 착각한 것일까?

버킷 리스트 하나만 봐도 그 사람이 어떤 삶을 살고 싶은지를 엿볼 수 있다. 자기다움 교육 중에 '버킷 리스트 빙고 게임'이 있다. 참가자들은 자신의 버킷 리스트를 완성하고 나면 이런 질문과 마주한다.

'죽기 전까지 내가 이런 일을 꼭 해야 하는 이유는 무엇일까?'

'죽기 전에 이것을 했다는 것은 자기다움과 어떤 관련이 있을까?'

'하고 싶었는데 하지 못한 것과 하지 못했기 때문에 하고 싶은 것은 무엇일까?'

세 개의 질문은 타인의 버킷 리스트와 자신이 진짜라고 믿는 가짜 버킷 리스트를 구분하는 데 도움을 준다. 버킷 리스트bucket list의 '버킷bucket'은 중세 시대에 교수형을 집행하거나 자살할 때 사용되었던 양동이를 의미한다. 죽음을 목전에 둔 사람들이 양동이를 차버리는 행위에서 유래한 것으로 삶의 마지막 순간에 하고 싶은 일들을 목록으로 작성하는 것이 바로 버킷 리스트다. 버킷 리스트가 우리에게 유행하기 시작한 것은 2007년 잭 니콜슨과 모건 프리먼 주연의 영화 〈버킷 리스트〉가 상영되면서부터이다. 영화 중에 이런 대사가 나온다.

"우리가 인생에서 가장 많이 후회하는 것은 살면서 한 일들이 아니라 하지 않은 일들이다."

이 말은 정말 사실일까? 어떤 사람에게는 적용되지만, 다른 사람에게는 그 반대일 수 있다. 우리의 인생이 복잡한 이유는 너무 많은 일을 했거나 하려고 원하기 때문이다. 너무 많이 일을 할수록 나 자신과는 더 멀어질 수 있다. 왜 그럴까? 타인이 좋아하는 것, 타인이 꿈꾸는 것, 타인이 옳다고 하는 것을 무작정 따라 하다가 정작 내 것을 잃어버리기 때문이다. 너무 많은 'To do list'를 보면 뭔가를 열심히 했다는 증거를 남길 수는 있어도 나만의 것은 없는 경우가 많다. 즉, 열심히 일은 했어도 정작 나의 흔적은 느낄 수 없는 일들이 수두룩하다.

현재 나의 버킷 리스트도 진짜 나의 것이 아닐 수 있다. 나의 버킷 리스트를 한 번 의심해볼 필요가 있다. 혹시 남이 좋아하는 것을 내가 좋아한다고 스스로 속이고 있지 않은가. 살짝 의심이 간다면, 이제부터라도 나만의 버킷 리스트를 만들어보자. 아직 늦지 않았다. 다만 이번 버킷 리스트는 전과는 달라야 한다. 우선, 아래 질문에 답해보면서 나만의 버킷 리스트를 생각해보자.

1 내일 죽더라도 오늘 꼭 해야 하는 일과 해서는 안 되는 일은 무엇일까? (예: 감사인사 전하기 / 타인을 이용하지 않기)

2 자기다운 죽음을 준비하기 위해서 매일 실천하면 좋은 것은 무엇일까? (예: 하루에 10분 명상하기)

3 죽기 전에 자기다움을 위해서 꼭 남기고 싶은 것은 무엇일까? (예: 나만의 인생 회고록 쓰기)

자기만의 브랜드 원칙

브랜드는 자기만의 브랜드다움을 유지하기 위해 두스앤돈츠Do's & Don'ts 원칙을 만든다. 이것을 작성하는 가장 큰 이유는 시장에서 경쟁하면서 닮아지는 것을 방지하기 위해서다. 거창하게 들릴 수 있지만, 브랜드에서 Do's & Don'ts는 자신이 누구이고, 어디로 갈 것이며, 어떤 고객을 위해서 존재하는지를 알려주는 중요한 메시지가 될 수 있다. 다음은 유명한 브랜드의 Do's & Don'ts 목록이다. 어떤 브랜드인지 맞혀보자.

1 할인하지 않는다.

2 미디어 광고를 하지 않는다.

3 동물 실험을 통한 원료를 사용하지 않는다.

4 피부색으로 사람을 평가하지 않는다.

5 환경오염 방지를 위해서 매출의 1퍼센트를 지원한다.

6 매년 직원의 10퍼센트는 환경운동에 참여하게 한다.

7 환경 이슈가 생기면 제일 먼저 입장문을 발표한다.

어떤 브랜드일까? 눈치챘을지 모르지만 바로 러쉬LUSH의 Do's & Don'ts 목록이다. 만약 러쉬를 모른다면 러쉬를 좋아하거나 사용하는 사람에게 이 목록을 보여주는 것도 러쉬의 Do's & Don'ts를 검증하는 하나의 방법이다. 브랜드에서 Do's & Don'ts는 브랜드의 일관성과 신뢰성을 유지하는 데 도움을 준다. 즉, 대내외적으로는 자기만의 브랜드 가치를 유용하게 알리고, 내부적으로는 커뮤니케이션 오류를 막을 수 있으며, 고객에게는 기대 이상의 모습을 보이면서 신뢰 관계를 구축할 수 있다. 대부분의 기업은 의사결정의 기준을 '돈이 되는가, 안 되는가?'에 의해 판단하는 것이 일반적이다. 이런 분위기에서 Do's & Don'ts 원칙이 없는 브랜드라면 대표의사, 주주의 이익과 매출 등이 브랜드의 방향을 결정할 확률이 높다. 예전에 브랜드 컨설팅을 할 때, 패션 브랜드 클라이언트가 이런 요구를 한 적이 있다.

"에르메스 같은 명품 마케팅을 하고 싶습니다."(클라이언트)
"그럼, 마케팅을 하지 않아야 합니다."(나)

명품 마케팅을 경험했다면 그것은 명품이 아닐 수 있다. 왜냐하면 명품은 소리치지 않고 속삭이기 때문이다. 에르메스는 소리치지 않는다. 아무것도 하지 않는 것이 에르메스의 명품 전략이다. 명품이 다른 브랜드처럼 요란한 판촉과 현란한 마케팅을 하지 않는 이유가 있다. 그것은 시장에서 자기를 사달라고 소리 지르는 브랜드와 같아지기 때문이다. 명품은 소리 지르는 브랜드와 달리 가격, 품질, 원산지를 말하지 않음으로써 도도함과 우아함을 갖는다(그렇다고 명품이 미디어 광고 마케팅을 전혀 하지 않는 것은 아니다. 자신의 고객이 자주 접하는 미디어와 행사에는 적극적으로 광고를 한다).

러쉬는 자신의 Do's & Don'ts에 따라 광고 마케팅을 하지 않는다. 그 이유는 광고로 성과를 내면 광고에 집중하게 되고 성과를 유지하기 위해 과대광고를 할 수밖에 없다고 판단했기 때문이다. 광고를 하지 않음으로써 고객에게 더 진정성 있게 다가갈 수 있다고 믿었다. 러쉬는 2021년 11월 28일 SNS 활동을 전면 중단한다고 공식 성명문을 발표했다. 그 이유는 '조작이 가능한 알고리즘'과 '위험요소가 예측됨에도 불구하고 이를 묵과하는 느슨한 규제'가 러쉬가 추구하는 '휴식'이라는 가치와 거리가 멀기 때문이라고 설명했다. 러쉬는 광고를 하지 않음으로써 눈에 보이는 돈을 당장 벌지 못했지만, 그 대신에 눈에 보이지 않는 신뢰를 얻게 되었다.

대체로 의사결정은 본능적인 자기 이익에 반응한다. 그것이 나쁘다는 것은 아니지만, 인간은 돈과 반대편에 있는 가치에 따라 움직이는 경우도 많다. 신념, 헌신, 의리, 정직, 가치, 모험, 도전, 혁신, 믿음, 신앙 등 이런 가치가 중요한 사람은 돈과 대치되는 상황을 더 많이 마주하게 된다. 이때, Do's & Don'ts는 자기다움을 지키기 위한 의사결정에서 중요한 기준선을 제공한다.

하지 않음과 자기다움

해야 할 것과 하지 않아야 할 것, 이 중에서 나는 하지 않아야 할 것을 더 강조한다. 내 경우에는 '하지 않음'으로써 자기다움을 지켰기 때문이다. 브랜드의 Do's & Don'ts 원칙을 '해야 할 것'과 '하지 않아야 것'을 구분하여 만들 수 있다. 물론 현재의 Do's & Don'ts를 죽을 때까지 사용하는 것은 아니다. 그래서 처음부터 완벽하게 만들지 않아도 된다. 환경 변화에 따라 계속 고쳐가며 핵심

리스트가 무엇인지를 파악하면 된다. 나는 처음에 해야 할 것 10개와 하지 말아야 할 것 10개로 시작했으나 현재는 7개로 압축해 정리했다.

1 지금 생각나는 것은 세상이 만든 선입견과 편견이다. 바로 말하지 말자.

2 사람을 의지하지 말자.

3 대접받고 싶은 대로 대접하자.

4 바로 결정하지 말자. 해야 할 이유 100가지와 하지 말아야 할 이유 100가지를 적고 판단하자.

5 자기답게 결정했는가? 그 이유 10가지를 말하자.

6 하루에 한 시간씩 책을 읽고 글을 쓰자.

7 주말과 연휴에는 미래의 나로 살자.

위의 7개 리스트는 내가 하지 않아야 할 것을 행함으로써 얻은 것이다. 즉, 비싼 대가를 지불하고 배운 것이다. 만약에 에르메스 마케팅을 요구했던 클라이언트를 만나기 전에 이런 Do's & Don'ts를 만들었다면, 좀 더 배려심을 갖고 대답했을 것이다.

Do's & Don'ts는 자기만의 선택과 행동의 방향을 제시한다. 그렇다고 거창할 필요는 없다. 간혹 '민족과 조국을 생각하고 판단하자.' '인류애를 마음에 품자' '낮은 자를 섬기며 나의 생명으로 사랑하자' 등 거시적인 Do's & Don'ts를 작성하는 사람이 있다. 잘못

된 것은 아니지만 자신을 과도하게 드러내거나, 타인과 다름을 과장하기 위해서 보이는 항목은 오히려 자기다움의 방해가 될 수 있다. 어떤 사람은 '5초 뒤에 대답하기'를 자신의 Do's & Don'ts 제1번 원칙이라고 했다. 상대방의 대화를 끊거나 바로 말하지 않기 위해서 이런 Do's & Don'ts를 만든 것이다. 그는 자신의 제1번 원칙은 손 씻기만 잘해도 감기를 90퍼센트 막는 것처럼 막강한 효과가 있다고 설명했다. 나도 이 원칙을 배워서 제4번 원칙 '바로 결정하지 말자'를 업데이트했다. 어떤 문제가 일어나면 당장 당사자에게 전화하거나 문제의 진위를 따지는 것이 일반적이지만, 그런 방법이 오히려 오해를 부추기거나, 다른 문제로 확대되는 경우를 많이 봤다. 그래서 나는 문제가 생기면 상황에 대해서 글을 먼저 쓰는 편이다. 무엇이 문제라고 생각하는지, 내 감정은 어떠한지, 어떻게 해결하기를 원하는지 등을 감정이 아니라 '자기다움 렌즈'로 바라보기 위해서다.

이렇듯 Do's & Don'ts를 실천하면서 배운 것은 '하지 않음'의 중요성이다. 그동안 나는 뭔가를 해야만 자기다움이 완성된다고 생각했다. 하지만 실제는 그 반대다. '하지 않음'으로써 자기다움이 더 빛날 수 있다. 하지 않는 것이 게으름이나 나태함을 의미하지 않는다. 오히려 자신이 하지 않아야 할 것을 적극적으로 하지 않음으로써 더 나다운 나, 더 성숙한 나를 마주하게 된다. **자기답지 않은 것을 하지 않음으로써 삶은 단순해지고, 자기다움은 더 명확해진다.**

나의 하루는 Do's & Don'ts를 점검하며 시작된다. Do's &

Don'ts로 중간 점검을 하는 점심일기는 자기다움의 조율 시간이다. 저녁일기는 내가 했던 일을 자기답게 실천했는지를 확인하는 자기다움의 조정 시간이다. 내일 해야 할 일도 Do's & Don'ts 기준으로 어떻게 해야 할지를 구체적으로 계획한다. 하루를 자기답게 살기 위한 Do's & Don'ts는 마치 건축의 거푸집과 같다. 이렇게 하루를 해야 할 것과 하지 않을 것을 기준으로 나를 단단하게 만든다. 다음의 Do's & Don'ts 원칙을 보면서 이 회사가 어떤 회사이며, 무슨 업종인지 추측해보자.

- 자연이라면 어떻게 결정했을까?
- 자연은 쓰레기를 만들지 않는다
- 시간 약속은 존중의 표현이다.
- 소통은 자연의 법칙이다.
- 짐승은 반성하지 않는다.
- 배우지 못한 것은 부끄럽지 않다. 배우려 하지 않는 것이 부끄럽다.
- 프로는 마무리로 증명한다.
- 말은 휘발성이다.
- 쓴 것만이 영원히 남는다.
- 일의 자부심이 나를 설명한다.
- 모든 일은 나답게 한다.
- 내 일이 나의 이름이다.
- 나도 자연이다. 자연을 가꾸자.

이것은 어느 조경업체 경영자의 Do's & Don'ts이다. 그는 모든 의사결정을 할 때면 '자연이라면 어떻게 결정했을까?'를 자신에게 질문한다. 즉, 그의 자기다움은 자연이 되는 것이다. 이런 의미에서 죽기 전에 해보고 싶은 리스트가 버킷 리스트라면, Do's & Don'ts 는 죽기 전까지 자기다워지는 리스트라고 할 수 있다.

휴먼브랜드, 자기다움의 끝과 시작

일부러 노력하지 않아도
지금 맡은 일에 최선을 다할 때,
우리는 자연스럽게 휴먼브랜드가 될 수 있다.

지금 자신에게 최선을 다할 것

잘 만들어진 브랜드를 보면 꼭 사람과 같다. 브랜드에 관심이 없는 사람은 좀 이해하기 힘들겠지만, 좋은 브랜드에는 사람의 캐릭터, 영성, 신뢰, 스토리가 들어 있다. 이것은 브랜드를 신비주의로 접근하는 게 아니다. 물론 모든 브랜드에 이런 요소가 들어 있는 것은 아니다. 브랜드를 만드는 건 사람이다. 따라서 제품과 브랜드에는 그 사람의 생각, 사상, 성격 등이 반영된다. 애플과 스티브 잡스가 대표적인 사례라 할 수 있다.

브랜드를 사람처럼 만들기 위해서 브랜드 기획자는 브랜드 캐릭터와 이미지, 성별, 일상 패턴 등을 부여하는 브랜드 페르소나를 만든다. 이것을 '브랜드다움'이라고 한다. '애플다움'이라고 하면 무엇이 떠오르는가? 티파니다움, 오메가다움이라고 말할 때, 그것을 지닌 사람의 모습, 기분, 온도, 음악, 목소리 톤까지 떠오르게 만드는 것이 바로 브랜딩이다.

브랜딩을 제품이 아닌 사람에게 적용한 것이 바로 자기다움이다. 자기다움이 구축된 사람은 브랜드가 될 수 있으며, 이를 '휴먼 브랜드Human Brand'라고 한다. 이 개념에 대해 '다중지능이론' 창시자이자 하버드 교육대학원 교수인 하워드 가드너와 다음과 같이 인터뷰한 적이 있다.

나(권민 이하 동일) : '인간도 브랜드가 될 수 있다'라는 말에 동의하십니까?

하워드 가드너 : 새롭고 재미있는 개념입니다. 개성 넘치고 영향력 있는 사람들은 브랜드라고 볼 수 있습니다. 실제로 최근 몇십 년 동안 패션디자이너들뿐만 아니라, 각 분야의 명사가 브랜드가 되는 경우를 보아왔으니까요. 그래서 80, 90년 전에 인물인 코코 샤넬과 올렉 카시니, 마이클 조던이나 마돈나 같은 유명인사들이 그 분야에서 고유한 브랜드가 되었습니다. 이러한 유추는 다른 영역에도 똑같이 적용될 수 있습니다. 프랭크 게리는 위대한 건축가입니다. 그에 대해서만 다루는 학교와 학문적 접근법이 있을 정도니까요. 노엄 촘스키도 하나의 브랜드입니다. UN 총회에서 우고

차베즈 베네수엘라 대통령이 촘스키 책을 들어 보이며 연설했을 때 '촘스키' 그리고 '촘스키의 사상'을 하나의 매개로 의사소통이 가능했을 정도이니, 그는 확실히 브랜드라고 봅니다.

나 : 우리는 휴먼브랜드가 되기 위한 중요한 요소로 능력(타고난 자질), 태도(하고자 하는 마음가짐, 열정, 성실성 등), 사고방식(긍정적 사고방식, 긍정적인 사회적 영향력)의 세 가지 조건을 꼽았습니다. 이에 대해 어떻게 생각하십니까?

하워드 가드너 : 분명히 어느 정도는 '자질이나 능력'이 브랜드가 되기 위한 필요 요소들입니다. 마릴린 먼로도 그녀만의 특별한 자질을 가졌기에 브랜드가 될 수 있었다고 생각합니다. 또한 '태도'가 열정이나 성실성을 의미한다면, 그 요소도 꼭 필요한 요소입니다. 마지막 요소인 '사고방식' 또한 중요한 요소임에 틀림없습니다. 그 용어가 어떠한 문제에 접근하거나, 대처하는 방식, 혹은 질문을 제기하는 방식에 관한 것이라면 더욱 그렇습니다. 그러나 브랜드가 되기 위한 조건이 반드시 긍정적일 필요는 없다고 생각합니다. 도널드 트럼프 같은 사람을 보십시오. 그는 그만의 특별한 사고방식을 갖고 있습니다. 그러나 굉장히 도덕적이거나 모범을 보일만 한 행동은 하지 않죠. 마피아 같은 불량배나 스탈린, 마오쩌둥도 브랜드가 될 수 있는 것을 보면 더욱 명확히 알 수 있습니다. 그들의 태도가 강력해서 브랜드가 된 것이지, 사고의 긍정성

때문은 아닙니다. 물론 '어떤 브랜드가 되는가?'에는 긍정적인 사고가 중요한 영향을 미치겠죠. 스탈린이란 이름의 브랜드로 상품을 팔기를 원하는 사람은 아무도 없을 테니까요. 그러나 '스탈리니스크Stalinesque, 스탈린 사상의 건축물'이란 용어도 있고, '마오이스트Maoist, 마오쩌둥 사상의 예술품 혹은 국가관'이란 표현으로 어떤 개념을 명확히 전달하는 것을 보면 그들 각자는 브랜드임에 틀림없습니다. 결론적으로 휴먼브랜드 정의에서 '자질'과 '태도'가 '사고방식'과는 분리되어야 한다고 생각합니다. 사고방식이 긍정적이든 부정적이든 중립적이든 브랜드는 될 수 있다고 생각합니다.

나 : 그러한 이유로 당신의 비범한 인물들에 대한 연구 대상에서 히틀러, 스탈린, 마오쩌둥이 빠져 있는 것입니까?

하워드 가드너 : 세 사람 모두 비범하지만, 그것은 조금 다른 측면에서 비범함입니다. 히틀러는 집단의 증오심을 선동하고, 독일인의 열망을 끌어내어 그것을 그들에게 약속하는 일 등에 있어서는 가히 천재적이었습니다. 또한 스탈린은 음모를 꾸미는 책략가로서는 천재적이었죠. 마오쩌둥은 총명한 조직 구성자였으며, 세계 무대에서 어떻게 행동해야 하는지를 잘 아는 사람이었습니다. 세 사람 모두 천재적이었지만 그들의 비범함은 자국과 세계에 돌이킬 수 없는 해를 끼쳤습니다. 이런 사람들에 관한 연구를 통해서도 많은 것을 배울 수 있겠지만, 저는 보다 긍정적인 영향력을 가

진 천재들에 대해 더 많은 연구를 하고 싶었기 때문입니다.

나 : 저희(유니타스 브랜드)가 제시한 휴먼브랜드의 세 가지 조건 (능력, 태도, 사고방식) 이외에 추가하고 싶은 요소가 있습니까?

하워드 가드너 : 만약 '브랜드'라는 단어를 단지 유명하다고 해서 붙일 수 있다면, '브랜드'라는 단어 자체의 의미가 없어집니다. 예를 들어 조지 부시는 브랜드가 될 수 없다고 생각합니다. 브랜드는 그 자신만의 영역에서 차별적인 생각과 행동이 있어야 하며, 동시에 그 생각과 행동은 '조화ensemble'를 이루어야 하기 때문입니다. '15분짜리 명사celebrity'들은 그러한 면모를 보이지 못하죠. 반면에 오프라 윈프리는 그 조화를 갖추고 있기에 보증된 브랜드가 된 것이죠. 따라서 '자신만의 독특한 사고와 행동의 조화'가 더 추가될 수 있는 요소라 생각합니다.

나 : 선천적으로 가지고 태어난 능력(자질)이 미비하더라도 휴먼브랜드가 될 수 있는 후천적인 방법은 무엇이라고 생각하십니까?

하워드 가드너 : 특출난 자질을 타고나지 못했더라도 브랜드가 될 수는 있습니다. 다만 그 사람은 스스로 더욱 훈련하고, 그것을 대중에게 잘 해석해서 보여주어야 하죠. 미국의 두 영화를 생각해 보십시오. 〈포레스트 검프Forrest Gump〉나 〈챈시 가드너Chauncey Gardner〉도 브랜드가 되었습니다. 아마 그것이 그 영화의 포인트였겠죠. 그들의 '특별함 없음' 혹은 '우매함'이 그들에겐 특별함이 되었고, '그럼에도 불구하고 유명해진 것'으로 브랜드가 되었습니다. 그러나 이런 브랜드들은 한계가 있습니다. 즉, 내세울 만한 특별한 가치가 아무것도 없다면 단명하게 됩니다. 오랫동안 지속되는 브랜드들은 15분이 아니라, 15년 후에도 잘 알려져 있습니다. 역사적으로는 1,500년이 될 수도 있지요. 칭기즈칸, 마르코 폴로, 아리스토텔레스, 그리고 공자는 수천 년이 지나도 기억될 것입니다.

나 : 휴먼브랜드가 되고 싶은 사람들에게 해주고 싶은 말이 있다면 무엇인가요?

하워드 가드너 : 휴먼브랜드가 되기 위해 노력하지 마십시오. 다만 지금 맡은 일에 최선을 다하십시오. 그러면 당신은 자연스럽게 성공하게 될 것입니다. 그때 브랜드가 될 것인지 선택하십시오. 단지 브랜드가 되기 위한 노력은 완벽한 실패를 야기할 수 있습니다. 심지어 당신이 원하지 않는 방향으로 브랜드가 될지도 모릅니다. 브리트니 스피어스를 보십시오. 그녀는 좋은 방향으로 유명해지기를 원했지만, 결과적으로 불명예스럽게 유명해졌죠. 당황스러운 기사로 줄곧 헤드라인을 장식하더군요. 브랜드가 되려는 욕망은 떨치기 쉬운 것이 아닙니다. 심지어 브랜드가 되기를 원하지 않던 사람들도 〈아메리칸 아이돌American Idol〉에 출연할 기회를 잡거

나 로또에 당첨된다면 브랜드가 되고 싶은 유혹에 압도당하게 됩니다. 꼭 브랜드가 되어야 주변 사람들의 존경을 받는 것은 아닙니다. 1969년에 최초로 달 표면을 거닐었던 닐 암스트롱을 최근에 만났습니다. 그는 브랜드가 될 수 있었음에도 거부한 사람이지만, 저는 브랜드가 된 도널드 트럼프보다 그를 더욱 존경합니다.

나 : 휴먼브랜드를 만들거나 휴먼브랜드가 되도록 도와주는 사람을 우리는 '휴먼브랜더'라고 정의했습니다. 당신과 같은 훌륭한 교육자 또한 하나의 휴먼브랜더라고 생각하는데, 휴먼브랜더로서 휴먼브랜드가 될 만한 자질을 가진 학생들을 어떻게 알아보십니까?

하워드 가드너 : 제가 훌륭한 휴먼브랜더인지는 잘 모르겠지만, 교육 과정 중에도 브랜드가 될 만한 학생들을 발견하는 것은 사실입니다. 그들은 몇 가지 특징을 갖고 있습니다. 첫 번째 특징은 수업에 대한 빠른 학습력입니다. 흥미로운 질문을 가져온다든가, 저를 생각하게 만드는 의견을 낸다든가, 새로운 시각으로 세상을 보는 학생들을 저는 성공 가능성이 있는 학생들로 보고 있습니다. 총명한 학생들은 많습니다. 그러나 흥미로운 의견 제시나 그에 따른 행동을 하지 않는 학생이라면 저는 학자로서의 가능성은 적다고 봅니다. 두 번째 특징은 문제를 해결하는 데 있어서 매우 독특한 행동 양상 혹은 사고 접근법을 시도한다는 것입니다. 그들은 문제

점을 즉각적으로 발견해서 다음 실행에서는 완전히 다른 성과를 보여줍니다. 대부분의 학생이 같은 실수를 반복하는 것과는 매우 다른 것이지요. 요요마 같은 첼리스트가 대표적인 경우입니다. 그는 학습 포인트를 잘 잡아냅니다. 또한 실제로는 어떨지 모르겠지만 별 노력 없이 새로운 시각으로 모든 문제를 해결해내는 것처럼 보입니다. 이런 조건을 모두 갖추었다면 휴먼브랜드가 될 확률이 높다고 할 수 있죠.

나 : 그런 비범한 학생들을 휴먼브랜드로 만들기 위해서 어떠한 노력(개발 혹은 훈련 과정)을 기울이십니까?

하워드 가드너 : 사실 그 비범한 학생들의 행동이나 결과는 흔히 교수들의 노고라고 평가받습니다. 그러나 사실 그것은 합당하지 않다고 생각합니다. 아마도 그러한 학생들은 교수가 필요하지 않을 수도 있습니다. 오히려 제가 생각하는 훌륭한 교육자는, 보통의 학생들을 좀 더 나은 학생들로 변화시키고, 그 학생들을 유망한 브랜드로 만들어내기 위해 노력하는 사람이라고 생각합니다.

나 : 《통찰과 포용Leading Minds》을 보면 리더들에 관한 연구를 했던 것으로 알고 있습니다. 직장 내에도 휴먼브랜더와 휴먼브랜드가 있다고 생각합니다. 경영자와 같은 휴먼브랜더가 휴먼브랜드가 될 만한 자질을 가진 직원을 어떻게 알아볼 수 있습니까?

하워드 가드너 : CEO들이 비범한 직원들을 발굴하여 훈련하는 것에 있어서 교수들보다 그 공로를 훨씬 더 인정받을 만한 자격이 있다고 생각합니다. 왜냐하면 직원들 중에 전 영역에 능통한 사람은 많지 않기 때문입니다. 아인슈타인이나 요요마 같은 사람들도 직원으로서는 특별히 뛰어나지 않았을 것입니다. 다만 특정 영역에서 확실히 두각을 나타냈겠죠. 예를 들면 어떤 직원은 마케팅 영역에서 비범성을 보이지만, 투자나 관리 영역에서는 그다지 두각을 나타내지 않을 수 있습니다. 그래서 CEO는 해당 영역에서 누가 비범함을 나타낼지 판단하기 전에 그 업무가 요구하는 것과 그 직원의 성장 가능성을 미리 예견해야 합니다.

나 : 그러한 사람들을 브랜드로 만들기 위해서 어떠한 노력(개발과정)을 기울여야 할까요?

하워드 가드너 : 이상적인 이야기처럼 들릴지 모르지만, 저라면 임시직으로 사람을 채용해서 그들에게 몹시 어렵고 힘든 업무를 맡기겠습니다. 그리고 지켜보는 것이죠. 얼마나 빨리 그 영역에서 필요한 기술을 알아차리고, 올바른 대답을 하는지를 말입니다. 불행히도 이러한 방법은 대학에서는 해볼 수 없습니다. 그러나 회사에서는 가능하지 않을까요?   (끝)

휴먼브랜드가 되려고 노력하지 않을 때, 오히려 휴먼브랜드가 될 수 있다. 휴먼브랜드가 되기 위해 남을 의식하기 시작하면, 그 순간부터 비교와 경쟁으로 원본을 잃고 복사본이 될 수 있기 때문이다. 자기 자신에게 집중하는 자기다움처럼 휴먼브랜드는 자기 자신에게만 집중해야 한다. 휴먼브랜드는 목표가 아니라 결과일 뿐이다.

손흥민이 손흥민처럼 될 때

모든 인생이 브랜드가 되거나 브랜드 같지는 않다. 하지만 자신의 이름을 남긴 인생은 브랜드라고 할 수 있다. 우리가 잘 알고 있는 샤넬, 루이뷔통, 포르셰를 비롯하여 제품은 아니지만 자신만의 생각과 업적을 남긴 이순신, 플라톤 등이 바로 그렇다. 만약에 성이 이 씨인 어느 아버지가 아들 이름을 '이순신'이라고 지었다면, 우리는 이 아이가 유치원부터 고등학교 때까지 어떻게 살아갈지 미루어 짐작할 수 있다.

손 씨 성을 가진 사람이 '흥민'이라는 이름을 아들에게 지어준다면 사람들은 손흥민이라는 이름을 가진 사람에게 이렇게 질문할 것이다. "축구는 잘해요?" 축구 선수 정대세는 신문 인터뷰에서 손흥민 선수에 대해서 이렇게 말했다. "손흥민은 그냥 다른 레벨로 갔어요. 한국을 넘어섰어요. '코리언 원더보이'가 아니라 그냥 손흥민이에요. 나라 크기와 나라의 축구 위상을 넘어선 존재라고 봐요. 전 세계적으로 봐도 이런 경우는 쉬운 일이 아닙니다.”

다른 수식어가 없는 ‘그냥 손흥민이에요’가 바로 브랜드다. 요즘 말로 하자면, ‘손흥민이 손흥민되었고’ ‘손흥민이 손흥민했다.’ 휴먼브랜드의 이름은 명사가 아니라 동사다. ‘손흥민이 그 게임에서 손흥민했다’라고 말한다면 그것이 어떤 의미인지 대부분은 이해할 수 있다. 축구를 좋아하지 않는 사람이라면 ‘유재석이 유재석했다’라고 말한다면 대충 무슨 의미인지 이해할 것이다. 브랜드를 다음과 같이 말할 때, 누구나 공감할 수 있는 ‘의미’가 만들어진다면 브랜드가 된 것이다.

애플이 애플했다.

구글이 구글했다.

나이키가 나이키했다.

테슬라가 테슬라했다.

자기다움 교육 과정에서 조직관리를 위한 ‘브랜드십Brandship’ 시간에 이것을 활용한다. 예를 들어 ‘권민이 권민했다’의 의미는 무엇인지를 교육생들에게 질문하고 페이퍼를 돌려보면, 그 사람(권민)이 어떤 사람인지 대략 예상할 수 있다. 그 결과를 그대로 믿지는 않지만 대략적인 윤곽을 잡아서 당사자에게 피드백을 해주고 있다. 휴먼브랜드가 된 사람을 흔히 ‘이름값’을 하는 사람이라 부른다. 아마 자신을 포함하여 주변인들의 이름이 지닌 의미를 들어

HumanBrand is ·····

휴먼브랜드는
목표가 아니라 결과이다.

휴먼브랜드는
자기다움의 시작이자 완성이다.

휴먼브랜드는
자기 자신에게 집중하는 것이다.

보면 특별한 뭔가가 새겨 있을 것이다. 대체로 부모는 좋은 의미를 담아서 자녀의 이름을 지어주지만, 과연 이름처럼 사는 사람은 얼마나 될까?

손흥민 孫興慜

손흥민 선수의 이름을 한자로 풀어보면 '흥민'흥할 흥興. 총명할 민慜, '흥하고 총명하라'라는 의미다. 그 의미대로 그의 행적을 살펴보니 정말 그렇게 보인다. 이른바 '이름값'을 했다. 손흥민이 실제로 '흥민'이 된 것이다.

봉준호 奉俊昊

봉준호 감독의 이름을 한자로 풀어보면 '준호'준걸 준俊. 하늘 호昊, '하늘에서 온 재주와 슬기가 뛰어난 인물'이라는 의미이다. 그의 작품과 수상 경력만으로도 봉준호 감독이 '봉준호가 되었고, 실제로 봉준호했다'고 볼 수 있다.

그렇다고 오해하지는 말자. 이름을 잘 짓는다고 모두가 휴먼브랜드가 될 수 있는 것은 아니다. 이름에 의미가 없다고 좌절할 필요도 없다. 의미 있는 이름을 만들거나, 아니면 없는 의미를 새롭게 만들 수도 있다. 이런 예를 살펴보자. 글로벌 공유숙박 기업인 '에어비앤비'Airbnb 브랜드의 풀 네이밍은 'Air Bed & Breakfast'이다. 그 이름만 보면 저렴한 숙소라고 생각할 수 있지만, 실제로 에

어비앤비는 원래 이름을 뛰어넘는 고급스러운 이미지를 획득했다. 요즘 젊은이들을 중심으로 많이 찾는 패션 쇼핑몰 무신사^{MUSINSA}를 살펴보자. '무진장 신발 사진이 많은 곳'을 줄여서 만든 이름인데, 처음에는 지금과 완전히 다른 곳이었다. 신발 마니아들이 이른바 '덕질'하는 사이트였다. 애플은 또 어떤가. 구글에 들어가서 애플 혹은 'apple'을 검색하면 그냥 애플(사과)이 나오지 않고, 우리가 아는 브랜드 '애플'이 나온다. 이처럼 단어는 시대에 따라 그 의미가 수시로 바뀐다.

사람의 이름이 브랜드가 되는 사례는 너무 많다. 유럽풍을 지향한 미국 브랜드 폴로^{Polo}를 만든 랄프 로렌^{Ralph Lauren}의 진짜 이름은 랄프 리프시츠^{Ralph Lifshitz}였다. 그는 유대인으로 평범한 가게 점원이었다. 루이비통^{Louis Vuitton}은 포장 이삿짐센터 점원이었고, 엔초 안셀모 페라리^{Enzo Anselmo Ferrari}의 직업은 레이서가 아니라 트럭 운전사였다. 자신의 이름으로 브랜드를 만드는 것은 자신의 자기다움과 철학으로 보이지 않는 제품을 고객에게 제공하는 것이다. 손흥민이 손흥민이 되는 것처럼 브랜드가 브랜드가 되는 것이 바로 브랜딩^{Branding}이다. 이 말은 생산자의 의도와 사용자의 의미가 일치할 때 브랜딩이 된다는 의미이다. 예를 들어 애플은 자사 제품을 '다르게 생각하기^{Think different}'라고 홍보하는데, 사용자도 다르게 생각하기 위해 애플을 구입했다면 애플은 브랜딩이 된 것이다. 할리 데이비슨은 또 어떤가. 도시에서 말을 타는 경험을 주고 싶다는 브랜드 의도를 사용자가 같은 의미로 경험한다면, 역시 브랜딩이 된 것이다. 그래서 자기답게 산다는 것은 이렇게 말할 수 있다.

내 이름처럼 살기
내 이름이 되어보기
내 이름과 같은 사람 되기

2024년 5월 현재, 우리나라에서 '홍민'이라는 이름으로 사는 사람은 22명이다. '준호'라는 이름으로 7,800명이 살고 있다. 이름이 같아도 같은 인생을 사는 것은 아니다. 또, 이름을 잘 짓는다고 그것이 브랜드나 상표가 되는 것도 아니다. 자신의 이름을 '이름답게' 만들 때, 즉 자신의 이름처럼 살아갈 때 브랜드가 된다.

나는 내 이름을 브랜드로 남기고 자기답게 죽는 것을 인생의 목표로 정한 후, 사는 것이 심플해졌다. 모든 사람이 각자 다른 삶을 사는 것처럼, 나 자신이 되었다는 것은 남과 다른 삶을 살고 있다는 뜻이다. 같은 삶을 살아도 다르게 사는 삶이다. 많은 사람들이 자기 자신이 되어본 경험이 없어서 나 자신이 된다는 게 무엇인지 잘 모른다. 그저 자기만의 취향 정도로 생각한다면 그것은 엄청난 오해다.

자기답게 사는 것은 자기 이름처럼 산다는 뜻이다. 자기답게 사는 사람은 더 이상 다른 사람과 비교할 필요가 없다. 그에게는 삶의 기준이 자신의 '이름'이다. 손흥민은 그냥 이름이 아니라 축구라는 이름을 가진 상징이 되었다. 자신의 이름처럼 살면 그 이름은 동사가 되고, 상징이 된다. 이처럼 우리는 자신의 이름으로 신뢰를 얻으며 살아갈 수 있다.

한편 자기다움과 이름, 그리고 브랜드가 일치하지 않아서 이름을 자기다움에 맞도록 바꾸는 경우도 있다. 브랜드에서는 이름 정하기가 가장 어렵다. 중간에 이름을 고칠 수도 있지만, 기존 이름을 버리고 새 이름을 짓는 경우가 더 흔하다. 최근에는 한 번만 들어도 무슨 의미인지 인지할 수 있는 직관적인 이름을 선호한다. 애플을 시작으로 당근, 카카오, 멜론, 토마토와 같이 열매 이름을 브랜드로 쓰는 기업도 많다. 그런데, 휴먼브랜드는 단순히 남들이 쉽게 기억하기 위해서 이름을 정하지 않는다. 휴먼브랜드에서 새로운 이름을 갖는다는 건, 자기다움이 희미할 때 이를 명료하게 하기 위해서다.

《해리 포터》를 쓴 조앤 롤링 J. K. Rowling의 본명은 '조앤 롤링 Joanne Rowling'이다. 그녀가 필명을 사용한 건, 블룸즈버리 출판사와 계약하면서 남자아이들이 여성작가가 쓴 책을 잘 읽지 않는다는 출판사 제안 때문이었다. 조앤 롤링은 또, 로버트 갤브레이스 Robert Galbraith라는 필명으로 추리소설 《더 쿠쿠스 콜링 The Cuckoo's Calling》을 출판한 적이 있다. 그녀는 《해리 포터》를 쓴 유명 작가가 아닌 오직 작품성만으로 평가받기 위해 필명을 사용했다고 말한 바 있다. 조앤 롤링은 부모님이 지어주신 첫 번째 이름이었다. 첫 번째 결혼으로 갖게 된 두 번째 이름은 조앤 아란테스였다. J. K. 롤링은 《해리 포터》를 쓰기 위해서 자신이 자신에게 부여한 세 번째 이름이었다.

로버트 갤브레이스는《해리 포터》에서 벗어나기 위해서 자신에게
준 네 번째 이름이었다. 현재는 닐 머레이와 재혼하여 조앤 머레이
가 그녀의 법적인 본명이다. 지금까지 다섯 개 이름을 경험한 그녀
가 가장 자기답게 살았던 때는 언제였을까?

 필명筆名은 작가가 작품을 발표할 때 쓰는 펜네임Pen Name이다. 우
리나라에도 필명으로 활동하는 작가가 많다. 박금이의 필명은 박
경리이고, 이열은 이문열, 황수영은 황석영, 홍종현은 정이현이라
는 필명을 사용한다. 필명을 사용하는 이유는 다양하다. 새로운 장
르에 도전하거나, 성별을 감추거나 슬럼프에서 벗어나기 위해서,
혹은 명성이 아닌 오직 자신의 글로만 평가받고 싶은 마음 등 수많
은 이유가 있다. 어쩌면 소설가는 수많은 캐릭터를 만들어내는 작
업 특성상 자신이 소설을 쓰면서 그 소설의 또 다른 캐릭터로 자신
을 인식하는 경향도 있다.

 지금은 거의 사라졌지만 과거에는 이름 대신 호號를 사용했다. 유
교 문화권에서 부모님이 지어주신 이름을 부르는 게 예의에 맞지
않는다며 이름 대신 편하게 부르고자 호號를 사용했다. 호는 부모,
스승, 선배나 친구 등이 지어주기도 하지만, 대부분 스스로 지었다.
예명藝名은 말 그대로 연예인이 연예 활동을 위해 기억하기 쉽거나
자신의 캐릭터를 보여주기 위해 지었다. 요새는 '활동명'이라는 이
름으로 자기다움을 표현한다. 이처럼 자기다움을 극대화하기 위해
서 이름을 바꾸는 것도 휴먼브랜드가 되는 방법의 하나다.

 휴먼브랜드에서 네이밍은 이미 있거나 강력한 연상 이미지를 가

지고 있는 것을 지양해야 한다. 원칙적으로 휴먼브랜드의 이름은 누군가에게 알리기 위해서 만든 이름이 아니라 자신이 자신에게 붙여주는 이름이다. 이런 휴먼브랜드 이름은 다음의 특징이 있다.

1 멋진 가명이 아니다.

지금보다 더 멋있고 예쁜 이름이 목표가 아니다. 휴먼브랜드의 새로운 이름은 자기다움을 닮아야 한다.

2 다양한 관계를 이어준다.

나만 알고 있는 이름일 수 있지만, 이 이름으로 타인과 관계를 이어갈 수도 있다. 예를 들어 블로그나 유튜브처럼 새 이름으로 활동을 할 수 있다. 즉 현실 세계에서 활동하는 실존 인물의 이름이다.

3 새로운 나를 구축한다.

지금의 이름이 휴먼브랜드를 설명할 수 있다면 굳이 만들 필요는 없다. 자신의 새 이름을 짓는 것이 절대적인 것은 아니지만, 새로운 자신을 구축하기 위해서라면 추천한다.

좋은 사람과 좋은 제품

좋은 제품과 좋은 사람에게는 닮은 점이 있다. 먼저 제품을 살펴보면서 사람을 떠올려보자. 좋은 제품의 기준은 가격과 품질, 그리고 명성으로 정하는 경우가 많다. 명성은 없지만 가격 대비 품질이 좋은 가성비 제품, 가격이 비싸도 품질과 명성이 있는 명품을 흔히 좋은 제품으로 인식한다. 물론 개인 취향에 따라서 좋은 제품의 기준이 달라지는 것도 인정하자.

하워드 가드너 교수는 휴먼브랜드의 조건으로 능력, 태도, 사고방식과 자신만의 독특한 사고와 행동의 조화라고 말했다. 여기서 자신만의 독특한 사고와 행동의 조화가 '자기다움'이다. 좋은 제품이라고 해서 반드시 브랜드다움이 있는 것은 아니다. 좋은 사람이라고 해서 독특한 자기다움이 있는 것도 아니다. 하지만 브랜드가 되기 위해서 품질은 선택이 아닌 기본이다. 휴먼브랜드가 되기 위해서 '자기다움'이라는 요건만 필요한 것이 아니라, 타인이 인정하는 '능력, 태도, 사고방식' 역시 기본으로 갖추고 있어야 한다. 그렇다면 좋은 제품과 좋은 사람의 공통점은 다음과 같다.

첫째, 오래 사용해도 언제나 같은 모습이다.

좋은 제품은 원래 형태를 오래 유지한다. 라미Lamy 만년필은 플라스틱인데 내 경험상 10년 동안 사용하면서 변형이 거의 없었다. 플라스틱 컬러의 변색이 오래 사용한 가죽처럼 느껴지는 것은 내 착각일 수 있다. 몽블랑은 변색도 없다. 만년필 뚜껑에 있는 클립의 잔 흠집을 제외하고 항상 새 상품 같은 컬러를 유지한다.

10년이 지나도 변하지 않거나, 더 좋아진 사람을 만나기는 참 어렵다. 내가 절대로 하지 않는 일 중 하나가 사람 소개다. 예전에 같이 일했던 직장 동료에게 다른 사람을 소개해서 낭패를 겪은 일이 많았기 때문이다. 세월 앞에서도 좋은 사람은 정말 없을까? 다행히 나는 좋은 사람을 여러 명 알고 있다. 이런 사람은 자신이 추구하는 지식과 신념 그리고 경험을 토대로 단단하게 서 있다. 아무리 시간이 흘렀어도 더 자기답게 깊어지는 것에는 안정감이 느껴진다. 한 번을 사용해도 익숙한 느낌을 주는 제품, 한 번을 만나도 편안한 느낌을 주는 사람을 우리는 '좋다'라고 말한다.

둘째. 디테일과 마무리가 정교하다.

좋은 사람은 디테일과 마무리가 다르다. 회의 중 다른 사람의 말을 경청하는 자세, 질문하는 방법, 그리고 몸 행동까지 남다르다. 예를 들어 문자를 보면 그 사람이 얼마나 신경을 썼는지 알 수 있다. 한 번에 보냈는지 아니면 다른 곳에 쓰고 확인한 뒤 복사해 붙여 보냈는지도 알 수 있다. 또, 커피를 샀을 때 반응이나 리포트를 발표할 때 준비성도 다르다. 프로 스포츠 선수들 대부분은 즉흥적으로 임기응변식으로 경기를 풀어가지 않는다. 경기를 앞두고 이미지 트레이닝Image Training으로 준비해서 모든 것이 자동으로 흘러가는 것처럼 리듬을 타면서 경기에 임한다. 디테일과 마무리가 탁월한 사람은 마치 자신이 이곳에 있었다는 서명을 남기는 것처럼 일한다.

셋째, 사용자에 대한 섬세하고 겸손한 배려에 감동한다.

좋은 제품은 감탄을 넘어 감격을 선사한다. 특히 스마트폰을 사용하다 보면 미처 생각하지 못한 기능까지 발견할 때가 있다. 이런 기능도 있으면 좋겠다고 생각한 기능은 반드시 있거나 언젠가는 만들어진다. 디자인과 운영체제를 총괄 관리했던 (전) 애플 디자인 책임자 조나단 아이브의 관점을 들어보자.

"아이폰이란 하나의 '경험'이라고 믿습니다. 하드웨어와 소프트웨어가 이루는 하모니에서 우러나오는 경험인 거죠. 우리는 그 경험을 계속 다듬어 나갑니다. 과감히 하드웨어와 소프트웨어의 경계를 허물면서 더 강력하게, 더 직관적으로, 궁극적으로는 더 유용하게 만들어갑니다. 친숙함과 새로운 느낌을 동시에 줄 수 있다는 것은 대단한 일이라고 생각합니다."

애플이 추구하는 사용자 경험은 '친숙함과 새로움'이라는 놀라운 발견이다. 친숙함은 우리 본성에 맞는 것이고, 새로움은 상상을 뛰어넘는, 세상에 없던 순간을 말한다. 이런 경험은 좋은 제품을 살펴보면 기능인지 디자인인지 모르는 부분에 숨어 있다. 내가 좋아하는 러닝용 신발이나 로드 자전거 디자인을 보면서 '왜 이렇게 만들었을까?'를 찾아본다. 소비자는 무심코 넘어갈 수 있는 부분이고 몰라도 되는 기능이지만, 그들은 저항과 시간을 극복하기 위해 세심한 디자인으로 이를 보여준다.

섬세함과 배려의 가장 큰 특징은 '내가 대접받고 싶은 것처럼 대접한다'라는 황금률에 있다. 상대방 중심과 입장에서 모든 것을 행동하는 사람은 이렇게 한다. 이런 사람과 대화하거나 일을 해보면 내가 존중받고 있다는 느낌을 받는다. 인간은 신과 동물 그리고 무생물까지도 교감할 수 있는 능력이 있다. 그래서 선입견만 없다면 상대방의 행위가 가식인지 진심인지 어느 정도는 파악할 수 있다. 우리가 가짜 배려와 겸손에 자주 속는 이유는 자신의 본능적인 느낌을 인정하지 않거나 관찰하지 않기 때문이다.

넷째, 보이지 않는 부분도 아름답다.

간혹 소파 밑을 볼 때가 있다. 럭셔리한 가죽 소파인데도 그 밑을 보면 허접한 천에 타카총으로 마무리한 모습에 실망한 적이 있다. 사람의 마음속도 겉모습과 크게 다르다면 어떤 기분이 들까? 한 사람을 안다는 것은 보이지 않는 그 사람의 마음속까지 알고 있다는 의미이다. 우리는 어떻게 누군가의 마음속을 알 수 있을까? 그 방법의 하나는 그 사람이 사용하는 단어들을 살피는 것이다.

사람은 마음속에 있는 것을 꺼낼 때 말로 보여준다. 주어가 무엇인지, 수동태인지 능동태인지, 가장 많이 사용하는 단어가 무엇인지, 어떤 구조로 자기 생각을 전개하는지, 자주 등장하는 단어가 무엇인지를 찾아볼 수 있다. 이처럼 눈으로 볼 수 없는 상대방의 믿음, 가치, 세계관 등에 대해서 구체적으로 파악할 수 있다.

사람을 보는 나의 기준은 '조심하다'이다. 이것의 의미는 '피하다' 혹은 '기피하다'가 아니다. 조심해야만 관찰할 수 있고, 관찰해야만 나의 눈이 주는 잘못된 이미지에서 벗어날 수 있다. 좋은 제

품을 보는 눈도 필요하듯이 좋은 사람도 자기만의 기준이 있으면
더 정확하게 볼 수 있다.

다섯째, 좋은 제품은 다른 제품과 다른 자기다움이 있다.

좋은 제품은 자기만의 얼굴이 있다. 100미터 거리에도 그 자동
차가 어떤 브랜드인지 알 수 있다. 수십 대의 컴퓨터들이 있어도
내가 좋아하는 딱 하나의 다른 컴퓨터를 발견할 수 있다. 기능과
실험 횟수만 보아도 이 신발을 누가 만들었는지 알 수 있다. 100년
전에 만들었지만 여전히 비슷한 모습을 가지고 있는 신발도 있다.
수십 년, 아니 수백 년 동안 자기 모습만 유지하는 게 아니다. 계속
발전하고 있어도 10년 주기로 보지 않으면 그 변화를 눈치채지 못
한다. 좋은 제품은 경쟁 제품과 다투지 않고, 관심과 돈이 쏠리는
트렌드를 따라가지 않는다. 그 때문에 수백 년이 지나도 여전히 자
기 얼굴을 유지한다. 좋은 제품의 목적은 좋은 제품을 통해서 자신
이 되는 것이다.

좋은 사람은 다른 사람을 흉내 내지 않는다. 타인과 경쟁하지 않
고, 자기다워지는 것을 인생의 목적으로 삼는다. 그래서 다른 사람
의 인정, 칭찬 그리고 비판도 신경 쓰지 않는다. 어떤 일을 하든지
좋은 사람은 그 사람답게 일한다. 그렇게 그가 하는 일들은 경력이
되고, 그 경력은 소명의 열매가 된다. 좋은 사람은 아무리 작은 일
이라도 자기답게 일하면서 남들이 의식하지 못하는 무한한 가치
를 만들어낸다. 수도사이자 문필가인 토머스 머튼은 "빗자루를 쓰

는 모습을 보면 여러 가지 말을 듣는 것보다 그 수도사에 대해 더 잘 알 수 있다"라고 말한 것과 같은 맥락이다.

자기 이름처럼 되는 것

제품을 만드는 것도 사람이고, 그 제품을 사용하는 것도 사람이다. 좋은 제품의 기준은 '사람을 어떻게 대하는가'에 있다. 좋은 제품이 되는 방법이 있다. 자기를 위해서 만들거나, 혹은 사랑하는 사람을 위해 만드는 것이다. 우리는 그 제품에서 만든 사람의 정성을 경험할 수 있다. 대량생산, 대량소비라는 자본주의 시장에서 가성비를 가치로 만든 제품이 아닌, 사람을 위한 제품을 볼 때 가슴이 뛴다. 아웃도어 브랜드 파타고니아Patagonia의 캠페인을 살펴보자.

Buy less, Demand more.
덜 사고, 더 요구하세요.

파타고니아는 소비자가 이런 요구를 할 때, 옷이 만들어지는 과정을 변화시킬 힘이 있다고 알려준다. 소비자가 이렇게 요구해야 하는 이유가 있다. 기후위기를 가속하는 오염원 중 10퍼센트 이상이 의류산업에서 배출되고 있다. 아울러 의류산업에 종사하는 노동자는 세계에서 가장 낮은 임금을 받는 직군 중 하나이다. 이런 이유로 소비자의 구매가 산업 변화에 중요한 역할을 한다고 주장한다. 파타고니아는 사람과 환경에도 좋은 브랜드라는 것을 증명했다.

좋은 사람과 오랜 관계를 유지하고 싶듯이 좋은 제품이어야 관계를 오랫동안 유지할 수 있다. 정확히 말하면 좋은 제품과 관계를 유지하는 게 아니다. 좋은 제품 너머에 자신의 제품 가치를 알아줄 거라고 상상했던 그 사람과 관계를 유지하는 것이다. 단 한 번 얼굴도 보지 못했지만, 우리는 가족처럼 수년 혹은 수십 년 동안 그들이 만든 제품을 응원하고, 그들은 자신의 제품으로 우리의 삶을 돌본다. 그래서 나는 제품을 구매할 때, 그 제품을 만든 사람부터 조심스럽게 찾아본다. 만약 모든 소비자가 좋은 제품을 적극적으로 찾아서 선택한다면 시장은 어떻게 변하게 될까? 아니 세상은 어떻게 변할 수 있을까? 상상만으로도 가슴이 뛴다.

"이 사람은 브랜드야!"라는 말을 들어본 적이 있는가. 나는 그런 사람에게 먼저 머리 숙여 경외와 인사를 올리고 싶다. 칭찬의 최고를 뽑는다면 아마도 "이 사람은 브랜드야"라는 칭찬이다. 일단 '브랜드'라는 칭찬을 받았다면 그 의미는 다음과 같다. 일관성이 있다, 품격(브랜드라면 품질이다)이 다르다, 신뢰감이 있다, 세련되다 등과 같은 의미이다. 브랜드를 칭찬하면서 최상위 격이 있다. "너는 애플 같아" "너는 몽블랑 같아" "너는 BMW 같아" 이런 칭찬을 해주거나 듣는 것은 드문 일이지만, 실제로 이런 칭찬은 우리의 일상생활에서 오간다. "너는 완전 해병대야" "너는 삼성맨이야" "너에게는 구글 피가 흐르는구나." 직장인으로서 이런 말을 듣는다면 그 사람은 브랜드라고 할 수 있다.

좋은 제품은 브랜드를 만들고, 좋은 사람은 자신의 이름을 만든다. 우리가 평상시 사람을 인간이라고 부르는 경우가 있다. '아이고, 이 인간아'라며 일종의 욕을 하거나 '인간과 원숭이'처럼 종을 구분할 때 사용한다. 휴먼브랜드는 단어 그대로 '브랜드 인간' 혹은 '인간 브랜드'처럼 들린다. 그래서 영어권에서는 퍼스널브랜드 Personal Brand라고 한다. 퍼스널브랜드와 휴먼브랜드의 가장 큰 차이는 퍼스널브랜드는 살아 있는 개인을 위한 브랜딩이고, 휴먼브랜드는 자신이 죽어서도 영속 가능한 브랜드를 만들기 위함이라는 점이다. 우리가 알고 있는 해외 명품들을 살펴보면 대부분 수십, 수백 년 전에 죽은 창업자 이름을 쓰고 있다. 여기서 말하는 휴먼브랜드는 퍼스널브랜드에서 다루는 마케팅이나 네트워크 개념이 아니다. **휴먼브랜드는 곧 자기다움이다.** '자기다움으로 남과 다름', 더 나아가 '자기다움으로 영속 가능한 브랜드'이다. 자기다움 없이는 좋은 품질을 뛰어넘어 탁월한 품질을 만들어낼 수 없다.

왜 오메가는 달에서도 작동되는 시계를 만들고 싶어 했을까? 오메가의 품질이란 오메가가 되는 것을 말한다. 나이키는 나이키가 되는 것이 목표다. 애플이 애플다워지는 것은 다르게 생각Think Different하는 것이다. 원래 휴먼브랜드는 자신이 브랜드를 런칭하기 전에 미리 브랜드가 되어보는 실험이었다. 브랜드 창업 이후, 수많은 의사결정을 하게 된다. 브랜드를 운영하면서 잘못된 의사결정으로 재정 손해는 물론, 기업이 망할 수도 있다. 이런 위험성 때문에 브랜드를 운영하기 전에 먼저 휴먼브랜드가 되어 그 브랜드만의 철학과 가치, 그리고 의사결정을 미리 경험하는 것이다.

휴먼브랜드는 자신을 브랜드로 만들려는 퍼스널브랜드와 비슷한 면도 있지만 목적은 다르다. 퍼스널브랜드는 주로 자신이 브랜드가 되기 위한 마케팅적 접근을 소개한다. 자신의 이름 사용, 인지도 상승, 평판 관리, 경쟁력 향상, 대인관계 능력, 충성도, 차별화된 이미지 등이다. 우리가 말하는 휴먼브랜드는 그런 제안을 지양한다.

휴먼브랜드는 1등이 목표가 아니다. 경쟁에서 남을 앞서는 넘버원Number 1이 아니라 자기다움으로 온니원Ony 1이 목표. 휴먼브랜드가 가진 위험이라면 단기간에 자신이 브랜드가 되려는 것이다. 내 경우는 서른 살에 시작해서 마흔 살까지 준비했다. 그리고 마흔 살에 다시 시작해서 현재까지 계속하고 있다. 휴먼브랜드는 교육 과정으로 끝나는 것이 아니다. 공장에서 제품을 만들어내듯이 조립하는 것이 아니라 평생 하는 것이다. 자신이 존경하는 브랜드 제품을 생각해보라. 매월, 시즌별로 항상 혁신적인 상품을 만들어낸다. 휴먼브랜드가 된다는 것도 마찬가지다.

나 자신이 죽은 뒤에도 브랜드로 남는다는 것은 한 번에 끝날 수 있는 과정이 아니다. 자아실현은 현재의 자신을 부정하는 것이고, 자기다움은 현재의 자신을 인정하는 것이다. 그래서 휴먼브랜드의 시작과 끝은 자기다움이다.

생존에서 생동하는 삶으로

죽음 앞에서 우리는 자신의 자기다움을 위해 둘 중 하나를 선택해야 한다.
꽃처럼 사라질 것인가? 씨앗으로 남을 것인가?
나이 듦은 피할 수 없지만, 성숙함은 우리의 선택이다.

꽃처럼 사라질 것인가?

"지금까지 살아오면서 언제 가장 자기다웠다고 생각합니까?"

이런 질문을 받으면 자신이 살았던 인생의 바닥이 그대로 드러난다. 대부분은 자기다운 시기를 경제적으로 넉넉했거나 비전을 향해 도전했던 시기라고 대답한다. 하지만 왜 그 시기가 자기다웠는지를 물어보면 좀처럼 대답하는 사람이 드물다. 그저 기억이 또렷하게 남아 있는 시기를 자신이 존재했다고 생각하는 경향이 있다.

반대로 중장년에게 "왜 지금은 자기다운 시기가 아닌가요?"라고 물어보면 대체로 당황해한다. 생존 욕구에 매달려서 지금까지 자신의 존재감을 느끼며 살아오지 못했기 때문이다. 대부분의 중장년은 '생존 모드'에 머물러 있을 뿐이다. 대체로 나이가 들면 자기다워질 거라고 생각하지만, 실상은 그렇지 않다. 노화와 함께 자기다움은 관념어로만 들릴 뿐이다. 지금까지 자기다운 삶을 경험하지 못한 탓에 자기다움은 자기와 아무 상관 없고, 먹고사는 데도 도움이 되지 않는다고 생각한다. 하지만 이것은 자신의 존재 자체를 외면하는 것이다.

물론 나이 든다고 저절로 자기다워지는 것은 아니다. 오히려 그 반대에 가깝다. 나이가 들면서 자기다움이 낯설게 다가오는 이유 중 하나는 가장 자기답다고 생각했던 그때와 지금의 몸이 너무도 달라졌기 때문이다. 노화가 시작되면서 자기 몸이 예전과 다르다는 것을 인식하면서부터 자신이 낯설어지기 시작한다. 이처럼 나이 듦의 실체를 자기 몸으로 희미하게 느끼기 시작하면서부터 자기다움은 점점 더 먼 이야기로 다가온다. 이런 노화 현상은 자신에게도 죽음이 서서히 다가오고 있음을 무의식적으로 느끼게 하지만, 마음은 이를 부정하려고 한다. 이런 인지부조화로 '자기다움'이라는 말은 점점 더 부담스럽게 느껴질 뿐이다.

우리나라 사람들의 평균 수명을 82세로 본다면, 50세의 사람에게 남은 생물학적 존재 기간은 32년이다. 그가 만약 '저는 이제 죽을 날이 평균 32년 남았습니다!'라고 선언한다면 지금부터 그의 남은 인생은 다르게 보일 것이다. 우리는 시작에는 온갖 관심과 사랑을 보내지만 그 끝의 순간은 떠올리지 않는다. 모든 것에는 시작이 있는 것처럼 반드시 끝도 있다. 죽음은 삶의 끝이며, 은퇴는 직장인으로서 일하는 나의 마지막이다. 우리나라에서 평균적으로 은퇴 나이가 72세(OECD 평균은 65세)라고 한다면, 50세인 사람은 자신의 사회적 나이를 이렇게 말할 수 있다. '저의 사회적 생명은 22년 남았습니다.' 이런 현실 인식은 언제나 불편함을 동반하지만 불편해도 회피하지 않아야 하는 분명한 사실이 있다. 그것은 우리는 모두 죽어가고 있다는 사실이다. 죽음 앞에서 우리는 자신의 자기다움을 위해 둘 중 하나를 선택해야 한다. 꽃처럼 사라질 것인가? 씨앗으로 남을 것인가?

나듦, 나답게 나이 듦

한 단어에는 백색광처럼 하나의 의미만 있는 것 같지만, 그 안에는 '빨주노초파남보'라는 다양한 의미의 컬러가 들어 있다. 예를 들어 '어른'이라는 단어를 찾아보면 다양한 의미가 나온다.

명사 1 다 자란 사람. 또는 자기 일의 책임을 질 수 있는 사람.
명사 2 나이나 지위나 항렬이 높은 윗사람.
명사 3 결혼을 한 사람.

그런데 여기에 컬러로는 보이지 않는 적외선과 자외선처럼 중의적 표현도 숨어 있다. '어른'이라는 단어에는 '어른스럽다'라는 의미도 들어 있는데, 이 말은 이미 알고 있듯이 그저 '나이가 많아 보인다' 정도의 의미가 아니다. '나이 듦'에도 보이지 않는 적외선과 자외선처럼 '죽어감'과 '초월함'이라는 영역이 있다. 나이 들면서 자기다워지는 과정은 이 두 가지 영역에서 모두 일어난다. 프리즘을 통해 분리된 영역을 살펴보면, 나이 들면서 자기다워짐, 나이 들면서 어른스러워짐, 어른답게 자기다워짐, 자기다움으로 어른스러워짐 등으로 이해할 수 있다. 나는 이 모든 과정을 한 단어로 '나듦'이라는 신조어를 만들었다. '나듦'은 '나+들다'(명사형 '듦')로 '자기답게 나이 드는 것'을 설명하기 위해 만든 단어이다. '들다'라는 동사는 주로 '물건을 들다.' 혹은 '색으로 물들다'에서 사용하지만, 또 다른 사전적 정의는 다음과 같다.

1 밖에서 속이나 안으로 향해 가거나 오거나 하다.
2 빛, 볕, 물 따위가 안으로 들어온다.
3 방이나 집 따위에 있거나 거처를 정해 머무르게 된다.

'들다'의 1, 2, 3번 의미가 자기다움에 근접한 설명이다. 서로 다른 의미지만 한 단어에 압축되어 있다. 그래서 신조어 '나듦'의 의미는 '목적이 내 안으로 들어와서 목적과 하나가 된 의미 있는 삶'을 뜻한다. 나듦은 벚꽃처럼 화려하게 피었다가 사라지는 그런 삶이 아니다. 그것은 자기다움으로 누렸던 것이 씨앗이 있는 열매가 되어 돌려주는 삶이다. 나이 들면서 자기다워지는 나듦의 시작은

'나듦' = '나' + '듦다'

I am becoming myself.

두 가지 특징이 있다.

나듦의 첫 번째 시작은 '나는 죽어가고 있다'를 의식하는 것이다. 이렇게 죽음을 의식하기 시작하면 나이 듦을 두려워하지 않고, 내 안에서 자기다움이 드러나는 것을 경험할 수 있다. 이에 대한 첫 번째 현상은 나이가 들면서 내가 할 수 있었던 일과 하고 싶었던 일의 욕망이 사라지기 시작한다. 즉, 다른 사람을 흉내 내는 것이 소용없음을 깨닫는다. 두 번째 반응은 꽃처럼 화려하거나, 그렇게 하고 싶은 마음이 점점 줄어든다. 대신에 씨앗이 있는 열매가 되기 위해 자신이 해야 하는 일들이 보인다.

나듦의 두 번째 시작은 자기 죽음에 대한 의미 부여다. 나의 죽음은 어떤 의미가 있는가? 내가 죽으면 이 세상에서 어떤 의미가 사라지고, 어떤 의미가 만들어지는 것인가? 앞서 죽음 앞에서 자신의 정체성을 확인하는 방법으로 부장품을 남기는 방법을 설명했다. 만약 죽음의 의미라는 질문이 어렵다면 수위를 낮춘 질문도 있다. '자신이 죽기 한 달 전까지 하고 싶은 일은 무엇인가?' '왜 그 일이 의미 있는가?' 이런 질문을 통해서 자기 죽음을 인식하게 되면 해야 할 일과 하지 말아야 할 일을 구별할 수 있다.

나는 죽기 한 달 전에 오래전부터 써왔던 '인문학과 브랜드' 그리고 '나듦' 원고의 서문을 쓸 계획이다. '인문학과 브랜드'는 '브랜드란 무엇인가?'에 대한 대답이고, '나듦'은 인내를 주제로 하는 자기다움에 관한 책이다. 이 두 권의 책은 출판이 목적이 아니어서 서둘러 책을 탈고할 필요도 없다. 내가 책을 쓰는 이유는 평생 의미를 두었던 주제에 대해 멈추고 싶지 않기 때문이다.

죽기 전까지 이 책을 쓰기 위해 나는 이미 2012년에 '브랜드 인문학'과 '인문학적 브랜드'를 특집으로 두 권의 잡지를 출판했다. 그리고 죽기 전에 출간할 '나듦'의 전작으로《새벽 나라에 사는 거인》과《자기다움》을 출판했다. 나는 죽기 전까지 해야 할 일을 지금 실천함으로써 언제나 자기다움에 집중하고자 노력한다. 내가 죽은 뒤에도 '인문학과 브랜드'와 '나듦'이라는 주제는 이 세상에 존재할까? 죽음을 내 삶의 일부로 받아들이게 되면 내가 의미를 부여한 일을 하면서 자기다운 삶을 경험할 수 있다. 이처럼 삶의 마지막 순간까지 내가 하고자 하는 일은 다음 세대에게 전달하기 위한 나의 궁극적인 사명이다. 내가 가치 있다고 의미 부여한 그 일을 하는 것이 나듦의 중요한 실천이다. 여기서 의미意味라는 단어에도 여러 정의가 있다.

1 말이나 글의 뜻
2 행위나 현상이 지닌 뜻
3 사물이나 현상의 가치

일반적으로 이 세 가지 정의가 동시에 사용된다. 의미가 만들어지기 위해서는 먼저 가치를 규정해야 한다. 가치를 어떻게 두느냐에 따라서 의미는 달라진다. 가치는 크게 다수가 합의해서 결정한 사회적 가치와 개인적 가치로 나눌 수 있다. 물론 자기다움의 가치가 사회적 가치 밑에 있는 것은 아니다. 자신의 가치가 사회적 가치와 비교했을 때, 얼마나 더 큰지는 중요하지 않다. 그 가치로 어떤 의미를 만들 수 있는지가 더 중요하다.

나의 자기다움 가치로 만든 의미 중에 '만년필로 글쓰기'가 있다. 이것은 만년필을 사용하지 않거나 일기를 쓰지 않는 사람에게는 의미 없는 일이다. 하지만 이것은 지금의 나를 의미 있게 만드는 자기다움의 작업이다. 굳이 만년필로 써야 하는 이유는 나의 자기다움이 잘 드러나기 때문이다. 나의 글은 바로 나 자신이다. 나의 필체도 나 자신이다. 그래서 나는 내가 되기 위해서 만년필로 글을 쓴다. 글의 주제에 따라 여러 만년필 중에 하나를 선택하고, 감정에 따라 잉크를 고른다. 복잡한 글을 작성할 때는 사각거리는 펜촉이 특징인 라미 만년필을 선택하고, 기억을 더듬으며 평안하게 글을 쓰고 싶을 때는 몽블랑 만년필로 쓴다. 하나의 만년필을 가지고 끝까지 쓰는 경우도 있지만, 대부분 쓰다가 멈추고 다시 시작하기 위해서 만년필을 바꾼다. 그렇다고 글이 잘 써지는 것이 아니다. 모든 것은 나만의 글쓰기 예전禮典이다. 글쓰기 자체가 나에게 가치 있는 일은 아니지만, 매일 글을 쓰면서 자기답게 살아가는 것은 나에게 가치 있는 일이다.

죽음과 삶의 의미

나이 드는 것은 죽어가는 것인가? 아니면 철이 들어가는 것인가? 예전에는 이런 질문이 관념적이고 수사학적으로 들렸지만, 50대가 되면서부터 무슨 질문인지 이해할 것 같다. 누구나 나이 드는 것이 두렵지만, 그렇다고 불안과 두려움 속에서 늙어가는 것도 현명한 태도는 아니다.

이제부터 자기다움과 나에 대해 깊이 성찰해야 하는 시기다. 나이 드는 나를 자기다움의 관점에서 성찰하지 않는다면 결국 나 자신이 누군지, 그리고 어떻게 살았는지, 그 의미도 모르고 죽음을 맞게 될지 모른다. 40대가 되기 전에는 온통 생존과 경쟁에 매진하느라 내가 왜 살아야 하는지, 그리고 어떻게 죽어야 하는지를 생각할 여력이 없었다. 나 자신의 삶을 진심으로 고민하며 살기가 매우 힘들었다. 하지만 40, 50대를 맞으면서 삶의 전환기를 준비해야 한다. 이 새로운 삶의 전환기를 자기다움으로 두 번째 인생을 시작하는 것이다. 인생 이모작이라는 진부한 말로 다시 시작하라는 의미가 아니다. 지금까지 우리는 왜 살아야 하는지, 그리고 어떻게 죽어야 하는지 묻지 않는 사회통념에 이끌려 살아오느라 자기만의 생각과 기준을 갖지 못했다. 그런데 이제 다시 질문을 해보자.

'어떻게 하면 죽을 때까지 의미 있게 살 수 있을까?'

나이 듦(노년)을 나듦(자기다운 노년)으로 전환하기 위해서는 앞의 질문에 답할 수 있어야 한다. 생존하는 삶에서 생동하는 삶으로 바뀌어야 하는 것도 이런 이유다. 나듦은 죽지 않기 위해서 오늘을 사는 것이 아니라, 자기답게 죽기 위해서 오늘을 사는 것이다. 자기답게 죽기로 결정하면 오늘 하루를 자기만의 의미로 살아갈 목적이 생긴다. 물론 개인마다 죽음을 받아들이는 태도와 가치는 다르다. 그럼에도 피할 수 없는 사실은 '우리는 모두 죽는다'는 사실이다. 죽음 앞에서 오늘 하루는 다른 무게와 질감으로 다가온다. 오늘이 나의 마지막 하루라고 여긴다면, 나답게 사는 시간이 더 절실하게 다가오지 않을까?

나 역시 죽음을 의식하면서 더 나다워지는 시간을 맞이하고 있다. 삶과 죽음에서 나만의 의미를 찾게 되면서 50대보다 60대가 더 기대되고 기다려진다. 나이 들면서 새로운 의미로 다가온 것이 많은데, 그중에 하나가 '고독'이다. 원래의 나는 혼자 있는 것을 힘들어했지만, 50대가 되면서 고독은 내가 나를 만나는 가장 소중한 감정으로 변했다. 40대에는 남들과 비교하여 더 멋진 삶이 가치 있다고 믿고, 직장과 가정에서 그리고 도전적인 프로젝트에서 나를 감동하게 할 만한 의미를 찾았다. 그런 표면적인 의미를 찾다가 50대가 되면서부터 내가 알고 있는 의미들이 '남의 의미'라는 것을 깨달았다. 마치 유리컵 안에 있는 흙탕물이 시간이 지나면서 흙과 물이 분리되는 것처럼 진짜 의미와 가짜 의미가 자연스럽게 분리되었다. 이런 자기다움의 마법이 50대에 저절로 일어나는 것은 아니다. 은퇴, 이직, 자녀 독립, 수입 감소, 부모 사망, 인간관계 정리, 몸의 노화 등 이런 모든 것이 뒤섞이면서 나에게 중요하지 않은 것들이 모두 가라앉았다.

죽음을 앞둔 사람은 의미가 없던 것을 붙잡고 살아온 인생의 허무함 때문에 무너진다. 그동안 많은 사람들이 의미 있다고 말했던 것도 시간과 함께 사라지면서 나의 의미도 퇴색되어 갔다. 그리고 이제야 깨달을 수 있었다. **이제부터 남은 인생은 의미를 찾는 것이 아니라 의미를 부여하는 삶을 살아야 한다.** 주변을 살펴보면 40대 중후반에서 50대 초중반이 가장 위험한 시기로 다가온다. 이전에 의미를 두었던 것들이 사라지거나 실체가 드러나면서 하나둘씩 위기를 맞는다. 더 큰 문제는 대부분의 중장년이 의미를 이해하지 못하거나, 자기만의 의미를 창조하지 못한다는 것이다. 의미를 중심으로 살아본 적이 없고, 의미로 살아가는 사람을 주변에서 만난 적도 없으며, 의미가 어떻게 만들어지는지 경험하지 못했기 때문이다. 이런 상황에서 어떻게 의미를 찾아가는 삶을 살 수 있을까?

분명하게 말하자면, 의미는 자신의 가치 기준이 정해지지 않으면 부여할 수 없다. 남들이 중요하다는 가치가 아니라, 나만이 볼 수 있고, 나만이 이야기할 수 있으며, 나만이 표현할 수 있는 것, 그래서 나만이 절실하게 원하는 그것이 바로 '가치'이다. 그런데 우리 대부분은 자신이 진짜 원하는 것이 무엇인지를 잘 모른다. 자신이 진짜 원하는 것이 무엇인지 모르기 때문에 일단 돈을 최우선으로 욕망한다. 많은 사람들이 돈에 의미를 두기 때문이다. 자기만의 가치는 없이 사람들이 원하고 사회가 요구한다며 그저 돈만을 의미있다고 따를 뿐이다. 하지만 실상 사람들은 돈 그 자체를 원하지 않는다. 어떤 사람은 죽을 때까지 자신이 원하는 것을 얻기 위해서 끊임없이 돈으로 살 수 있는 것들을 사들인다. 뚜렷한 이유도 없이 그저 남들에게 무시당하지 않고, 불안하지 않을 것 같아서다. 돈이 최우선이라는 관성에 젖은 삶이다. 그런 사람도 죽을 때가 되면 비로소 자신이 원하는 삶은 돈으로 살 수 없다는 것을 깨닫는다. 인생 비극은 이렇게 끝난다.

가치는 의미의 시작이다. 우리는 이런 가치를 스스로 만들어본 경험이 너무 없다. 가치를 추구한 적도 없고, 이념과 신념에 대해서 고민해본 경험도 너무 부족하다. 열심히 살았지만 성과를 보여줄 수 있는 숫자 중심의 삶을 위해서 맹목적으로 달려왔을 뿐이다. 자본주의 시스템이 돈을 최우선으로 여기도록 만든 탓에 돈보다 상위의 가치를 경험하기가 어려웠다. 만약 자신이 그토록 믿었던 돈에 대해 회의감이 든다면, 다행히 철이 들고 있다는 징조이다. '철든다'의 '철'은 사리를 분별할 수 있는 힘이라고 한다. 어떤 사람은 한자 哲^{밝을 철}을 빗대서 설명하기도 한다. 내가 고른 해석은 열매가 제철을 맞아 여물듯이 계절을 의미하는 '철'로 보는 것이다. 인생을 사계절 사이클로 설명하듯이 나는 '나이 듦'을 계절의 '철'로 설명하고 싶다. '나이를 처먹은 사람'과 '나이 든 사람'이 있다. 주변에서 나이와 맞지 않는 사람들을 흔하게 볼 수 있다. 나이가 든다고 과일처럼 철에 맞게 익는 것은 아니다. 자기만의 삶의 가치를 찾지 않는다면 철들지 못한 나로 머물게 될 뿐이다.

노후 설계가 아니라 죽음 설계

나이가 들면 우리는 노후 설계라는 명목으로 자녀 교육, 자가주택, 노후 안정, 건강 등을 준비하며 인생의 동면 모드로 들어간다. 성숙과 발전보다는 안정과 평안을 우선한다. 그래서 나이가 들면 보수화된다는 말이 있다. 이런 선택이 무조건 나쁘다는 것은 아니다. 다만 이것만 우선하는 것이 문제다. 돈이 중심이 되는 노후 설계는 대부분 보험 및 금융회사가 이윤이라는 뚜렷한 자기 목적을 갖고 만든 비즈니스 모델이다. 회사 경영설계 차원에서 본다면, 회사의 현재 이윤을 위해 여러 사람의 노년을 보장한다는 명목상의 이유로 사람들의 돈을 끌어온다. 이것이 '윈-윈'인지는 모르겠지만 결국 중장년들은 노후 설계라는 프레임에 갇혀서 열심히 돈을 버는 데만 매진한다.

그런데, 노후가 설계된 인생은 과연 가능한 것일까? 여기에 대해선 의문이 들지 않을 수 없다. 갑작스러운 경제 문제와 인생 충격은 누구에게나 예고 없이 닥친다. 이런 위기에 초기 설계한 그림은 대부분 쓸모없이 쓰레기통에 버려진다. 금융사들이 설계해준 투자금은 환급받지 못하고, 중간에 모두 정리될 확률이 높다. 상당수 노후 설계가 이런 식이다. 현실의 노후 설계는 철이 드는 자기다움에는 아무런 도움을 주지 못한다. 그래서 노후 설계만을 위한 삶은 수명 연장이 아니라 연명 관리일 뿐이다.

어쩌면 중장년에게 절실히 필요한 것은 노후 설계보다 죽음 설계이다. 플라톤의 사상을 빌리자면 '철학은 죽음을 배우는 것'이라고 했다. 그렇다면 또 '철학은 무엇인가?'라는 질문이 생긴다. 내가 말하는 철학은 존재론, 인식론, 논리학과 같은 개념이 아니라 자기다움에 대한 인식이다. 다시 말해 '나는 누구인가?' '어떻게 죽어야 하는가?'라는 질문에 자기다움으로 자기 생각을 말하는 능력이다.

인생을 계절에 비유하면 50대의 삶은 가을이다. 누구에게는 풍요로운 가을이지만 나를 포함해 내 친구들에게는 기후위기, 지구온난화로 인해 가을은 사라지고 추운 겨울에 가깝다. 우리는 나이가 들면서 단풍처럼 물든다. 그 모습이 멋지다는 의미가 아니다. 단풍은 아무것도 하지 못한 채 무작정 견뎌내야 하는 겨울이 온다는 전조다. 중장년이라면 자신이 어떻게 그리고 무엇에 물들고 있는지 살피는 것부터 죽음 설계를 시작해야 한다. 대부분의 중장년은 타인의 꿈을 복사하며 살아온 탓에 타인의 것에 물들어져 있다. 그래서 자신이 무엇을 좋아하는지도 모르고, 자신이 부여하는 의미와 가치가 어떤 것인지도 모른 채 중장년이 되었다.

2024년 5월, 18K 금 시세는 3.75그램 기준 284,500원이다. 이것을 녹여 디자인이 없는 티파니 반지로 만들면 1,450,000원이 된다. 티파니 로고는 반지 안에 각인되어 있어서 루이뷔통 가방처럼 자랑할 수도 없다. 말하지 않으면 손에 낀 반지가 티파니인 줄도 모른다. 그렇다면 이것을 구입한 사람은 티파니를 산 것일까? 의미를 산 것일까? 티파니 18K 반지와 마트에서 파는 순금 24k(489,000원) 중에 선택하라면 무엇을 선택할까?

브랜드는 의미를 부여하면 가치가 생긴다. 그렇게 수많은 제품에 의미를 부여하면서 계속 가치를 만들어간다. 만약에 티파니가 망했다면 세상에는 어떤 의미와 가치가 사라진 것일까? 이런 질문을 하는 이유는 우리가 자신의 가치를 브랜드보다 낮게 여기기 때문이다. 자신의 의미와 가치를 돈이 되지 않으면 소용없다고 생각하기 일쑤다. 자기 죽음에 대해서도 진지하지 않다. 가치란 의미를 창조하기 위한 핵연료봉이다. 사람들은 저마다 우선순위 가치가 있다. 자신이 어떤 가치에 반응하는지 파악할 수 있다면, 바로 그 지점에서 나듦을 시작할 수 있다.

자신의 가치를 점검하는 자기다움 교육 중에 '명언집 작성'이 있다. 방법은 간단하다. 자녀에게 남겨주고 싶은 명언 500개를 모으면 된다. 그중에서 자신의 기준에 따라 100개를 선택한다. 그 명언 100개는 나의 가치(심장)를 움직이게 하는 그 무엇이다. 특히 자녀에게 주기 위해 엄선했다면 자신이 하지 못한 것과 인생 참회하는 과정에서 선택한 명언일 수 있다. 수많은 명언을 읽다보면 자기 심장을 움직이는 것을 발견할 수 있다. 자신이 무엇에 반응하는지 미약한 파동을 감지할 수 있다. 마치 형광등에 반응하는 나방처럼 내 마음을 움직이고, 심장을 떨리게 하는 가치를 확인할 수 있다. 가치는 찾는 것이 아니라 결정하는 것이다. 의미도 찾는 것이 아니라 부여하는 것이다. 빌딩을 87채를 소유한 분을 만난 적이 있다. 그분은 자신의 꿈은 빌딩 100채를 갖는 것이라고 했다. 나는 진지하게 질문했다. "죽을 때 100채를 소유하면 기쁘게 죽을 수 있을까요?" 그는 곧바로 대답하지 않고 고개만 끄덕이며 이렇게 말했다. "목표를 200채로 올려야 할 것 같네요." 그분에게 남은 삶의 의미는 건물 200채였다.

나이 드는 것과 어른이 되는 것

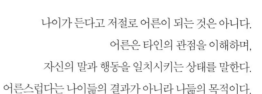

나이가 든다고 저절로 어른이 되는 것은 아니다.
어른은 타인의 관점을 이해하며,
자신의 말과 행동을 일치시키는 상태를 말한다.
어른스럽다는 나이듦의 결과가 아니라 나듦의 목적이다.

나이 듦과 어른 됨의 불일치

"나이에 비해 젊어 보인다." "네 나이에 맞게 행동하라." "나잇값을 해라." 나이가 든다고 어른이 되는 것은 아니다. 그럼에도 나이가 들면 어른스러워져야 한다는 암묵적 가이드라인이 있다. 높은 산에는 눈에 보이지 않아도 산림 한계선이 있는 것처럼 사람에게도 보이지 않는 나이 경계선이 있다. 만약 그 선을 넘는 순간, 나이는 비난의 기준이 될 수 있다. 20대까지는 이 선을 넘어도 열정과 패기 때문이라고 묵인해준다. 30대에 선을 넘으면 아직 에너지가 남았다고 하고, 40대에 선을 넘으면 또라이라고 한다. 50대에 이 선을 넘으면 꼰대가 되고, 60대부터는 노망이라고 몰아붙인다. 이렇듯 나이에 대해 우리가 기대하는 행동 기준이 있다. 딱히 정의하지 못해도 그 나이 경계선은 분명히 있다.

그렇다면 나이 들어 어른이 된 사람은 어떻게 행동할까? 일반적으로 어른은 '자신이 손해를 보더라도 대의를 위해서 양보하는 사람, 자신이 대접받고 싶은 것을 타인에게 대접하는 사람'이라는 기대 기준이 있다. 하지만 어느 정도 나이 든 사람에게서 이런 어른의 모습을 쉽게 찾아볼 수가 없다.

40대에는 사회적 성장과 위치가 자신을 어른이 된 것처럼 착각하게 만든다. 그뿐만 아니라 자신의 사회적 위치를 자기다움으로 오해하기도 한다. 하지만 그런 착각은 오래가지 못한다. 조직에서 나오는 순간부터 모든 것이 달라지기 시작한다. 즉 자신의 나이가 더 이상 아무것도 자라나지 않는 수목 한계선을 통과한 경계선이라는 사실, 그리고 자신이 쥐고 있던 것들이 거품처럼 꺼지면서 자신이 어른도 아니고, 자기다움도 알지 못한다는 냉엄한 현실을 직시한다. 우리가 어른이 되는 것에 관심을 두지 않는 이유는 어른이 되는 것을 삶의 목적으로 하지 않았기 때문이다.

나이 드는 것과 어른이 되는 것은 동일한 시간대에 있지만, 분명히 시차가 있다. 평균적으로 40대까지는 자신의 시간과 세상의 시간이 같은 시간대에 있다. 남들과 비슷한 시기에 취업하고, 승진하고, 차를 사고, 집을 사고, 아이를 낳고 기른다. 즉 국민 연령 분포도에 따라서 자기 나이에 맞게 신체, 정신, 지식, 직위, 연봉 그리고 가정을 이룬다. 나이 듦과 어른 됨이 본격적으로 갈라지는 시기가 바로 50대부터다. 50대가 되면 서로 다른 시간대와 마주하게 된다. 어떤 사람에게 50대는 겨울밤이지만, 또 다른 사람에게는 여름의 정오 시간대이다. 이처럼 인생에도 시차가 있다는 것을 몸으로 생생히 경험하게 된다. 40대 후반에서 50대 초반은 서머타임의 시차였지만, 50대 중반으로 넘어가면서 세상과 나는 지구 북반부와 남반부의 계절 차이처럼 급격히 벌어지기 시작한다. 세상의 변화 속도는 빠르지만, 자신의 시간은 느리게 흘러가는 것처럼 느끼게 된다. 마치 지구의 자전 속도가 시속 1,669킬로미터이지만 그 속도감을 전혀 느끼지 못하는 것과 같다.

우리는 이런 지구의 속도 안에서 나이 들어가고 있다. 30, 40대 나이 듦의 속도감은 마하 속도로 움직이는 지구에서 평온함을 느끼듯 전혀 체감할 수 없다. 이런 까닭에 우리 자신이 느끼는 은퇴 시기와 직장 생활은 '시간 왜곡장'에 갇혀 있다고 볼 수 있다. 특히 은퇴 나이가 보장된 기업에 다니는 강쇠돌들은 나이 듦과 어른 됨의 시간차를 잘 느끼지 못한다. 그러다 빙판에서 자동차 바퀴가 헛돌며 차선을 이탈하는 것처럼 50대 장년이 되면서 지금까지 살아왔던 인생길에서 미끄러져 팅겨 나간다. 갑자기 일자리를 잃어버린 중장년들은 신문지로 타격을 받은 바퀴벌레가 어두운 곳을 찾듯 반사적으로 다른 일자리를 찾아다닌다. 다시 시작하려고 노력하지만, 앞으로 나가지 못하고 계속 제자리걸음만 할 뿐이다. 이렇듯 빠르게 지나가버린 시간에 한 방 맞은 후, 자신에게 질문한다.

'나는 타인의 얼굴이 아니라 나의 얼굴로 죽을 수 있을까?'

치매痴呆 어리석을 치, 어리석을 매의 한자 의미는 말 그대로 '어리석다'이다. 우리 옛말로 노망老妄 혹은 망령妄靈이며, 영어로는 '디멘샤'dementia라고 한다. 라틴어의 'de'(아래로)와 'mens'(정신)에서 나온 단어로 그대로 번역하면 '정신적 추락'을 의미한다. 백발 노인의 상징은 지혜라고 하지만, 그것은 아메리카 원주민 이야기에서 나오는 설화처럼 멀게 들린다. 모든 노인이 전설에 나오는 아메리카 원주민 할아버지와 할머니처럼 지혜롭다면 아마 치매나 노망 같은 단어는 없을 것이다. 물론 그 누구도 나이 들면서 고집스럽고 괴팍해지는 것을 계획하지 않는다. 하지만 나이 듦을 계획하지 않으면 나 역시도 이런 노인이 될 수 있다. 누구도 노화로 인해 전두엽이 쪼그라지는 뇌의 퇴행을 막을 수는 없기 때문이다.

어쩌면 노인성 치매가 오기도 전에 우리는 이미 자발적 치매(어리석음)에 걸려 있는지도 모른다. 자기다움에 관해서 알지 못하고, 자기가 누구인지도 모르고, 자신도 반드시 죽는다는 것에 대해서도 인식하지 않기 때문이다. 이것이야말로 진짜 치매(어리석음)의 징조가 아닐까. 40대 이후, 중장년에 들어서면서부터 정신적 치매를 조심해야 한다. 이때에도 여전히 자신이 하는 일이 의미와 보람을 주지 않고 있다면, 그것은 그저 생존을 위한 밥줄일 뿐이다. 그 밥줄은 연명장치처럼 자기 삶에 매달려 있지만, 누군가 그 줄을 뽑아버린다면 대부분은 6개월 이상을 버티기가 힘들어진다. 이때 필요한 건, 가짜 밥줄이 나를 지켜준다는 어설픈 믿음이 아니라 자기다움에 대한 인식과 확신이다. 120킬로미터로 달리는 자동차 안에서는 그 속도감을 체감하지 못한다. 그러다 창문을 열고 손을 뻗으면 느낄 수 있다. 나이는 들어가지만, 여전히 어른 됨과 자기다움에 대해서 무지하다면, 아래 질문에 답해보자.

'내가 죽을 때 나는 그 전날에 무엇을 하고 있을까?'
'내가 죽을 때 내 주변에 남아 있는 사람은 어떤 사람들일까?'
'내가 죽을 때 나는 다음 세대에게 무엇을 남길 수 있을까?'

만약 여든다섯 살에 죽는다면 역순으로 준비해보자. 물론 계획대로 살지 못할 수도 있지만, 한번 진지하게 고민할 수는 있다. 자신에 대해 고민한다는 것은 자기다운 삶이 시작된다는 긍정적인 신호이다. 어른이 되어가는 출발이 될 수 있다.

어떻게 어른이 되는가 : 어른 학교

나이가 들면 성인成人이라고 한다. 한자로는 '인간이 되었다'라는 의미다. 나이가 들었다고 모두가 '어른'이 되는 것은 아니다. 어른의 사전적 정의는 '집안이나 마을에서 나이가 많고 경륜이 많아 존경받는 사람'이다. 어른을 의미로만 본다면 인간이 된 성인成

ᄉ보다 모든 것을 깨달은 성인聖人에 가깝다고 볼 수 있다. 그런데 주변에서 이런 성인聖人 어른을 얼마나 자주 만날 수 있을까? 50대 중반이 되면 나도 어른이 될 줄 알았지만 그것은 대단한 착각이었다. 어른이 되기는커녕 꼰대가 되지나 않을까 더 조심하고 있다.

나이가 들면서 인격적으로 더 나쁘게 변해가는 사람들을 종종 목격하게 된다. 고집스럽고, 법규를 지키지 않고, 소리 지르고, 자기 멋대로 하는 노년의 모습을 자주 보게 된다. 의학적으로는 노화로 인해 전전두엽이 손상된 결과다. 이처럼 나이 들면서 어른이 되기는 정말 어려운 것인가.

어른의 정의는 "어른이 왜 그래?"라는 질문에 답이 있다. 아이와 청년처럼 행동하지 않는 어른은 어떻게 변해 가는가? 분명한 것은 나이 듦으로 모두가 어른이 되는 것은 아니다. 어쩌면 평생 어른이 되지 못할 수도 있다. 50대가 되어서 자신을 돌아보는 일은 퍼즐 그림 맞추기처럼 어렵다. 수많은 단점, 실수, 사건, 치욕적인 일들, 깨어진 관계, 어리석은 판단 그리고 가끔 반짝이는 성공과 성취감 등 이 모든 것이 나의 일부였음을 인정해야 한다. 성공의 기준으로 본다면 모두가 하찮게 보일 수 있지만, 자기다움이라는 기준으로 본다면 모든 것은 시계 톱니바퀴처럼 연결되어 있다. 내가 원하지 않았어도 일어난 모든 일이 나로 인해 일어났다는 것을 받아들여야 한다.

그렇다면 나이만 먹는 게 아니라 어떻게 어른이 될 수 있을까? 이런 상상을 한번 해보자. 어른이 되기 위해 초등학교처럼 의무적으로 '어른 학교'에 입학해야 한다면 어떨까? 이 어른 학교에서는 무엇을 가르치게 될까? 내가 배우고 싶은 과목이 있을까? 막연한 상상이라면 이렇게 질문해보자. '어른이 되기 위해서 나는 무엇을 배워야 할까?'

이런 질문도 어렵다면 그것은 '어른'에 관해 정의하지 않았기 때문이다. '성인'은 법적인 허가를 규정하는 기준이고, '노인'은 생물학적 사이클을 설명하는 단어다. 반면에 어른은 형이상학적인 개념을 가지고 있다. 그래서 '어른'이라는 단어는 명확하게 정의할 수 없는 '어른스럽다'라는 의미를 품고 있다. 어린아이가 자신의 본능과 욕구대로 행동하지 않고 선행을 실천할 때, 우리는 아이에게 '어른스럽다'라고 말한다. 그런데 성인에게는 '어른스럽다'라는 말을 낯선 감탄사로 사용할 뿐이다(어른스럽게 행동하는 성인을 보기 어려운 것도 하나의 이유다). 또한 '어른답다'의 어른은 어른으로서 속성을 가진 것을 의미한다. 이처럼 우리가 암묵적으로 사용하는 '어른'은 존경하고 본받을 만한 대상의 호칭으로 사용한다.

여기까지 동의한다면 '어른 학교'에서 우리는 무엇을 배울 수 있을까? '어른'이라는 의미에서 유추하자면 어른 리더십, 섬김, 협력, 가르침, 비전 등에 관한 교육 과정이 떠오른다. 아마도 대학에서 진행하는 최고경영자 과정의 수업 과목이 무의식적으로 떠오를지도 모른다. 나는 '어른 학교'의 수업 과목에 '자기다움'을 꼭 추가하고 싶다. 어른 학교는 어른이 되기 위해 더 배우는 곳이 아니라, 어른으로서 자신의 것을 나누는 곳이라고 생각하기 때문이다.

교육에 관심이 있는 사람이라면 '한 아이를 키우기 위해서는 온 마을이 필요하다'라는 아프리카 속담을 많이 들었을 것이다. 이 속담의 의미는 알겠지만, 아파트 앞집 사람과 가벼운 눈인사만 나누는 나로서는 공감하기 어렵다. 아마도 이 속담은 아프리카 지역과 문화를 설명하는 것 같다. "노인 한 명이 죽으면 도서관 하나가 불탄 것과 같다"는 아프리카 속담도 들어보았을 것이다. 이것도 우리나라 현실과 맞지 않고, 노인에 관한 미화와 과장으로 설득력이 없다. 그런데 이 속담은 요즘 시대에 필요한 어른 학교의 설립 목적을 잘 대변해준다. 인류 문화유산 프로젝트를 성공적으로 실현하기 위해서는 이런 어른 학교가 절실히 필요하다. 그렇다면 어떻게 현실에서도 이런 속담이 가능하게 할 수 있을까? 도서관 같은 어른들이 모여서 청년들을 세워주고, 성장시켜주는 교육은 정말 가능할까? 생텍쥐페리의 말을 다시 떠올려보자.

"우리는 지구를 조상에게 물려받은 것이 아니라 후손에게 빌려 쓰고 있다."

이 지구에서 50여 년 이상 살아보니 맞는 말 같다. 이사를 할 때마다 내가 얼마나 많은 쓰레기를 만들었는지 눈으로 확인하게 된다. 분리수거를 할 때마다 쓰레기를 만드는 나를 발견한다. 나의 자녀들, 그리고 후손들 모두가 살아야 하는 지구를 내 것처럼 함부로 사용하고 있다. 생텍쥐페리의 말처럼 후손들에게 빌려 쓰고 있다는 사실을 인정하는 사람들은 얼마나 많을까?

브랜드 업계에는 이런 말이 있다. '당신이 만든 브랜드의 마지막 모습이 쓰레기라면 지금 만든 브랜드는 쓰레기일 뿐이다.' 쓰레기가 되는 브랜드도 많지만 어떤 브랜드는 쓰레기가 되지 않고 박물관에 전시되기도 한다. 실제로 1957년에 제작된 오메가 스피드마스터 시계는 한화로 약 40억 3,800만 원에 낙찰되었다. 이런 구형 전자 제품이 경매에 나왔다면 사람들은 무엇을 구입하는 것일까? 애플이 1976년 4월 11일 666.66달러에 출시한 최초 컴퓨터 애플-1은 47년이 지난 2023년 8월 24일 경매에서 22만 3,000달러(약 2억 9,659만 원)에 낙찰되었다.

나의 지식과 경험을 인수인계하기

브랜드의 힘이 이렇다면 우리의 마지막은 어떤 모습이어야 할까? 어떤 사람은 자신이 죽으면 한 줌의 재가 되어 지구에 뿌려지는 것으로 만족하지만 실상은 그렇지 않다. 시신 한 구를 화장할 때마다 160킬로그램의 이산화탄소, 그리고 매장할 때는 39킬로그램이 배출된다. 그렇다고 매장이 환경에 좋은 것도 아니다. 매장을 위한 공원 조성과 벌초, 그리고 매장 관리로 인해 더 많은 이산화탄소가 배출된다. 다음 세대가 지금보다 오염된 지구에서 살게 될 것은 자명하다. 수많은 일자리가 AI로 활발히 대체될 것이다. 우리가 후손에게 지구를 빌려 쓰는 어른이라면 지금부터 무엇을 해야 할까? 중장년이 해야 하는 일은 지금까지 자신이 누렸던 경험과 지식을 다음 세대에게 더 나은 세상을 '인수인계'하는 것이다.

우리는 다음 세대에게 무엇을 남겨줄 수 있을까? 지금의 나와 다음 세대가 연결되어 있다는 의식, 즉 우리다움이 없다면 개인의 자기다움은 어떤 의미가 있을까? 어른이 다음 세대에 남겨야 하는 것은 무엇일까? 자신의 시행착오를 다음 세대가 반복하지 않게 하려면 인생 선배들의 경험과 지식이 아래 세대에게도 전달되어야 한다. 중장년은 자신을 인생 도서관(휴먼 라이브러리)으로 만들어 다음 세대가 더 좋은 삶과 지구를 만들도록 도울 수 있다. 이런 노력으로 기성 세대와 다음 세대가 함께 연결되어 움직이는 것이 우리다움이다. 이처럼 자기다움에서 우리다움으로 넘어가기 위해서 연결다리를 놓는 것도 기성 세대의 역할이다.

어른 학교는 공간과 장소에 한정되지 않는다. 자기 자신이 어른학교 그 자체가 되어야 한다. 즉, 자기 자신이 도서관이 되어 부족 마을을 이룰 수 있는 가구가 되어야 한다. 중장년은 모두 어른 학교의 학생이자 교사이다. 어른이 다음 세대를 위한 도서관이 되고, 다음 세대를 성장시키기 위해서 먼저 해야 할 일은 자기 자신을 학습하는 일이다. 실제로 나 역시 지금까지 현장에서 배우고 성장하면서 누렸던 것을 정리하고 매뉴얼로 만들고 있다. 막상 시도해보면 그리 부담스러운 일도 아니다. 어른 학교를 짓기 위해 나의 경험과 지식을 담을 수 있는 유튜브, 브런치, 웹사이트, 블로그 등도 만들었다. 쉰두 살에 유튜브 동영상을 만들 때 누구의 도움을 받지 않고 그림, 편집, 녹음과 녹화까지 독학하면서 만들었다.

이렇게 어른 학교를 세우기 위해서 나에게 던진 단 하나의 질문은 이것이었다.

'지금 내가 알고 있는 것을 후배들도 알게 된다면, 미래는 어떻게 펼쳐질까?'

어른 학교는 나이 든 사람만 배우는 곳이 아니다. 말 그대로 어른 성인, 成人이 되기 위한 곳이다. 그래서 어른 학교는 노인대학과는 차원이 다르다. 치매와 건강을 위해서 포크 댄스를 배우고, 그림을 그리는 그런 곳이 아니다. 어른 학교는 타인의 지식을 배우는 곳이 아니라, 내가 나를 가르치고 나를 배워서 다음 세대를 돕고 세워주는 학교이다. 프랑스 문필가 앙드레 모루아는 저서 《나이 드는 기술》에서 이런 말을 했다. "나이 드는 기술이란 다음 세대에게 장애물이 아니라 도움을 주는 사람이 되는 기술, 경쟁자가 아니라 조언자라고 생각하게 하는 기술이다." 여기서 기술은 프랑스어로 '아르Art'다. 아르는 예술뿐 아니라 소양, 기술, 기교 등을 아우른다. 따라서 인간답게 살기 위한 삶의 지혜이자 방법으로 이 단어를 본다면 나이 드는 기술은 '예술'이라고 할 만큼 어렵고 고귀한 것이다. 그냥 어른이 되는 법은 없다.

다시, 배움을 시작할 때

새로운 것을 배우기보다 과거의 경험에 더 의지하는 것은 늙어 감의 증상이다. 경험의 돌려막기를 하지 않고 처음부터 다시 배우는 사람이 어른이 될 수 있다. 그래서 어른은 업그레이드가 아니라 리셋에 가까운 배움이 필요하다. 어른이 되기 위한 리셋 교육 중에 자신의 모습을 날것으로 직면하는 훈련이 있다. 이 훈련은 참가자들에게 미리 허락을 받고 진행한다. 먼저 독서 모임과 주제 발표 시간에 전체 진행 상황을 촬영한다. 각자 개인이 토론하는 모습, 상대와 의견을 나누는 모습, 서로 다른 의견을 조율하는 모습 등 참가자 개인이 자기 생각을 어떻게 나누는지 그 모습이 고스란히 영상에 담겨진다. 그렇게 촬영한 내용을 모임이 끝나고 나서 각자에게 나누어준다. 대부분은 자신의 모습을 보면 부끄러워한다. 상대방의 말을 자르고, 무시하고, 토를 달고, 웃기려고 하고, 딴청을 하는 자기 모습을 직면하기 때문이다. 이뿐만 아니라 지난 2, 3개월 동안 함께 모임을 가졌던 동료들의 의견이 담긴 평가서도 함께 나누어준다. 동료들이 들려주는 자신에 대한 평가는 어디서도 쉽게 듣기 힘든 매우 솔직하고 냉정한 이런 내용들이다.

'모임에서 자기 말만 하고 있다.'
'특정 A에 대해서 반감을 품고 있다.'
'말을 잘 듣지 않고 자른다.'

'대화와 소통이 어렵다.'

'미팅 중에 감정 기복이 너무 심하다.'

좋은 평가도 있지만 이런 피드백을 받으면 대다수가 상당히 충격을 받는다. 어떤 사람은 이런 피드백을 인정하지 않고 믿지도 않는다. 이럴 때 동영상에 나온 자신의 모습을 보게 되면 팀원들이 왜 그렇게 평가했는지를 직접 확인할 수 있다. 그리고 다음 모임에는 이런 피드백에 대한 거부 반응 때문에 영상 촬영에 동의하지 않기도 한다. 그러면 영상을 대신하여 문서 피드백을 진행한다. 1차에 이어서 2차에도 비슷한 문제점이 제기되는 사람들은 정신적 충격을 받고 모임을 탈퇴하기도 한다. 그럼에도 이런 피드백은 모임이 끝날 때까지 계속된다. 대면하기 힘들지만 이것도 어른이 되기 위한 인생 리셋 중 하나의 과정이기 때문이다.

10대 아이돌은 자신들의 공연을 점검하면서 보다 완벽한 퍼포먼스를 준비한다. 프로 스포츠 선수들도 지난 경기를 점검하면서 자신의 실수와 부족한 점을 깨닫고 보완한다. 마찬가지로 어른이 되기 위한 피드백은 자기다움을 확인하는 모니터링 과정이다. 밀림에 거울을 설치한 뒤, 돌아다니던 야생 동물이 거울에 비친 자신의 모습을 보고 놀라는 영상을 본 적이 있다. 자기다움 피드백도 비슷하다. 이런 거울 효과를 통해 자신의 중장년 모습이 어른이 아닌 자신이 혐오했던 노인으로 변하고 있지 않은지 직면할 수 있다.

어른이 되는 것은 나이가 든다고 저절로 일어나는 현상이 아니다. 이것은 마치 웰에이징Well-aging 과정처럼 배우고 연습해야 한다. 우리도 나이 들어서 원했던 어른이 되어보면 어떨까. 그 방법은 어렵지 않다. 실행하지 않을 뿐이다. 먼저 자신이 생각하는 어른에 관한 100가지 조건을 적어보자. 100가지 채우는 것이 중요한 것이 아니라 내가 생각하는 어른에 관한 스펙트럼을 아는 것이 중요하다. 100가지 중 10개 혹은 3가지만 선택해도 좋다. 그렇게 선택한 것은 '어른은 이래야 한다'로 끝나지 않고, '어른이 되기 위해서 꼭 이렇게 해야 한다'를 리스트로 만들어서 삶에 적용해보자. 어떤 방법들이 있을까? 나는 '반지 이동법'을 사용한다. 예를 들어 '어른은 경청 후에 바로 대답하지 않고, 상대방에게 대답해도 되겠냐고 동의를 구한다'라는 가이드가 있어도 실천하기는 어려울 수 있다. 적절한 상황이 일어나야만 적용할 수 있기 때문이다. 나는 평상시 왼쪽 약지에 반지를 끼고, 타인과 대화 중에 반사적으로 답변하거나 상대방 말을 끊지 않기 위해서 이 반지를 오른쪽 손가락으로 이동한다. 반지 이동시간은 약 5~8초 정도 걸리지만, 그 순간에 이렇게 생각한다. '어른이라면 어떻게 대답할까?' 아주 짧은 시간이지만 반지 이동 습관을 통해 전두엽의 감정 영역을 통제할 수 있다. 이런 작은 습관을 통해서 자기다움을 자극하고 훈련할 수 있다. 아리스토텔레스는 이렇게 말했다.

"집을 짓는 사람은 건축가가 되고 리라를 연주하는 사람은 리라 연주자가 된다. 어떤 행동을 하면 그 행동을 하는 사람이 되듯이 절제를 행하면 절제하는 사람이, 용감한 행동을 하면 용감한 사람이 된다."

어른처럼 행동하면 어른이 될 수 있다. '습관은 제2의 천성이다' 라는 말이 있다. 파스칼은 다소 과격하게 '습관은 제2의 천성으로 제1의 천성을 파괴한다'라고 했다. 어느 정도 동의하지만 진심으로 공감하기는 어렵다. 습관으로 천성이 파괴된 경험이 없기 때문이다. 내 습관도 알아채지 못할 뿐더러 자신이 가진 천성도 이해하지 않기 때문이다. 그래서 제1, 2 천성이 어떻게 상호작용하는지 잘 설명하지 못한다. 사람마다 차이는 있겠지만 일반적으로 하루 일상에서 40~80퍼센트는 습관으로 살아간다고 한다. 아침에 눈을 뜨면서 잠을 잘 때까지 습관으로 시작하여 습관으로 끝난다.

무절제한 스마트폰 사용이 도파민 과다를 불러일으켜서 집중력을 떨어뜨린다는 것은 알고 있지만, 우리는 스마트폰으로 각종 콘텐츠를 습관적으로 탐닉한다. 탄수화물 중독이 건강을 해치며 나쁘다는 것을 다 알고 있지만 식사 습관을 바꾸지 못한다. 나의 모든 것을 내가 통제할 수 없다는 의미다. 인식할 수 없는 지구의 중력처럼 우리는 습관의 노예처럼 이끌려간다. 앞서 강조했던 어른의 리셋 프로그램은 이미 은퇴했거나 퇴직한 사람들의 몸에 배어 있는 '직장 상사'라는 습관을 떨쳐버리는 것이 목적이다. 어른으로 리셋하지 않으면 다양한 모임에서 만나는 사람들에게 전 직장 상사처럼 행동하는 경우가 흔하다. 여전히 마징 '갑' 위에 앉아 있는 강쇠돌처럼 행동한다. 가재가 소라 껍데기를 자기 집으로 생각하는 것처럼, 그들은 예전 직급을 자신이라고 생각하며 계속 자신의 퇴직 직전 역할이 자신이라고 착각한다.

상대방보다 오래 살았다는 것 자체로 존중받아야 하고, 가치 있는 존재가 되는 것은 아니다. 나이 든 만큼 자기다운 어른이 되어야 한다. 어떤 상품은 오래되면 중고 판매 혹은 쓰레기통으로 가지만, 또 다른 상품은 박물관에 들어간다. 사람도 나이 들면 노인이나 꼰대로 남거나 아니면 어른이 된다. 그래서 어른이 된다는 것은 한 사람의 브랜드가 된다는 의미이기도 하다.

어른이 되는 4가지

명퇴나 퇴직 그리고 은퇴 이후에 세상은 어떠할까? 헤밍웨이의 소설《노인과 바다》에 나오는 어부 산티아고의 바다처럼 부섭고 사납고 막막할 것이다. 늙은 어부 산티아고는 작은 배를 타고 고기를 잡으러 바다에 나갔다가 어느 날 거대한 물고기를 잡는다. 그러나 집으로 돌아오는 길에 상어 떼의 공격으로 그만 물고기는 뜯기고 만다.《노인과 바다》에서 노인 산티아고는 쿠바 어촌에 살았던 '그레고리오 푸엔테스Gregorio Fuentes'라는 실존 인물에서 비롯되었다. 헤밍웨이가《노인과 바다》를 1952년 9월 8일에 발간했을 당시, 그레고리오 푸엔테스 나이는 54세, 헤밍웨이는 53세였다. 집필 기간을 고려하면《노인과 바다》에 영향을 주었던 그레고리오의 경험담은 약 50세 전후의 삶이었을 것이다. 그렇다면 그의 나이를 감안하여 회고록으로 쓴다면 제목은《중년과 바다》혹은《아저씨와 바다》가 될 것 같다. 그는 1898년생으로 2002년 1월 13일 향년 104세로 사망했다. 바다가 삶의 터전이었던 중년 어부 그레고리오는 헤밍웨이 소설에 나오는 산티아고가 되어 지금까지 우리와 함께 있다.

자기다움 교육 중에도 '노인과 바다'가 있다. 이것은 자신의 장례식장에서 방영할 인생 다큐멘터리를 제작하는 프로그램이다. 주요 내용은 팀원들 중에서 한 명의 인생을 다큐로 제작하는데, 그 사람이 어떻게 살았고, 가족과 친구들에게 어떤 사람이었는지, 또 어떤 것을 남겼는지 등에 관해 인터뷰 형식으로 촬영한다. 이 과정은 유언장을 미리 쓰면서 감정적으로 찡하고 뭉클한 프로그램과는 다르다. 이 프로그램에서는 죽음 앞에서 타인의 관점으로 자신의 인생 이야기를 객관적으로 듣게 된다. 자신의 인생 다큐를 통해서 자신이 그동안 어떤 사람들에게 도움을 받았는지, 그리고 소중한 관계에 얼마나 관심을 기울였는지, 지금 죽는다면 무엇을 후회할지 등을 깨닫는다. 마지막으로 타인을 위한 어른이 무엇인지도 경험하게 된다.

자기 삶으로 가르친 것만이 자녀의 삶에 남는다. 특히 자신의 죽음을 성찰하는 것으로 자녀의 삶을 도울 수 있다. 자신이 죽어가는 과정은 자녀에게 살아가는 방법을 알려줄 수 있다. 우리는 죽음을 기다리며 당하는 것이 아니라 배워서 맞이해야 한다. 이를 위해서 매일 죽는 법, 자기답게 죽는 법, 그리고 영원히 사는 법을 배워야 한다. 죽음은 우리에게 어른이 되는 길을 알려준다. 그것은 죽음을 끝으로 보지 않고 새로운 시작으로 보는 것이다. 이런 죽음에 대한 성찰을 통해서 노년은 자기답게 나이 들면서 내가 떠난 이후에도 의미 있는 흔적을 남기게 된다.

나이 들면서 배우는 것들이 많다. 자신의 미래를 더 멀리 볼 수 있다는 것도 그중 하나다. 노안老眼은 수정체 노화 현상으로 인한 시력 장애 현상이다. 수정체 노화로 초점이 망막 뒤에서 맞춰지므로 가까운 곳을 잘 볼 수가 없다. 생물학적 눈은 가까운 곳을 보지 못해도, 여기에 죽음이라는 렌즈를 끼우면 더 멀리 볼 수 있다. 젊었을 때는 자신의 삶을 연봉, 은행 대출금, 진급 같은 것으로 예측 forecasting 현시점의 미래 예측했다. 눈은 건강했지만 대부분 1~3년 인생을 바라보는 근시안적 삶을 살았다. 하지만 중장년이 되면 죽음을 기점으로 백 캐스팅Back casting 미래에서 현시점을 예측하여 나머지 삶을 예측할 수 있다. 나는 어떤 사람으로 죽을 것인가, 내가 죽은 뒤에도 사람들은 나와 어떤 관계를 맺을 것인가 등을 상상하면서 현재를 살아갈 수 있다. 지금까지 말한 나이 들면서 어른이 되는 과정을 정리하면 다음의 네 가지로 설명할 수 있다.

1. 소명, 유독 나에게 중요한 것

나이 듦의 이점은 자신이 살아왔던 삶을 이해할 수 있다는 점이다. 지금까지 이해할 수 없었던 사건들이 왜 그때 일어났는지 비로소 알게 된다. 이런 일들은 시간이 지나서야 알게 되거나 잃어봐야 그 소중함을 알 수 있다. 즉 겪어봐야지만 깨닫게 된다. 젊었을 때는 미래, 사회, 가치, 커리어, 능력 그리고 돈을 중심으로 자신의 '비전'을 보려고 한다. 그래서 자신이 보는 비전이 남의 것인지, 환상인지 고민하지 않는다. 이때 비전은 너무 밝고 눈이 시릴 정도로 찬란하다. 하지만 반짝인다고 다 다이아몬드가 아니라는 것을 모르기 때문에 눈앞에 반짝이는 것에 집착하게 된다. 그러나 나이가 들면서 자신의 죽음을 현실적으로 인식하면서부터 그 모든 것이 환상과 허상이었음을 조금씩 깨닫게 된다. 잃어보고 후회하면서 우리는 진짜 중요한 게 무엇인지를 알게 된다.

이런 깨달음의 시간을 통해서 우리는 오롯하게 자신의 소명을 들을 수 있다. 피하고 싶었지만 반드시 해야 했던 것, 늘 내 주변에 머물러 있던 것, 막연히 하고 싶었던 것, 돈이 되지 않는다는 이유로 무시했지만 마음속에선 하고 싶었던 것, 남들과 비교하느라 우선순위에 밀렸지만 늘 그 자리에 있던 것, 그리고 지금도 간절하게 해보고 싶었던 것 등이 있다. 이처럼 세상에서 나만이 만들어낼 가능성의 가치가 무엇인지를 어렴풋이 발견할 수 있다. 또, 미세 조정을 통해 더 명확하게 나만의 소명을 확인할 수 있다. 다음은 나만의 소명을 위한 질문들이다.

'유독, 나만 보는 것은 무엇인가?'
'유독, 나만 분노하는 것이 무엇인가?'
'유독, 나만 중요하게 여기는 것은 무엇인가?'

무엇을 할 때, 나는 가장 행복한가?

2. 봉사, 돈을 받지 않고도 하고 싶은 일

내가 살아왔던 모든 삶에서 소명(召命, Calling)을 들을 수 있다. 그리고 죽음을 직면하고 의식할 때, 그 소명의 소리를 더 선명하게 들을 수 있다. 나의 소명을 확인하는 방법 중의 하나가 바로 봉사다. 무엇이 내 소명이라 부를 수 있을까? 만약 돈을 받지 않고도 도와주고 싶을 때, 내 안에 흘러나오는 감동으로 그 진위를 확인할 수 있다. 돈을 낼 수 없는 사람에게 봉사할 때 기쁨이 흘러나오는가? '더 정확히 말하면' 돈을 받는 것보다 봉사하면서 더 큰 기쁨이 느껴지는가? 그렇다면 그때의 봉사는 내 소명에 가깝다. 봉사는 내가하는 일을 돈의 중력이 없는 무중력 상태로 만든다. 이런 봉사가주는 큰 미덕은 나만을 위해 살아왔던 나를 남들과 더불어 살아가는 어른으로 만들어준다.

봉사는 여러 장점이 있다. 자신의 소명을 발견하는 것 이외에도 사회적 연결성 강화, 새로운 관계 확보, 건강한 정서적 상태, 그리고 신체적 활동 촉진 등 다양한 효과가 있다는 것은 이미 입증되었다. 이런 봉사의 유용성에도 불구하고 문제는 나이가 들면서 자신이 원하는 봉사활동을 쉽게 시작할 수 없다는 점이다. 봉사는 40대부터 시작하는 것이 좋다. 40대부터 시작하여 5, 60대 그리고 그 이상이 되어서도 꾸준히 봉사할 수 있는 방법을 찾아야 한다. 한 가지주의할 점은 자신의 노력과 열정만으로 봉사활동을 하면 자칫 어느 순간에 지치고 소모될 수 있다. 그보다는 내가 해야만 하는 것, 내가 아니면 아무도 할 수 없는 것, 즉 소명을 기반으로 삼아야 한다. 그래야 봉사의 보람과 기쁨을 만끽할 수 있다.

3. 유적, 유산보다 더 값진 것

유산遺産보다 유적遺跡을 남기는 삶이 자기다움이자 동시에 우리다움이다. 자신이 어른으로서 나이 들고 싶다면 더욱 유적을 남기려는 노력이 필요하다. 어른이 남겨야 할 유적을 영어로 표현하면 'Russel'(러셀 : 등산할 때 선두에서 눈을 쳐내어 길을 다지며 나아가는 일)이다. 지금 내가 쓰는 이 책도 나의 유적 중 하나다. 나는 과거에 돈을 받고 일했던 모든 결과물을 다음 세대를 위해 유적으로 만들고 있다. 그것은 나의 지식과 경험을 매뉴얼로 남기는 작업이다.

유적은 은행에 있는 유산과 달리 내 안에 들어 있다. 내가 그것을 밖으로 꺼내지 않으면 절대로 세상에서 발현될 수 없다. 그래서 유적을 만드는 일에 우리는 좀 더 적극적으로 실천해야 한다. 유적을 만드는 과정과 봉사하는 과정에서 나는 인생을 새롭게 배우고 학습한다. 아리스토텔레스는 《니코마코스 윤리학Ethika Nikomacheie》에서 "학습은 번영할 때는 장신구에 불과하지만, 역경 속에서는 피난처가 되어주고, 노년에는 대비책이 되어준다"라고 말했다. 실제로 유적 작업을 하다보면 과거의 지식과 경험이 봉사를 통해서 새로운 지식과 경험으로 살아나는 것을 경험한다. 물론 유적을 만드는 과정은 매우 험난하다. 자신이 지금까지 알고 있던 것을 매뉴얼(사례집, 설명서, 안내서 혹은 동영상)로 만드는 과정에서 난관에 부딪히기도 한다. 내가 알고 있는 것을 글로 정리하다보면, 내 경험이 별 것 아니라는 자괴감이 들고, 또 남보다 많이 알고 있다고 자부했지만 막상 작업을 해보니 A4용지 서너 장에 불과하다는 것을 느끼게 된다. 이런 과정에서 우리는 자기 자신의 실체와 마주한다. 누구나 이런 자신의 민낯과 만나면서 스스로 위로하고 용기를 주는 시간이 필요하다. 자기에 대한 학습은 지금부터 시작이다. 과거의 경험과 지식을 수정하고 보완하기 위해서 다시 책과 자료 속으로 여행을 떠나면 어떨까. 유적 작업은 억지로 하는 일이 아니다. 내 마음속에서 우러나오는 소명으로 하는 일이며, 그래서 보석보다 더 빛나고 값진 일이다.

4. 사회적 제자, 나의 경험을 이어갈 사람들

부모의 마음은 부모가 되어봐야 알 수 있다. 자식을 키우면서 나의 부모가 무슨 생각을 했는지, 어떤 걱정으로 아파했는지를 되돌아볼 수 있다. 그래서 진정한 어른이 되기 위해서는 '사회적 자녀'가 필요하다. 어른이 되어서 얻는 자녀는 생물학적 자녀가 아니라 사회적 자녀다. 여기서 사회적 자녀는 봉사와 자신의 유적 작업 과정에서 만나는 제자나 후계자를 의미한다. 나는 내가 해왔던 모든 일을 이어받아서 더 좋은 세상을 만들어갈 사회적 자녀, 즉 후계자를 찾고 있다. 나의 생물학적 자녀에게 유산을 물려준다면 나의 후계자에게는 내 지식과 경험을 유적으로 전해주고 싶다. 지금 내가 알고 있는 지식의 대부분은 나의 부모와 어른들에게서 받은 것이다. 그들의 책과 작품 등을 통해서 나는 지금까지 잘 살아왔고 성장했다. 나 역시도 나의 후계자에게 내가 받은 것을 돌려주어야 한다.

제철 과일이란 가장 잘 익었을 때 수확한 과일이다. 나무가 과일에 남길 수 있는 영양소가 꽉 찬 상태이다. 중장년은 제철 과일(인생 목적의 결과물)을 만드는 시간이다. 어른은 이런 제철 과일을 맺는 사람이다. 그래서 중장년에는 자신이 지금까지 인생에서 경험한 것을 다른 사람들이 누릴 수 있도록 콘텐츠(과일)로 열매를 맺어야 한다.

마침내 자기다움에서 우리다움으로

> 자기다움을 가진 사람은 자기를 잘 알고,
> 우리다움을 위해 자신이 할 수 있는 일과 없는 일 사이의
> 균형도 찾아낼 수 있다. 우리다움은 그런 자기다움의 총합이다.

우리다움이라는 브랜드

"더 이상 일을 하지 않을 때, 나는 누구인가?"

퇴직을 앞둔 강쇠돌에게 이 질문은 공포로 다가온다. 이 질문이 숨 막히는 이유는 답이 없기 때문이다. 나는 이 질문을 다음의 질문으로 바꾸기 위해서 이 책을 썼다.

"죽기 한 달 전까지 일하는 나는 누구인가?"

죽기 전까지 일하는 사람은 자기답게 살다가 떠나는 사람이다. 내가 죽기 한 달 전까지 일하고 싶은 이유는 생존과 생계를 위한 노동이 아니라, 끝까지 나답게 생동하는 삶을 살다가 떠나고 싶기 때문이다. 나는 죽기 한 달 전까지 두 권의 책을 탈고할 예정이다.

하나는 '브랜드란 무엇인가?' 다른 하나는 '인내'이다. 이 두 권의 책은 평생 나 자신에게 물었던 질문에 대한 대답과 내가 인생을 살면서 경험했던 신비함을 다음 세대에 나누는 책이 될 것이다. 이것도 내가 다음 세대에게 전해주는 최종 유산이다. 그 두 권의 책을 쓰기 위해서 지금부터 자료조사를 하고 있다. 편집과 마무리 집필 시점은 병원에서 죽음을 준비해야 할 때부터가 될 것 같다. 그때부터 출판 마감 날짜를 정하고 시작할 계획이다. 만약에 이 두 권의 책이 출판되지 못하고 죽게 된다고 해도 상관없다. 죽기 한 달 전까지 책을 내는 것이 목표가 아니라 나답게 죽는 것이 목적이기 때문이다. 만약 원고를 다 쓰지 못하고 죽는다면 그때까지 나와 함께한 공동체의 누군가가 도와줄 것이다. 그는 나의 자녀와 지인들이 아니라 우리다움을 목적으로 함께한 제자나 동료들이다.

어른으로서 일하다가 자기답게 죽음을 맞기 위해서 서로를 돕는 공동체가 반드시 필요하다. 나는 그 공동체의 원형을 20년 전, 루푸스 환자들이 자발적으로 모인 인터넷 커뮤니티에서 보았다. 생명을 나누는 공동체는 취미와 이익을 위한 공동체와는 차원이 달랐다. 이들에게서 서로의 온기를 나누는 관계의 친밀감이 느껴졌다. 이런 따뜻한 공감과 위로는 가족 관계에서 경험하는 깃과도 다른 느낌이었다. 동병상련同病相憐, 같은同 병病을 앓는 사람들은 서로相 동정한다憐의 관계는 공동의 목적을 누구도 소외됨 없이 함께 이루어가는 동반자적 관계다.

가족 이상의 따뜻함을 느낄 수 있는 커뮤니티를 만들기 위해서는 무엇이 필요할까? 그것은 성공과 비전이 아니라 우리다움이다. 가치, 목적, 소명 등을 함께 공유하는 우리다움이 필요하다. 물론 이런 커뮤니티를 일반 게시판을 통해 모집하거나 운영할 수 없다. 더 이상 일하지 않을 때, 아무것도 아닌 존재가 되는 사회 분위기 에서 '나의 우리'를 만나기는 매우 어렵기 때문이다.

우리다움을 추구하는 목적은 자기답게 일하기 위해서다. 지금까 지 생계를 유지하기 위해서 돈을 벌었다면 이제 중장년부터는 생 존이 아닌 생동하며 살아가기 위해서 일해야 한다. 돈은 목적이 아 니라 결과이다. 나는 나답게 생동하며 살아가기 위해서 'unitaslife. net'과 'theunitas.net'이라는 사이트를 운영하고 있다. 이 사이트를 통해 중장년들을 위한 목적 연합을 돕고, 지금까지 말한 자원봉사 및 교육을 진행하고 있다. 이 두 사이트는 우리다움을 추구하는 공 동체이자 자기다움을 위한 브랜드이다.

나는 떡볶이 브랜드 런칭을 위해 여행을 준비하는 친구에게 자 기다움과 우리다움이 왜 필요한지를 알려주었다. 친구도 죽기 한 달 전까지 일하는 것에 대해 공감했다. 친구는 나에게 자기다움과 우리다움을 함께할 수 있는 지인을 소개해달라고 부탁했다. 나는 내 친구의 자기다움이라고 할 수 있는 '여행 코드'에 부합하는 사 람들을 찾았다. 대기업에서 만두 브랜드를 런칭하고 사업부를 맡 다가 최근에 퇴사한 친구와 김밥 마니아라고 할 수 있는 지인이었 다. 이들은 내 친구와 조합이 맞았다. 모두가 여행을 좋아했고, 그 래서 나는 이들이 연합할 수 있다면 '맛 기행'이라는 브랜드 런칭을 도와주려고 했다.

세 사람은 자전거를 타고 전국을 돌아다니면서 떡볶이, 김밥과 만두에 관한 레시피와 메뉴를 만들며 브랜드 런칭을 기획했다. 물론 브랜드를 이런 취향과 아이디어로 런칭하는 것은 위험하다. 맛기행을 하기 전에 세 명에게 100가지 질문에 답하는 질문노트부터 시작하여 일기와 소설 쓰기를 해보라고 권했더니 모두 동의했다. 실제 브랜드 창업 교육에서도 자기다움에서 우리다움으로, 우리다움에서 브랜드로 연결하는 프로그램을 진행한다. 창업할 아이템으로 팀 세팅을 하는 것이 아니라 목적, 가치, 관심, 비전 그리고 자기다움의 방향이 같은 사람이 한 팀을 이룬다. 그리고 이런 질문으로 시작한다.

'나의 자기다움을 보여줄 아이템은 무엇인가?'
'나의 자기다움과 브랜드 차별화는 무엇인가?'
'우리의 우리다움을 표현할 브랜드는 어떤 것인가?'
'우리다운 브랜드를 만들기 위해서 각자의 자기다움은 어떻게 작동하는가?'

이런 토의를 거치면 우리다운 브랜드가 드러난다. 이때부터 해야 할 일은 중장년이 만든 우리다운 브랜드의 방향성을 정하는 일이다.

'우리는 서로가 자기답게 죽기 위해서 어떻게 협력해야 할까?'

'우리 브랜드는 유산이 되기 위해 어떻게 브랜드를 경영해야 할까?'

떡볶이 여행을 준비하는 친구와 두 명의 지인에게 여기까지 설명했고 모두 동의했다. 읽어야 할 책 다섯 권도 추천했지만 앞서 말했던 것처럼 친구의 갑작스러운 이민으로 브랜드 런칭은 무산되었다. 이렇게 브랜드 런칭을 중도에 포기하는 경우는 자기다움 교육 중에 빈번히 일어난다(자기다움 무료 교육을 시작하면서 지금까지 단 한 명도 교육을 수료하지 못했다고 밝힌 바 있다). 이처럼 자기다움의 방향이 같은 사람들과 하나의 브랜드를 성공적으로 만들어가기는 현실적으로 어려움이 많다. 특수한 목적을 가진 공동체가 많지만, 경영하면서 목적이 변질되거나 경영유지를 위해 처음과 다른 모습으로 변하기도 한다. 공동체가 목적을 잃고 퇴색하는 근본적인 이유는 '자기다움의 부재'와 '우리다움의 혼동'이다. 내가 이렇게 생각한 이유는 내가 만난 사람들에게 이 질문에 대답을 듣지 못했기 때문이다.

"더 이상 일을 하지 않을 때, 당신은 누구인가?"

나와 너, 그리고 우리는 서로 연결되어 있다. 생각해보자. '나 없는 우리'는 재미없다. 자기다움 없이 우리라는 울타리에 묶여 있다면 그것은 고역이다. 또 '우리 없는 나'는 불안하다. 자기다움과 자기다움이 만날 때, 즉 나다움과 너다움이 서로의 다름을 인정하고 느슨하게 어울릴 때, '우리'라는 충만함이 깃든다. 우리가 있을 때 혼자라는 불안은 없다. 자기다움과 우리다움이 서로 오고 가며, 무관심에서 관심으로 이어질 때 나와 너, 우리는 더 빛나게 살아갈 수 있다.

자기다움의 총합, 우리다움

한국인다움, 일본인다움, 중국인다움은 모두 다르다. 피부, 외모와 스타일은 비슷할 수 있어도 언어는 완전히 다르다. 가치관과 태도, 문화도 비슷한 것이 있지만 완전히 다른 것도 있다. 나이키다움과 아디다스다움을 상상해보자. 그것을 설명할 수 있다면 나이키와 아디다스는 브랜딩이 구축된 브랜드이다. 그렇다면 나이키에서 일하는 나이키 직원과 아디다스 직원은 어떤 차이가 있을까? 좀 더 쉽게 삼성 직원과 LG 직원을 삼성다움과 LG다움으로 설명할 수 있다. 이처럼 '우리다움'은 정의할 수 없지만 이렇게 설명할 수는 있다.

'우리다움은 자기다움의 총합이다.'

'-답게'라는 추상적 표현은 모호하지만 직관적으로 이해할 수 있다. 예를 들어 당신에게 '남자답게' '엄마답게' '학생답게' '사장답게 '과장답게' 행동하라고 말하면 대략 어떤 느낌인지 이해할 수 있다. 그렇다면 질문을 바꿔보자. 회사에서 회의 중에 '이번 프로모션은 우리 브랜드답게 진행해 보자'라고 말한다면 머릿속에 명확한 방향성이 그려지는가? 오래전에 《뉴 패러다임 브랜드 매니지먼트》의 저자 장 노엘 캐퍼러 교수와 인터뷰를 진행하면서 '우리다움'에 대해 질문한 적이 있다. 그는 이렇게 대답했다.

"기업이 내건 약속을 모든 이들이 이해하게 되는 것이 아닐까? 달리 말하면 자신들이 지구상에 존재하는 이유를 알게 되는 것이고, 직원 자체가 브랜드가 되는 것이다. 이러한 모습을 가장 잘 보여주는 것이 럭셔리 브랜드들이다. 예를 들어 샤넬을 살펴보자. 샤넬 직원들은 그들 스스로가 이미 샤넬이다. 샤넬에는 명시된 브랜드 플랫폼도 없다. 모든 의사결정은 5~6명이 한다. 그들은 '샤넬이라면' 무엇을 해야 하는지 알고 있다. 이것이 보이지 않는 절대적 지식implicit knowledge이다. 이것은 종이에 적어낼 수 있는 것이 아니다. 럭셔리 브랜드의 브랜드 경영은 많은 토론을 기반으로 한다. 이것이 충분히 샤넬다운 조직인지 자신에게 끊임없이 묻는 것이다. 마치 모차르트를 보는 것과 같다. 모차르트가 자기 스스로 'To Do List'(브랜드로 치면 플랫폼이나 Do's & Don'ts 리스트)를 갖고 있었겠는가? 그는 무엇을 해야 하는지 주지하지 않아도 알았고, 아는 것을 행동으로 옮겼다."

장 노엘 캐퍼러 교수가 말한 샤넬다움을 브랜드 지식으로 살펴보자. 먼저 이 책에서 말하는 우리다움의 원천은 브랜드니스

BrandNess와 브랜드십BrandShip이다. 브랜드니스란 내부 직원들이 이해하는 '브랜드다움'을 일컫는 것으로 브랜드의 정신과 가치, 그것을 공유하는 구성원들만의 독특한 방식 등 총체를 의미한다. 브랜드는 제품, 광고, 매장, 그리고 삶의 현장에서 자신만의 독특함을 나타낸다. 명품 브랜드들이 돋보이는 이유는 디자인이 좋아서라기보다는 자신만의 고유한 정체성이 있기 때문이다. 또한 브랜드십BrandShip이란 브랜드 자체가 의사결정에서 리더가 된 것을 말한다. 브랜드십은 리더십과 비교하자면 리더의 자리에 브랜드가 앉아있는 것이다. 브랜드 자체가 리더가 되어 경영자마저 브랜드를 따르는 것을 의미한다. 인간은 유한한 삶 앞에서 약한 존재이다. 리더도 인간인지라 브랜드에 악영향을 끼칠 잘못된 의사결정을 할 때가 있다. 그러나 리더의 권한이 브랜드에 있다면 이런 잘못된 의사결정을 사전에 막을 수가 있다. 즉, 브랜드가 추구하는 미션과 비전을 원칙과 법칙으로 조직원 전체가 따른다면 리더의 잘못으로 브랜드가 훼손되는 것을 막을 수 있다.

이처럼 브랜드가 브랜드십을 갖춘다면, 직원들은 대표나 사내규정이 아니라 브랜드를 따르게 된다. 조직 전체가 브랜드니스를 근거로 의사 결정을 내리며, 브랜드 방향성인 브랜드 웨이Brand Way에 따라 움직인다. 그 결과, 자신들의 업무를 과거와 다르게 정의하고, 브랜드답게 일할 수 있다. 스타벅스의 바리스타는 커피를 만드는 것을 넘어 고객에게 영감을 제공하고, 러쉬의 직원들은 비누를 판매함으로써 고객에게 행복을 선사한다. 기업은 상황에 따라 항상 이슈가 변한다. 불황에는 비용이, 호황에는 성장의 기회가, 평소에는 품질이나 서비스가 주된 이슈이다. 그러나 브랜드십을 갖춘 브랜드는 탄탄한 기반을 토대로 고객을 이끌어갈 수 있다.

잠시, 우리다움에서 브랜드로 주제가 전환되어서 어리둥절했을지 모른다. 자기다움으로 함께 일하고 싶은 사람들이 우리다움을 추구하지 못하는 이유는 '지속 가능한 지식'이 없기 때문이다. 브랜드는 지속 가능할 뿐만 아니라 영속도 가능하다. 우리가 알고 있는 명품 브랜드의 평균 수명은 200년이다. 컨버스Converse 신발은 1908년에 런칭한 브랜드로 나이키가 2003년에 인수했다. 나이키라는 브랜드는 아마 지구의 마지막 날까지 존재할 것 같다. 이처럼 우리다움이라는 공동체가 지속 가능하려면 목적을 명료하게 하는 것도 중요하지만, 브랜드가 어떻게 지속하는지를 살펴볼 필요가 있다. 물론 브랜드가 우리다움은 아니지만 우리다움을 이해하기 위해서는 브랜드 지식을 알아야 한다. 인간이 만든 시스템 중에서 지금까지 가장 오래 현존하는 것이 바로 브랜드이기 때문이다. 브랜드는 시간, 장소, 인종, 남녀, 연령을 초월하여 관계를 통해 우리다움을 만들고 있다. 우리다움을 통해 브랜드가 갖는 관계성에 대해 다섯 명의 브랜드 전문가의 의견을 살펴보자. 이들이 말한 공통점이 바로 우리다움의 시발점이다.

"브랜드 구축의 세 가지 요소는 첫째도 고객이요, 둘째도 고객이요, 셋째도 고객이다. 브랜드 가치를 만드는 황금률은 당신의 금전

출납기를 위해 무엇을 할 것인가를 생각하는 게 아니라, 당신과 직원들이 고객들을 위해 무엇을 할 것인가를 생각하는 것에서 출발해야 한다. 다시 말해 고객과는 '거래'가 아닌 '관계'라는 생각을 가져야 한다."

－ 트래비스, 《파워 브랜딩》

"최근 브랜드 전문가들은 '브랜드란 개별적인 거래, 또는 특정 개인의 범위를 넘어서서 공급자와 구매자 간에 상호 승인된 관계를 만들어내는 것'을 브랜딩으로 규정하고 있다. 즉, 브랜드는 상품보다는 관계로서 명확하게 정의할 수 있다."

－ 인 토마스 가드, 《비즈니스 DNA의 발견, 4D 브랜딩》

"브랜드는 브랜드 창시(경영)자, 내부고객 그리고 외부고객이 함께 만들고 공유, 발전하여 나가는 형상과 실체, 그리고 관계의 공동체이다."

－ 패트릭 한론, 《열광의 코드》

"장기적인 브랜드 충성도는 고객을 브랜드와 결혼시키는 것과도 같다. 장기적인 충성도를 만들어 내기 위해서 마케터는 고객이 결혼을 결심하기까지 필요로 하는 정보와 그와 관련된 브랜드의 물리적 특성, 스타일, 캐릭터 등 모든 정보를 고객에게 제공해야 한다. 브랜딩은 마치 결혼할 때와 같은 강한 소속감과 애착을 만들어 내는 작업이다. 누군가와 결혼할 때 당신은 그 사람과 평생을 함께하고 싶어 한다. 바로 이런 감정이 소비자가 당신의 브랜드를 향해

가져야 하는 감정이다." — 스캇 데밍, 《유니크 브랜딩》

이런 브랜드의 특이 현상은 브랜드 종사자만이 발견한 사회 현상은 아니다. 《디자인 경영》의 저자이며 디자인 경영의 대가인 브리짓 보르자 드 모조타 교수는 인터뷰를 통해서 '브랜드는 공동체다'의 의미를 이렇게 설명하고 있다.

"사람들이 다른 사람들과 연결되어 있듯이, 이와 같은 방식으로 브랜드와 연결되어 있다. 사람들의 마음속에 있는 하나의 브랜드는 하나의 인격체와 같다. 사람들이 이름을 가지듯 브랜드도 이름을 갖는다. 사람들이 가족에 속해 있듯 브랜드도 그러하다. 사람들은 특정한 스타일과 이미지를 투영하듯 브랜드 또한 마찬가지이다. 사람들이 라이프사이클을 경험하듯 브랜드도 마찬가지다. 사람들은 태어나고 브랜드는 창조된다."

'브랜드는 공동체다'라는 관점은 더 이상 '이웃'을 소비의 대상으로만 보지 말라는 의미다. 이것은 브랜드를 생태계 관점으로 바라본 것이며, 결국 '우리다움'에 대한 믿음을 뜻한다. 마티 뉴마이어는 자신의 저서 《브랜드 반란을 꿈꾸다》에서 이렇게 주장했다.

"모든 브랜드는 공동체의 힘으로 구축된다. 여기서 공동체란 기업 안에 속한 직원뿐만 아니라, 외부 파트너, 거래처, 투자자, 고객, 더 나아가 경쟁자들까지 모두 포함된다. 공동체는 서로 주고받는 완벽한 생태계이다."

지금까지 말한 브랜드 전문가들의 브랜드 간증(?)을 확인하려면 직접 브랜드 커뮤니티 모임 사이트에서 확인할 수 있다. 어쩌면 유별나다고 느낄 수 있지만 그것은 공동체가 주는 소속감을 경험하지 않았기 때문이다. 브랜드 자체가 이런 독특한 우리다움의 관계성을 갖고 있다는 것은 아니다. 브랜드의 관계성은 인간이 지니고 있는 고유한 본능의 발현이자 현상일 뿐이다. 이는 곧 인간에게 우리다움은 본능이라는 것을 알려준다.

그런데, 우리가 자기다움에 대해서 '본능적으로' 알지 못하는 것처럼 우리다움도 '저절로' 경험하는 것 역시 힘들다. 더욱이 우리다움은 다양한 자기다움이 모여서 협력하는 과정에서 이루어진다. 그래서 나는 우리다움을 경험하기 위한 방법으로 브랜드 런칭과 경영을 제안한다. 우리다움 교육에서는 실제로 브랜드를 런칭하는 경우도 있지만, 대부분 가상의 브랜드를 런칭하면서 우리다움을 경험한다. 글과 이야기로만 접했던 우리다움은 브랜드를 런칭하면서 비로소 작동하기 시작한다. 나와 다른 사람들이 함께 콘셉트를 논의하고 토론하며, 브랜드 이름을 정하고, 서로의 경험을 바탕으로 제품과 서비스를 고민한다. 그리고 자신의 지식과 팀원의 지식을 융합하여 '우리'라는 브랜드를 만든다. 이 과정을 통해 개인의 경험과 지식이 우리의 지식과 철학으로 승화되는 것을 경험할 수 있다.

어떤 사람은 함께 일하는 것을 어려워한다. 사실 내 경우에 자기다움은 혼자서 일하는 것을 선호한다. 포유류로 생각한다면 덩치 큰 사자보다는 표범에 가깝다. 혼자서 일할 때, 더 많은 성과를 내었다. 이런 본능을 가진 내가 지금까지 가장 힘들었던 직업은 편집 장이었다. 혼자 연구하고 글 쓰는 저자에서 다른 에디터들과 함께 글을 쓰는 편집장은 나의 본능에 역행하는 일이었다. 그럼에도 지난 8년 동안 자기다움을 유지하면서 우리다움을 지향하는 편집장으로서 일했지만 분명 쉬운 일은 아니었다.

그런데 역설적이게도 우리다움은 '우리'라는 새로운 자기다움을 최우선으로 두지 않으면 실현되기 힘들다. 이는 부부 관계와 비슷하다. 부부는 처음에는 서로의 다름이 매력이지만, 결혼 후 의견 차이가 생길 때는 극단적인 상황을 초래할 수 있다. 우리다움이라는 근육을 만들고자 할 때 브랜드는 피트니스 센터에 있는 운동기구와 같다. 브랜드를 만들기 위해 우리다움이 필요한 것이 아니라 우리다움을 배우기 위해서 브랜드를 사용한다. 그뿐만 아니라 놀랍게도 이렇게 만들어진 브랜드는 우리에게 일자리가 아닌 일터를 만들어준다.

상어는 부레가 없어서 움직이지 않으면 물 밑으로 가라앉아 호흡하지 못한다. 상어가 살기 위해서는 계속 움직여야 하는 것처럼 자본주의 사회에서 살아가기 위해서는 계속 움직여서 돈을 벌어야 한다. 사람마다 일하는 목적이 다르겠지만, 자기다움으로 존재하기 위해서는 우리다움과도 만나고, 또 일을 해야 한다. 이처럼 자기다움에서 우리다움으로 성공적으로 이어지기 위해서는 우리다움에 대한 정확한 이해와 성찰이 필요하다. 자칫 우리다움을 잘못 이해하거나 배우지 않으면 자기다움과의 충돌이 일어날 수 있다. 평생 나답게 일하며 살아가기 위해서 우리는 우리다움을 배워야 한다. 그렇다면 어떻게 우리다움을 배우고 형성할 수 있을까?

일자리가 아닌 일터를 만들자

누구도 혼자 일하며 살아갈 수 없다. 하지만 자기다움의 목적과 방향이 같은 사람들이 모이면 얼마든지 우리다움의 열매를 맺을 수 있다. 나이키는 아디다스 문화와 애플 문화에 맞는 사람을 채용하지 않는다. 누가 보아도 '나이키 같은' 사람을 채용하는 것이 나이키만의 인사 채용기준이다. 이처럼 자기다움과 우리다움은 상호 시너지를 낼 수 있다. 우리다움은 자기다움에도 긍정적인 영향을 미친다. '내가 정말 원하는 방향이 이들이 지향하는 목적과 맞을까?' 자기다움의 방향과 목적이 같은 사람들과 공동의 프로젝트를 진행할 때, 자신의 자기다움을 점검하고 확인할 수 있다. 이런 의미에서 자기다움의 마지막 종착역은 우리다움이다.

자기다움 교육 현장에서는 참가자들이 서로 창업 팀을 만들어 브랜드를 런칭한다. 브랜드를 런칭하면 다양한 자기다움들이 '우리다움'으로 합심하여 의사결정을 해야 한다. 예를 들어 네이밍, 심볼 만들기, 인사조직, 채용 방법, 직급체계, 부의 분배, 재고 관리 등 다양한 이슈에 관해 '자기답게' 소통하면서 '우리답게' 결정한다.

이런 우리다움의 과정에서 간혹 각자의 자기다움과 충돌이 일어날 수 있다. 각자의 자기다움을 창업 현장에 적용하다보면 막연하게 생각했던 가치와 의미가 어떻게 작동하는지 파악할 수 있다. 브랜드 만들기는 인생 글쓰기를 비롯한 각종 프로그램을 통해 자기다움을 자기 경력과 재능으로 구현하는 과정이다. 실제로 브랜드를 만들어 런칭하지만, 교육 과정의 목적은 자기다움과 우리다움의 이해와 적용을 우선한다.

가상의 창업 시뮬레이션을 통해 팀원 각자의 자기다움과 우리다움의 괴리감, 자괴감, 한계 그리고 가능성을 확인한다. 이 교육의 궁극적 목적은 지금까지 인생 글쓰기로 알게 된 자기다움이 진짜임을 검증하는 데 있다. 이외에도 우리다움의 이해, 자기다움으로 다시 일하는 방법 , 자원봉사 팀 만들기, 취업을 위한 훈련 등이 있다. 이는 자기다움으로 자신의 미래에 대한 다양한 가능성을 확인할 수 있는 시간이다. 브랜드 창업에 적용하는 자기다움은 마치 전신의 근육을 복합적으로 활용하는 운동인 데드리프트와 비슷하다. 그래서 브랜드를 런칭하는 과정에서 자기다움과 우리다움이라는 근육이 어떻게 성장하는지 경험할 수 있다.

이처럼 우리는 왜 브랜드 창업을 통에서 자기다움과 우리다움을 경험해야 할까? 그것은 퇴직과 은퇴 이후에도 계속 일하며 살아가기 위해서다. 일의 대가로 돈을 받을 수는 있지만, 돈을 받지 않아도 죽을 때까지 자기답게 일하기 위해서다. 단순히 몸으로 하는 봉사가 아니라 자신이 인생에서 누렸던 자기다움으로 가치 있게 일하면서 늙어가기 위해서 우리는 브랜드 창업을 하는 것이다. 굳이

취업이 아닌 창업을 하는 이유는, 내가 주도적으로 죽을 때까지 일하기 위해서다. 철학자 키케로는 저서《노년에 대하여》에서 이렇게 말했다.

"노년은 인생이라는 거대한 연극의 마지막 장이다. 그렇기 때문에 아무리 지겹고 힘들더라도 끝까지 지치지 않고 나아가야 한다."

어떤 사람은 자기 인생의 무대에서 '지나가는 사람 1'로 산다. 자신이 더 이상 이 사회에서 쓸모없다고 느끼게 되면, 그것은 인간의 존엄성이 무너지는 것 같은 고통이다. 이런 사람은 '그냥 죽지 못해서 살고 있죠'라고 말한다. 죽는 것보다 사는 것이 더 힘든 사람이다. 그렇다면 이런 삶을 살지 않기 위해서 무엇이 필요할까? 그것은 딱 하나, 더 이상 일자리를 찾는 것이 아니라 나의 헤리티지로 우리의 일터를 만들어야 한다. 이 말은 광고 슬로건이 아니라 지금 우리에게 절실히 필요한 사회적 가치이다. 우리 모두의 일터를 만드는 일은 자기다움의 끝과 우리다움의 출발이다.

현대사회에서 노령과 고령에 관한 사회문제는 해법을 찾기 어려운 것처럼 보인다. 많은 아이디어가 고령화라는 사회문제를 해결할 것처럼 말하지만 대부분 비슷한 제안들뿐이다. 모두가 비슷한 생각과 아이디어를 주장한다. 유럽, 일본, 미국 그리고 한국의 보고서에서 말하는 고령화 사회에 대한 공통된 해결책은 심플하다. 계속 일해야 한다는 것이다.

이제는 누구라도 계속 일해야 한다. 이것은 은퇴한 사람들에게 노동을 강요하는 것이 아니다. 지금까지 생존을 위해서 일했다면 지금부터 능동적으로 일하는 것이다. 여기서 중요한 전제가 있다. 일의 의미가 달라져야 한다. 단순히 생존을 위해서 전력투구했던 일이 아니라 타인과 경쟁하지 않는 일, 오히려 타인을 지지하고 지원하는 브랜드(시장) 생태계를 만들어야 한다. 일본과 유럽 등 수많은 사례를 볼 때, 중장년의 일터 만들기 프로젝트는 정부가 주도적으로 할 수 없다. 이것은 우리가 직접 행동으로 실행해야 한다. 누구도 내 문제를 대신해서 해결해줄 수 없다. 일에서 밀려나고 조직에서 떠난 내가 다시 나의 무대를 만들고, 스스로 올라가야 한다. 끝까지 일하는 사람으로, 그리고 자기다움에서 우리다움으로 살아가기 원한다면 다음 질문에 답해보자.

'죽기 한 달 전까지 나는 어떤 일을 할 수 있을까?'

'일자리를 찾는 것이 아니라 일터를 만들어 함께 일할 수 있을까?'

'지금까지 생존을 위해 회사를 다녔다면 앞으로는 소명과 목적을 위해서 다닐 수 있을까?'

'직원 평가와 경쟁이 아닌 동료 연합과 목적 공유를 실현할 수 있을까?'

'함께 일한 직원들의 얼굴을 보면서 죽을 수 있을까?'

'내 인생 경험과 지식을 나눌 수 있는 기업이 있을까?'

'내가 죽더라도 기업이 지속될 수 있을까?'

'내 인생이 다른 사람에게 더 나은 기회를 줄 수 있을까?'

'나의 소명과 목적이 같은 사람이 모여서 연합할 수 있을까?'

'일하면 일할수록 자기다워지는 회사가 존재할 수 있을까?'

위 질문에 차분히 대답하기 위해서 우리다움을 갖춘 기업을 만들어야 한다. 우리다움의 기업 형태로 최적화된 비즈니스 모델은 '사회적 기업 social enterprise/협동조합 cooperative'이다. 이것이 우리다움의 가치를 창조하고 보존하기 위한 최고의 모델은 아니지만 최적의 모델인 것은 틀림없다. 무엇보다 소유와 관리·운영이 분리되어 있고, 이익 개념이 기존 기업과 다르기 때문이다. 그리고 기존 영리기업과 달리 이익을 최고의 목적으로 삼지 않는다. 이익은 기업 목적을 위한 수단으로 두고, 재투자되거나 기업 목적에 맞게 기부 등으로 활용된다. 따라서 사회적 기업은 우리다움을 다음 세대에게 전달할 최적의 모델이다.

친구 강쇠돌들은 은퇴 이후에 "이제는 가치 있고 의미 있는 일을 하고 싶어!"라고 말했다. 나는 다시 이렇게 질문했다. "가치 있고 의미 있는 일은 뭐지?" 이렇게 물으면 대부분 이렇게 대답한다. "소외된 사람이나 기후, 환경, 공정무역 같은… 뭐 그런 거." 다른 강쇠돌 친구는 명확하게 이렇게 말하기도 했다. "내가 대기업에서 일해 보니 영세 자영업자들이 정말 힘들어 보이더라. 내 경험으로 그들을 도울 일은 없을까?" 나는 강쇠돌에게 마지막으로 이런 질문을 했다. "그럼 돈은?" "돈은 벌면 좋고."

대부분은 이렇게 대답했다. 가치와 의미 있는 일을 하면서 돈도

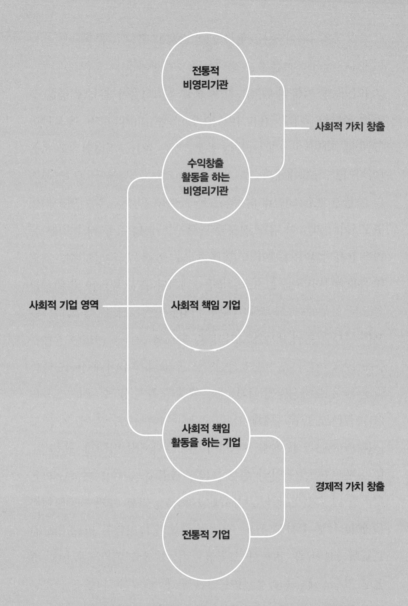

[3-1] 사회적 기업 영역(한국 사회적 기업 진흥원 사이트에서 발췌)

벌 수 있을까? 자기 돈을 기꺼이 투자해서 가치와 의미 있는 일을 하고 싶다는 강쇠돌들은 없었다. 적어도 내 주변에서는 찾아볼 수 없었다. 그래서 나는 가치와 의미를 추구하면서 돈도 벌 수 있는 '사회적 기업'을 프로토타입_{prototype}으로 제안한다.

[그림 3-1]을 살펴보면 사회적 기업은 NGO와 전통적 기업의 중간에 있다. 이 그림이 주는 착시 효과는 정말로 중간에 있다고 생각하게 만드는 것이다. 사회적 기업이 중간 어디쯤 있는 것 같지만 실제로 없을 수도 있다. 흔히 사회적 기업의 목적은 사회적 서비스 제공과 일자리 창출이라고 말한다. 그렇다면 사회적 기업에 대한 의미를 다음의 네 가지 키워드로 살펴보자.

첫째, 지속 가능한 일자리 제공
둘째, 지역 사회 활성화
셋째, 사회 서비스 확충
넷째, 윤리적 시장 확산

일반 기업과 뭔가 다르다는 것을 눈치챘을 것이다. 아주 많이 다르다. 일반 기업에는 있지만 사회적 기업에는 없는 것이 있다. 바로 '고객 가치, 고객 만족'이다. 물론 사회적 기업도 고객을 만족시키기 위해 제품을 만들고 다양한 활동을 하지만, 그보다 더 중요하게 여기는 것이 바로 함께 일하는 '직원들'이다. 더 나아가 이해관계자의 만족을 중요시한다(이것이 이 책에서 말하는 '우리다움'이다).

사회적 기업을 처음 접하는 사람들은 사회적 기업에 의문을 제기한다. 이렇게 좋은 취지가 있는데도 왜 두드러진 사회적 기업을 보기 어려울까? 혹시 사회적 기업은 이상적인 허상일 뿐인가? 아니면 사회적 기업을 만드는 것이 그토록 어려운가? 그것도 아니면 사회적 기업은 시대에 역행하는 모델일까? 이 질문에 대답하기 전에 사회적 기업에 관한 배경 설명을 살펴보고 그 이유를 생각해보자.

[그림 3-2]를 얼핏 보면 자본주의는 진보하는 것처럼 보이지만, 지금의 자본주의는 주주 자본주의Shareholder Capitalism에 집착하고 있다. 즉 주류 중심이라는 의미다. 주주 자본주의는 모든 기업 활동이 주주의 이익을 옹호하는 방향으로 이뤄지는 것을 통칭한다. 그러다보니 주주 이익을 위해서 단기성과에 집착한다. 비용을 줄이기 위해 직원을 해고하는 것 등 무엇이든 허용된다. 반면에 기업의 사회적 책임 등 주주 이익의 극대화에 반하는 행위는 도외시한다. 이에 대한 반발로 부상하는 것이 바로 이해관계자 자본주의Stakeholder Capitalism이다. 이는 주주보다 직원, 지역사회 및 주민, 고객, 협력업체 등 포괄적인 이해관계자를 최우선으로 고려하는 것을 목표로 한다. 이런 변화의 흐름에서 전 세계에서 ESGEnvironmental, Social and Governance가 적극 부상하고 있다. 팬데믹을 거치며 기후위기가 상수가 된 현재, 모든 이해관계자를 위한 가치 창출과 공정한 분배는 새로운 사회적 규범New Normal이 되고 있다. 따라서 사회적 기업과 협동조합이 속한 사회적 경제는 이런 흐름과 딱 맞아떨어진다. 사회적 기업은 자본이 아닌 사람이 중심이 되어 사회문제

Shareholderism
주주 자본주의

기업 내부자 가치 제고
주주, 임직원
경제적 목적에 국한

Stakeholderism
이해관계자 자본주의

기업 내부자+외부 이해관계자 가치제고
고객, 협력 단체, 지역사회, 정부 등
윤리적 목적까지 확대

Ecoholderism
생태계 자본주의

생태계 가치 제고
현세대−미래세대, 인류가 속한 자연환경
환경적 목적으로 확대

[3-2] 자본주의 변화 과정

를 해결하고, 지속 가능한 방식으로 가치를 창출한다. 사회적 기업은 다음과 같은 역할을 수행할 수 있다.

1 사회문제 해결이다.

사회적 기업은 주로 사회문제에 직면한 지역이나 커뮤니티에서 활동한다. 이들은 빈곤, 교육, 기후/환경, 불평등, 지역소멸 등 다양한 사회문제에 대해 비즈니스를 통한 해결책을 제공하고 실천한다.

2 지속 가능성을 추구한다.

사회적 기업도 이윤을 추구하되, 사회적 가치 창출에 중점을 둔다. 이러한 접근은 지속 가능한 방식으로 지역경제 등을 유지하거나 발전시킬 수 있다. 지속 가능한 비즈니스 모델은 장기적으로 경제적 안정성을 제공한다.

3 사회적 투자 유치다.

사회적 기업은 종종 사회적 투자 유치에 기여한다. 정부, 비영리 단체, 영리기업, 개인 등 다양한 출처에서 투자받고, 이를 활용하여 프로젝트를 지속 가능하게 유지할 수 있다.

4 혁신과 창업을 촉진한다.

사회적 기업은 문제에 직면한 상황에서 창의적이고 혁신적인 솔루션을 찾는다. 이와 동시에 기존 비즈니스 모델에 도전하여 새로운 경제 시스템을 형성할 수 있다.

5 사회적 연대와 공동체를 강화한다.

사회적 기업은 특히 지역 사회와 협력을 강조한다. 지역 사회와 연대하여 더 나은 환경을 만들고, 공동체 단결을 강화하여 지역 내 사회 복지를 향상할 수 있다.

사회적 기업은 이윤 추구만큼이나 사회적 가치 창출에 주력하여 지속 가능하고, 조화로운 사회를 구축하는 데 필수적이다. 사회적 경제는 이처럼 일자리 창출, 지역 사회 활성화, 사회 서비스 확충, 윤리적 소비 및 시장 확산, 사회적 가치 창출 등에 효과적이다. 사회적 기업은 이윤을 추구하면서 사회적 목적을 실현하는 혼합 조직의 특성을 가진다. 이것은 우리다움을 위한 창업 수단이 될 수 있다. 그렇다면 다시 묻는다. 이렇게 좋은 목적과 가치가 있음에도 사회적 기업이 시장에서 드러나지 못하는 이유는 무엇일까? 여러 이유가 있겠지만 대표적으로 제품 자체에 있다. 소비자는 사회적 기업이 만든 가치 지향적인 제품이라고 무조건 구입하지 않는다. 그 점은 한계가 뚜렷하다. 좋은 제품이 탄생하려면 품질, 디자인 그리고 브랜드까지 구축해야 한다. 사회적 기업의 우선순위는 일자리 창출 등 사회적 가치 창출이지만, 소비자에게는 그것이 최우선이 아니다. 무엇보다 소비자는 좋은 제품이 최우선이다.
또한 사회적 기업의 경영을 일반기업의 시스템처럼 접근하면 안

된다. 사회적 경제에 맞도록 인사, 재무, 마케팅 등 경영 관리가 이루어져야 하는데, 일반 기업과 똑같은 방식으로 운영하면 이에 따른 부작용이 발생한다. 또, 자금 부족은 사회적 경제가 처한 가장 큰 어려움이다. 이 밖에도 비효율적인 운영, 리더십 부재, 조직원의 사명 이해도 부족, 사회적인 가치 측정의 어려움 등을 들 수 있다. 물론 모든 사회적 기업이 그렇다는 것은 아니나, 이러한 경향성을 보면 성공 가능성보다 실패할 확률이 더 높아 보인다.

그렇다면 우리다움에 기반을 둔 사회적 기업은 지속 가능이 불가능할까? 그렇지 아니다. 해외 사례를 보면 사회적 기업이 국가 경제에서 적지 않은 비중을 차지하면서 굳건하게 자리 잡고 있다. 기업의 사회적 책임을 잘 보여주는 더바디숍The Body Shop 사례를 살펴보자. 영국 가디언 기자가 더바디숍 창업자 아니타 로딕에게 어떻게 이런 브랜드를 만들게 되었는지 질문하자 이런 답변이 돌아왔다.

"우리가 비즈니스를 하는 방식,
우리가 제품을 만드는 방식,
우리가 원료를 공급받는 방식,
우리가 소중하게 생각하는 가치가 있기 때문에
우리는 그들과 다른 것입니다."

아니타 말대로 가치가 차별화된 제품을 만들었다. 더바디숍의 사회문제 해결이라면 동물실험 반대, 고래 보호, 인권 보호, 지구 환경 보호 등이 우선 떠오를 것이다. 그런데 원래 시작은 아니타 로딕이 아니었다. 1970년에 아니타는 미국 버클리에서 천연 향 비누와 로션을 판매하는 '더바디숍'이라는 브랜드를 발견했다. 이때 더바디숍은 페기 쇼트와 제인 선더스가 이주민 여성 고용을 위해 운영하는 작은 가게였다. 아니타는 이 브랜드를 사들였고, 오늘날의 더바디숍이 품은 가치를 직원들은 물론 이해관계자들과 함께 만들었다. 이 스토리에서 더바디숍 성공의 핵심 단어는 '우리^{We}'다. 바디숍 홈페이지에 가면 이런 글을 만날 수 있다.

더바디숍은 1976년 영국 브라이턴에서 기업이 선^善을 위한 힘이 될 수 있다는 설립자 아니타 로딕의 믿음으로부터 시작되었습니다. 아니타 로딕 여사의 비전에 따라서 우리는 지난 40여 년간 과감히 틀을 깨고 항상 진실하게 변화를 만들어왔습니다.

"기업이 세상을 만듭니다. 우리가 상상하는 그대로 사회를 바꾸어 갈 능력이 있습니다." – 아니타 로딕

그동안 우리나라에서 사회적 기업이 경제적 성공을 얻기 힘들었던 이유 중 하나는 자기다움과 우리다움의 불일치 때문이다. 어떤 사람들이 함께하는가에 따라 사회적 기업은 그 성공 여부가 달라진다. 다음과 같은 사람들이 모여서 우리다움을 이루어야 사회적

기업은 성공으로 향할 수 있다. 우리 사회는 이런 사람들의 집단을 '사회적 기업'이라고 말하지만 나는 '인류 문화유산 유적 프로젝트'라고 부른다.

- 나와 같은 분야에서 일했던 사람들
- 나와 같은 목적, 소명 그리고 가치를 갖고 있는 사람들
- 자기 경력과 경험으로 공동체에서 다시 일하고 싶은 사람들
- 돈만 벌기 위해서 일하는 것이 아니라 목적 공동체, 그리고 다음 세대를 위해서 일하고 싶은 사람들

물론 이런 사람들이 모여도 지향하는 바를 오랫동안 유지하기는 쉽지 않다. 구성원들이 수시로 바뀌고 시대와 사회도 빠르게 변하기 때문이다. 더바디숍은 고귀한 가치와 사회적 공유를 통해 지금의 브랜드가 되었지만, 2006년 로레알에 인수되고 2017년 브라질 화장품 업체 나투라 앤코Natura & Co.에 매각되었다. 그러다가 나투라도 2023년 유럽 구조조정 전문 사모펀드 아우렐리우스 그룹에 다시 넘겨졌다. 이후 구조조정이 본격화되었고, 영국 법인은 2024년 2월 법정관리에 들어갔다. 안타깝게도 여러 변화의 격랑 속에서 우리다움이 흔들리고 무너져버린 결과이다. 자기다움의 연결고리가 끊어질 때, 브랜드는 더 이상 우리다움을 지탱할 수 없다.

소셜 헤리티지 기업

우리다움으로 세우는 기업의 정체성은 '소셜 헤리티지 기업 Social Heritage Company'이다. 이름을 살펴보면 우리다움의 기업을 이해할 수 있다. 소셜social은 소사이어티society에서 나왔는데, 라틴어 'societas'는 동료, 동업자 등의 관계를 의미한다. 헤리티지heritage는 '상속'을 뜻하는 'herit'와 '명사'를 뜻하는 'age'가 결합하여 만든 단어다. 그래서 'heritage'는 사회나 공동체가 이전 세대에게 물려받는 '(정신적, 물질적)유산'을 의미한다. 대개 역사적으로 보존 가치가 있는 문화유산으로 오랜 시간 그 가치를 인정받아서 보존해야 할 이유가 명확할 때 이 단어를 쓴다.

기업에 해당하는 'corporation'은 'corpus'(몸)에서 나왔다. 특히 'company'는 중세 라틴어 'compania'에서 나왔는데, 이 단어는 '함께 빵을 나누는 자들'이라는 의미가 있다(중세 프랑스에서는 기사단을 의미하는 용어로 쓰였다). 따라서 소셜 헤리티지 기업Social Heritage Brand, 이하 SHB이란 수익을 내기 위해서가 아니라 자신의 평생 경험과 지혜를 담아서 다음 세대에 전달하기 위해 세운 기업은 말한다. 이런 SHB의 목적은 두 가지다. 하나는 중장년층이 자기답게 일하면서 사회에 기여하고 생을 마감할 수 있도록 공동체(부족원)를 돕는 것, 다른 하나는 중장년층의 경험과 지식을 브랜드로 만들어 인류 문화유산human cultural heritage이 되도록 하는 것이다. SHB는 이렇게 보이지 않은 중장년의 삶을 보이는 브랜드로 변환하는 프로젝

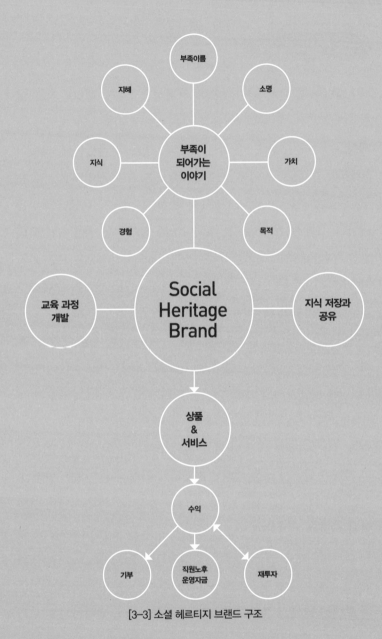

[3-3] 소셜 헤르티지 브랜드 구조

트라고 할 수 있다. SHB는 영속 가능한 브랜드가 되어 창업 멤버들이 가졌던 목적, 소망 그리고 가치를 사회적 가치로 보존하고 확장하는 데 기여한다. 일반적으로 유럽의 명품 브랜드는 대부분 자신의 창업 및 경영 이야기를 '브랜드 히스토리'라고 말한다. 이런 의미에서 소셜 헤리티지 브랜드Social Heritage Brand에서 헤리티지에 해당하는 브랜드 히스토리는 그 시대 중장년의 경험과 경력에 관한 이야기라 할 수 있다.

SHB 브랜드가 어떻게 만들어지는지 [그림 3-3]를 보면서 살펴보자. 먼저 SHB를 만들고자 중장년층 수십 명이 모여 같은 목적을 이야기하고, 서로의 소명을 확인하며, 가치에 맞는 이름을 정하고, 브랜드를 만들기 위해 '다시' 직원(부족원)이 된다. 제품을 만들기 위해 서로의 관계를 연결하고, 브랜드를 만드는 과정에 관한 지식을 기록하고, 각자의 기여와 지식을 관리 및 보관한다. 이렇게 브랜드가 만들어지면 브랜드 런칭에 참여했던 모든 사람이 서명하고 상품을 판매한다.

상품을 판매하면 수익이 생긴다. 수익은 직원들에게 분배되고, 기업에 재투자되며, 조직원의 노년 생활 및 죽음을 위해 적립한다. 이후에 남은 수익은 같은 목적을 가진 단체에 기부한다. 또, 브랜드 라인 확장을 하면서 청년들에게 자회사를 이전한다. SHB가 만들어지기까지 전 과정을 교육으로 정리하여 다음 세대들이 학습할 수 있도록 만든다. 이처럼 SHB가 남기는 것은 숫자로 표시된 이윤이 아닌 우리 사회에 문화로 창조된 가치다. 러쉬LUSH의 다음 선

언문을 보면 이것이 잘 드러난다.

우리는 은은한 촛불 아래서 즐기는 입욕 시간,
사랑하는 사람과 함께하는 샤워와 마사지
그리고 세상을 아름다운 향기로
가득 채울 수 있다는 것을 믿으며,
더불어 실수를 하거나, 모든 것을 잃고서도
다시 시작할 수 있음을 믿습니다.

우리는 행복한 사람이
행복한 제품을 만들 수 있다고 믿으며,
제조자의 얼굴 스티커를 제품 라벨에 붙임으로써
자부심을 가질 수 있다고 믿습니다.

우리는 모든 사람이
전 세계 어디든 자유롭게 이동하며
새로운 삶의 터전을 마련할 수 있다고 믿습니다.

자기다움은 혼자 하는 것이 대부분이지만, 우리다움을 이루기
위한 자기다움은 말 그대로 우리를 향하고 우리가 되어야 한다. 우
리가 되기 위해 자기다움은 필연적으로 흡수되거나 사라진다. 예
전의 조직 생활에서 겪은 아픈 경험, 자기다움에 반하는 의사결정,

다시 복제품이 될지 모른다는 불안감도 느낄 수 있다. 하지만 자기다움을 정확히 알지 못하면 우리다움도 실현할 수 없다. 나 자신과 우리를 '다움'으로 연결할 수 없기 때문이다. 흔히 혼자 잘 지내는 사람이 다른 사람과도 잘 지낸다고 한다. 이는 '혼자'와 '함께' 사이에서 균형을 찾는 힘을 가진 덕분이다. 자기다움을 가진 사람은 그만큼 자기를 잘 알고, 우리다움을 위해 자신이 할 수 있는 일과 없는 일 사이의 균형도 찾아낼 수 있다. 우리다움은 그런 자기다움의 총합이다.

Who am I?

I am _____.